自信自强 谱文化新篇

ZIXIN ZIQIANG
PU WENHUA XINPIAN

肖剑南　主编

海峡出版发行集团 | 福建人民出版社
THE STRAITS PUBLISHING & DISTRIBUTING GROUP | FUJIAN PEOPLE'S PUBLISHING HOUSE

图书在版编目（CIP）数据

自信自强谱文化新篇 / 肖剑南主编. --福州：福建人民出版社，2024. 11. -- ISBN 978-7-211-09613-8

Ⅰ. G12

中国国家版本馆 CIP 数据核字第 2024YN3158 号

自信自强谱文化新篇

ZIXIN ZIQIANG PU WENHUA XINPIAN

编　　者：肖剑南
责任编辑：陈　宽
美术编辑：林　玲
责任校对：陈　璟
出版发行：福建人民出版社　　**电　　话：**0591-87533169(发行部)
地　　址：福州市东水路 76 号　　**邮　　编：**350001
网　　址：http://www.fjpph.com　　**电子邮箱：**fjpph7211@126.com
印　　刷：福州万达印刷有限公司
地　　址：福州市闽侯县荆溪镇溪头工业区徐家村 166-1 号
开　　本：700 毫米×1000 毫米　1/16
印　　张：22.5
字　　数：308 千字
版　　次：2024 年 11 月第 1 版
印　　次：2024 年 11 月第 1 次印刷
书　　号：ISBN 978-7-211-09613-8
定　　价：80.00 元

党政干部培训教材·理论类

编委会

总 序

马克思主义是我们立党立国、兴党兴国的根本指导思想。实践告诉我们，中国共产党为什么能，中国特色社会主义为什么好，归根到底是马克思主义行，是中国化时代化的马克思主义行。习近平新时代中国特色社会主义思想是当代中国马克思主义、二十一世纪马克思主义，是中华文化和中国精神的时代精华，实现了马克思主义中国化时代化新的飞跃。在当代中国，坚持和发展习近平新时代中国特色社会主义思想，就是真正坚持和发展马克思主义，就是真正坚持和发展科学社会主义。

理论修养是领导干部综合素质的核心，理论上的成熟是政治上成熟的基础，政治上的坚定源于理论上的清醒。对领导干部来说，马克思主义这个看家本领掌握得越牢靠，政治站位就越高，政治判断力、政治领悟力、政治执行力就越强，观察时势、谋划发展、防范化解风险就越主动。党校（行政学院）作为干部教育培训的主阵地，始终不变的初心就是为党育才、为党献策，抓好用马克思主义中国化时代化最新成果统一思想、统一意志、统一行动，坚持不懈用习近平新时代中国特色社会主义思想凝心铸魂，是职责所在，使命使然。着眼于提高干部综合素质和能力，开发具有政治性、思想性、权威性、指导性、可读性的干部学习培训教材，把党的创新理论的时代背景、科学体系、精神实质、实践要求、原创性贡献研究深、阐释透，用通俗易懂的语言将其中的道理学理哲理讲得令人信服，切实把鲜活的思想讲鲜活，把彻底的理论讲彻底，有力推动党的创新理论深入人心，是党校（行政学院）办学治校义不容辞的责任。

福建是习近平新时代中国特色社会主义思想的重要孕育地和实践地。习近平总书记曾在福建工作17年半，领导和推动了福建改革开放和社会主义现代化建设，开创了一系列重要理念和重大实践，这是福建最独特最重大的优势。习近平总书记十分关心重视党校（行政学院）事业发展，在福建工作期间和到中央工作后，先后18次到中共福建省委党校（福建行政学院）调研、作报告，他提出要创建“一流党校”的目标要求，勉励我们“要把这个阵地建设好”。我们牢记嘱托，锚定“一流党校”建设目标，发挥独特资源优势，把打造体现福建干部教育培训特色、反映党校（行政学院）教学水平的精品课程、精品教材、精品案例、精品现场教学点作为办学治校的重点任务，持续推进。

基于以上考虑，我们组织校（院）精干教研师资力量，成立编写团队，精心制定编写方案，重点推出“党政干部培训”系列教材，系统阐释习近平新时代中国特色社会主义思想，党的二十大和二十届二中、三中全会精神，习近平总书记来闽考察重要讲话精神，深入发掘习近平总书记在福建工作期间的理论和实践富矿，全景展示习近平新时代中国特色社会主义思想在福建的生动实践，服务福建干部教育培训，推动各级干部当好推进中国式现代化福建实践的坚定行动派和实干家。

在此，我向积极参与教材编写和出版工作的老师和同志们表示衷心的感谢！由于时间仓促，这些教材难免存在不足之处，我们真心希望读者多提宝贵意见，以便再版时完善提升。

金敏

2024年11月

前言

文化建设，不仅是建设中国特色社会主义“五位一体”总体布局中的一位，还是各方面建设得以贯通、凝聚的灵魂和纽带。毕竟，在改革开放中不断推进中国式现代化，“文化是灵魂”①。中华民族的伟大复兴，需要以中华文化的繁荣发展为条件；建设社会主义文化强国，是实现中华民族伟大复兴的基础支撑。党的二十大报告关于“推进文化自信自强，铸就社会主义文化新辉煌”的宏大命题，联系党的二十届三中全会提出“聚焦建设社会主义文化强国”的全面深化改革目标，主要内容可用一条主线、两条原则、三条方略、四个目标、五个抓手予以概括提炼。

“一条主线”，指内容阐述贯串着“增强文化自信”这条主线。文化自信以文化自觉为先导。“认识到自身的光彩，才有自信心、自尊心，才有蓬勃奋进的动力。”② 文化自觉指文化上的觉悟和觉醒，包括对文化在社会发展中价值地位的正确认识：文化具有引领风尚、教育人民、服务社会、推动发展的作用，是经济发展的‘助推器’、政治文明的‘导航灯’、社会和谐的‘黏合剂’”③、生态文明的“给养库”，对所持有文化在历史发展过程中优势与不足的自知之明，对文化发展规律的清晰认识，是文化自信的思想基础和先决条件。文化自信以文化自强为支撑，就是要“发展面向现代化、面向世界、面向未来的，民族的科学的大众的社会主义文化”④，走好中国特色

---

① 习近平：《之江新语》，浙江人民出版社 2007 年版，第 149 页。

② 习近平：《摆脱贫困》，福建人民出版社 2014 年版，第 22 页。

③ 习近平：《之江新语》，浙江人民出版社 2007 年版，第 149 页。

④ 习近平：《习近平著作选读》（第一卷），人民出版社 2023 年版，第 35 页。

社会主义文化发展道路。

“两条原则”，指“坚持马克思主义在意识形态领域指导地位的根本制度”和“坚持和发展马克思主义，必须同中华优秀传统文化相结合”①，这两条为中国特色社会主义文化铸魂的原则。这两大原则，前者是后者的基本前提。党的二十大报告强调“把马克思主义思想精髓同中华优秀传统文化精华贯通起来、同人民群众日用而不觉的共同价值观念融通起来”，“不断夯实马克思主义中国化时代化的历史基础和群众基础”，强化了与社会历史主体、文化传承者的深刻关联，明确把“结合”作为坚持和发展马克思主义的内在要求和秉持的基本原则。中华优秀传统文化是我们党创新理论的“根”，马克思主义中国化时代化，必须化入中华优秀传统文化的血脉中和中国现实社会的土壤中，才能创造具有中国风格、中国气派的当代中国马克思主义、二十一世纪马克思主义，也就是传统文化使马克思主义更好实现本土化，不断获得民族性；而马克思主义是中华优秀传统文化推陈出新的引领者，马克思主义使得传统文化不断地现代化，只有让中华优秀传统文化汇入马克思主义中国化时代化的洪流中，我们才能从延续民族文化的血脉中开拓前进。

“三条方略”，指“坚持为人民服务、为社会主义服务”、“坚持百花齐放、百家争鸣”和“坚持创造性转化、创新性发展”②，即坚持“二为”方向、“双百”方针和“两创”策略。文化创作生产坚持“二为”方向，就在于坚持“以人民为中心的工作导向，把服务群众同教育引导群众结合起来、把满足需求同提高素养结合起来”③，把追求社会效益和经济效益统一起来，既占领市场也占领阵地。“双百”方针着眼于文化内部规律的把握，强调文化活动乃至文化创造与文化民主的关系，是实现“二为”方向的途径和手段；“二为”方向对于“双百”方针具有指导意义。党的十八大以来，习近平总书

① 习近平：《习近平著作选读》（第一卷），人民出版社2023年版，第8、15页。

② 习近平：《习近平著作选读》（第二卷），人民出版社2023年版，第34页。

③ 习近平：《习近平谈治国理政》（第一卷），外文出版社2018年版，第154页。

记反复强调“创造性转化和创新性发展”[①] ——“两创”，这与毛泽东提出的“批判地吸收”一脉相承，是结合新时代的特点和要求就如何对待历史文化遗产作出的新的理论概括，深刻回答了社会主义先进文化建设的方法论问题，彰显了高度的文化自信，是新形势下正确处理文化方面“守”和“变”、“中”和“外”关系的理论指南。强调在文化积累基础上的传承创新、符合一定的社会需要而发展创造的“两创”策略，更符合一个国家、一个民族的文化利益和文化需要，可视为实现“二为”方向的途径和手段。

“四个目标”，是指党的二十大报告提出的满足人民日益增长的精神文化需求，巩固全党全国各族人民团结奋斗的共同思想基础，不断提升国家文化软实力，不断提升中华文化影响力。文化滋润心灵，文化点亮生活。第一个目标着眼于文化满足需要的功能，文化毕竟是人的较高层次需要的供应站。第二个目标着眼于文化凝聚导向的功能。第三个目标着眼于文化增强综合国力的功能。“中国式现代化是物质文明和精神文明相协调的现代化”[②]，要求大力发展社会主义先进文化，加强理想信念教育，传承中华文明，促进人的全面发展。一个国家的文化影响力是这个国家文化软实力向外辐射、发挥作用的方面，而共享文化或文化接触便于双方消除隔阂，促成合作，故第四个目标可视为主要着眼于文化整合涵化的功能。“推进高水平对外开放”和“促进世界和平与发展，推动构建人类命运共同体”[③]，都需要通过提升中华文化影响力来促成。

“五个抓手”，具体指“建设具有强大凝聚力和引领力的社会主义意识形态”“广泛践行社会主义核心价值观”“提高全社会文明程度”“繁荣发展文化事业和文化产业”“增强中华文明传播力影响力”。[④] 这五个抓手，围绕“举旗帜、聚民心、育新人、兴文化、展

---

① 习近平：《习近平谈治国理政》（第一卷），外文出版社2018年版，第164页。

② 习近平：《习近平著作选读》（第一卷），人民出版社2023年版，第19页。

③ 习近平：《习近平著作选读》（第一卷），人民出版社2023年版，第27、49页。

④ 习近平：《习近平著作选读》（第一卷），人民出版社2023年版，第36、37页。

形象”[1] 建设社会主义文化强国的使命任务而展开，也为实现上述“四个目标”而力行。“五个抓手”其实也蕴含文化自强之道、文化先进之理，也就建构了一个学术分析框架。从理论上来说，一个国家某个时期文化之所以称得上辉煌，之所以冠名曰先进，其系统具备的要素应该有科学思想理论指导、先进价值观念引领、文明社会风尚化人、文化事业产业兴旺、文化形象声名远播，前两者是决定文化性质和方向的最深层次要素，也决定文明社会风尚的品位，毕竟文明体现于思想观念、精神面貌、价值取向、行为规范四个维度；后两者则主要是文化创新创造活力的集中体现。无论是意识形态建设、核心价值观践行，还是文明程度提高、中华文明传播，往往通过文化产品和文化服务来承载，繁荣发展文化事业和文化产业堪称铸就文化新辉煌、提升国家文化软实力的“双轮驱动”——也是推动当代文化发展的普遍规律，党的二十届三中全会就强调“健全文化事业、文化产业发展体制机制”，而强调跨时空传播、跨文化交流，增强中华文明传播力影响力，是铸就文化新辉煌的内生动力和强力支撑。

在纪念马克思诞辰二百周年大会上，习近平总书记指出：“理论自觉、文化自信，是一个民族进步的力量；价值先进、思想解放，是一个社会活力的来源。国家之魂，文以化之，文以铸之。”[2] 在统筹推进中国特色社会主义“五位一体”总体布局、协调推进“四个全面”战略布局过程中，文化是重要内容。“一时君家五兄弟，齐驱并驾相争先。”而文化又似水利他者——“上善若水。水善利万物而不争”。文化的力量，总是“润物细无声”地融入物质文明力量、政治文明力量、社会文明力量、生态文明力量之中。“推动高质量发展，文化是重要支点；满足人民日益增长的美好生活需要，文化是

---

① 习近平：《习近平谈治国理政》（第三卷），外文出版社 2020 年版，第 310 页。
② 习近平：《论党的宣传思想工作》，中央文献出版社 2020 年版，第 330 页。

重要因素；战胜前进道路上各种风险挑战，文化是重要力量源泉。”[①]党的十八大以来，习近平总书记把文化建设提升到一个新的历史高度，以高度的文化自觉和文化自信全面推进文化建设的理论创新、制度创新和实践创新，“我国文化建设在正本清源、守正创新中取得历史性成就、发生历史性变革”[②]，以社会主义文化繁荣兴盛为全面推进中华民族伟大复兴提供更为主动、更为强大的精神力量。新时代党的文化建设理论为我们推进文化自信自强、“更好担负起新的文化使命”[③]、铸就社会主义文化新辉煌提供了强大思想武器和科学行动指南。

党的二十大报告强调“发展社会主义先进文化，弘扬革命文化，传承中华优秀传统文化”，从上述“五个抓手”或五个方面作出部署。本书各章的内容安排以党的二十大、二十届三中全会精神和习近平文化思想为指导、为依据，注重文献梳理研究，在理论与现实的对话中力图反映伟大时代文化建设的长风破浪、文化发展的铿锵足音、文化理论的黄钟大吕。

---

① 习近平：《习近平谈治国理政》（第四卷），外文出版社 2022 年版，第 309—310 页。

② 习近平：《习近平谈治国理政》（第四卷），外文出版社 2022 年版，第 309 页。

③ 习近平：《在文化传承发展座谈会上的讲话》，《求是》2023 年第 17 期。

目录

导 论

文化具有遍布性，具有统整力。文化是国家和民族之魂，也是国家治理之魂、国家治理之基。2023 年 10 月，全国宣传思想文化工作会议首次提出习近平文化思想，这是该次会议最重要的成果，在党的宣传思想文化事业发展史上具有里程碑意义。习近平文化思想构成了习近平新时代中国特色社会主义思想的文化篇，与习近平强军思想、习近平经济思想、习近平生态文明思想、习近平外交思想、习近平法治思想等系列理论创新成果相互辉映、相得益彰，丰富和拓展了习近平新时代中国特色社会主义思想理论体系。习近平新时代中国特色社会主义思想是“中华文化和中国精神的时代精华”①，那么其文化篇——习近平文化思想在其思想体系中无疑具有举足轻重的地位。习近平文化思想既有文化理论观点上的创新和突破，又有文化工作布局上的部署要求，“明体达用、体用贯通”②，谱写了马克思主义文化理论发展新篇章，标志着我们党对中国特色社会主义文化建设规律的认识达到了新高度，表明我们党的历史自信、文化自信达到了新高度，为做好新时代新征程宣传思想文化工作、担负起新的文化使命提供了强大思想武器和科学行动指南。

---

① 《中共中央关于党的百年奋斗重大成就和历史经验的决议》，人民出版社 2021 年版，第 26 页。

② 《坚定文化自信秉持开放包容坚持守正创新　为全面建设社会主义现代化国家全面推进中华民族伟大复兴提供坚强思想保证强大精神力量有利文化条件》，《人民日报》2023 年 10 月 9 日。

一、新时代党的文化建设理论的发展过程及其规律

党的十八大以来，习近平总书记把文化建设摆在治国理政的突出位置，坚持系统观念，出席了一系列重要会议，发表了一系列重要讲话，作出了一系列重要指示，一个领域一个领域地谋划指导、部署推进，其新观点新论断新要求不断补充拓展又不断提炼深化。

（一）坚持系统观念统筹谋划

新时代党的文化建设理论的“文化”，是广义的文化，其中最重要的是意识形态。习近平总书记在2013年8月全国宣传思想工作会议上指出，“意识形态工作是党的一项极端重要的工作”①，也就抓住了文化的最重要之处；他在这次会上强调“把意识形态工作的领导权、管理权、话语权牢牢掌握在手中”②，避免犯无可挽回的历史性错误；要求“物质文明建设和精神文明建设都搞好，国家物质力量和精神力量都增强”③，“积极培育和践行社会主义核心价值观”④，以此顺利推进中国特色社会主义事业；提出“树立以人民为中心的工作导向”⑤，“推动文化事业全面繁荣和文化产业快速发展”⑥，以丰富人民精神世界、增强人民精神力量、满足人民精神需求；提出宣传思想工作的“两个巩固”——“巩固马克思主义在意识形态领

---

① 习近平：《习近平谈治国理政》（第一卷），外文出版社2018年版，第153页。

② 中共中央文献研究室：《习近平关于社会主义文化建设论述摘编》，中央文献出版社2017年版，第21页。

③ 习近平：《习近平谈治国理政》（第一卷），外文出版社2018年版，第153页。

④ 中共中央文献研究室：《习近平关于社会主义文化建设论述摘编》，中央文献出版社2017年版，第105页。

⑤ 习近平：《习近平谈治国理政》（第一卷），外文出版社2018年版，第154页。

⑥ 中共中央文献研究室：《习近平关于社会主义文化建设论述摘编》，中央文献出版社2017年版，第185页。

域的指导地位，巩固全党全国人民团结奋斗的共同思想基础”[①]；强调“着力推进国际传播能力建设”，“加强话语体系建设”，“讲好中国故事，传播好中国声音”[②]。2013 年 12 月，习近平总书记主持中央政治局集体学习时就“提高国家文化软实力”[③] 发表重要讲话，要求“系统梳理传统文化资源，让收藏在禁宫里的文物、陈列在广阔大地上的遗产、书写在古籍里的文字都活起来”，再次强调“讲好中国故事，传播好中国声音”，“精心构建对外话语体系”，“提高国际话语权”。[④] 2014 年 2 月主持中央政治局集体学习时，习近平总书记就“培育和弘扬社会主义核心价值观”[⑤] 发表重要讲话，指出培育和弘扬社会主义核心价值观必须立足中华优秀传统文化。2014 年 3 月，习近平总书记在法国巴黎联合国教科文组织总部演讲，提出“推动文明交流互鉴”主张；[⑥] 2014 年 9 月，在纪念孔子诞辰 2565 周年国际学术研讨会暨国际儒学联合会第五届会员大会开幕会上强调“在创造性转化创新性发展中延续民族文化血脉”[⑦]，在中央民族工作会议上提出“构筑各民族共有精神家园”[⑧] 的要求。2014 年 10 月，习近平总书记主持中央政治局集体学习时就“中华优秀传统文化是中国特色社会主义植根的文化沃土”[⑨] 作出重要阐述，在文艺工作座谈会上强调“坚持以人民为中心的创作导向”，[⑩] 认为“当高楼大厦在

---

① 习近平：《习近平谈治国理政》（第一卷），外文出版社 2018 年版，第 153 页。

② 中共中央文献研究室：《习近平关于社会主义文化建设论述摘编》，中央文献出版社 2017 年版，第 197、198 页。

③ 习近平：《习近平谈治国理政》（第一卷），外文出版社 2018 年版，第 160 页。

④ 习近平：《习近平谈治国理政》（第一卷），外文出版社 2018 年版，第 161、162 页。

⑤ 习近平：《习近平谈治国理政》（第一卷），外文出版社 2018 年版，第 163 页。

⑥ 习近平：《习近平谈治国理政》（第一卷），外文出版社 2018 年版，第 258 页。

⑦ 习近平：《习近平著作选读》（第一卷），人民出版社 2023 年版，第 276 页。

⑧ 习近平：《论党的宣传思想工作》，中央文献出版社 2020 年版，第 84 页。

⑨ 习近平：《论党的宣传思想工作》，中央文献出版社 2020 年版，第 88 页。

⑩ 习近平：《习近平谈治国理政》（第二卷），外文出版社 2017 年版，第 314 页。

我国大地上遍地林立时，中华民族精神的大厦也应该巍然耸立”。[①] 习近平总书记在2015年全国党校工作会议上强调“坚持和巩固党对意识形态工作的领导”，[②] 并指出“‘挨骂’问题还没有得到根本解决。争取国际话语权是我们必须解决好的一个重大问题”；[③] 也就在这年12月中央城市工作会议上，强调“历史文化遗产是祖先留给我们的，我们一定要完整交给后人”，“要保护好前人留下的文化遗产”“以及非物质文化遗产”。[④] 2016年，在党的新闻舆论工作座谈会上，习近平总书记要求“提高党的新闻舆论传播力引导力影响力公信力”，[⑤] 在网络安全和信息化工作座谈会上就全社会“凝聚共识”强调“网上网下要形成同心圆”，提出“建设网络良好生态，发挥网络引导舆论、反映民意的作用”，[⑥] 在哲学社会科学工作座谈会上提出“加快构建中国特色哲学社会科学”，指出“要坚定中国特色社会主义道路自信、理论自信、制度自信，说到底是要坚定文化自信。文化自信是更基本、更深沉、更持久的力量”。[⑦] 特别值得注意的是，在2016年6月28日，习近平总书记主持中共十八届中央政治局第三十三次集体学习时首次并列提出坚定“四个自信”：“坚定中国特色社会主义道路自信、理论自信、制度自信、文化自信”，[⑧] 紧接着在庆祝中国共产党成立95周年大会上强调，“坚持不忘初心、继续前进，就要坚持中国特色社会主义道路自信、理论自信、制度自信、文化自信”，“文化自信，是更基础、更广泛、更深厚的自信”。[⑨] 还

① 习近平：《论党的宣传思想工作》，中央文献出版社2020年版，第97页。

② 习近平：《习近平谈治国理政》（第二卷），外文出版社2017年版，第325页。

③ 习近平：《论党的宣传思想工作》，中央文献出版社2020年版，第159页。

④ 习近平：《习近平著作选读》（第一卷），人民出版社2023年版，第418页。

⑤ 习近平：《习近平谈治国理政》（第二卷），外文出版社2017年版，第331页。

⑥ 习近平：《习近平谈治国理政》（第二卷），外文出版社2017年版，第335页。

⑦ 习近平：《习近平谈治国理政》（第二卷），外文出版社2017年版，第338、339页。

⑧ 《严肃党内政治生活　净化党内政治生态　为全面从严治党打下重要政治基础》，《人民日报》2016年6月30日。

⑨ 习近平：《习近平谈治国理政》（第二卷），外文出版社2017年版，第36页。

是在 2016 年，习近平总书记在中国文联十大、中国作协九大开幕式上强调“要有高度的文化自信”，[①] 在全国高校思想政治工作会议上强调“把思想政治工作贯穿教育教学全过程”。[②] 2017 年，习近平总书记在联合国日内瓦总部演讲指出“文明差异不应该成为世界冲突的根源，而应该成为人类文明进步的动力”，主张“建设一个开放包容的世界”，[③] 在党的十九大报告首次提出“新的文化使命”[④] 的重大命题。在 2018 年全国网络安全和信息化工作会议上，习近平总书记要求“提高网络综合治理能力”，“构建网上网下同心圆，更好凝聚社会共识”。[⑤]

2018 年 5 月，在纪念马克思诞辰二百周年大会上，习近平总书记指出，“只有把科学社会主义基本原则同本国具体实际、历史文化传统、时代要求紧密结合起来，在实践中不断探索总结，才能把蓝图变为美好现实”，[⑥] 这可说是“两个结合”表述的一个雏形，包含“两个结合”的意蕴。尽管其中一些提法以后有了更新或进一步丰富深化，如这个这阶段还没提“坚持马克思主义在意识形态领域指导地位的根本制度”，[⑦] 还没提文化自信是“最基本、最深沉、最持久的力量”，[⑧] 也还没提出作为“新的文化使命”重要内容的“建设中华民族现代文明”，[⑨] 但习近平文化思想的“四梁八柱”已初步形成。

在 2018 年 8 月全国宣传思想工作会议上，习近平总书记提出“九个坚持”——“坚持党对意识形态工作的领导权，坚持思想工作

---

① 习近平：《习近平谈治国理政》（第二卷），外文出版社 2017 年版，第 349 页。

② 习近平：《论党的宣传思想工作》，中央文献出版社 2020 年版，第 275 页。

③ 习近平：《习近平谈治国理政》（第二卷），外文出版社 2017 年版，第 544 页。

④ 习近平：《习近平著作选读》（第二卷），人民出版社 2023 年版，第 36 页。

⑤ 习近平：《习近平谈治国理政》（第三卷），外文出版社 2020 年版，第 306 页。

⑥ 习近平：《论党的宣传思想工作》，中央文献出版社 2020 年版，第 335 页。

⑦ 《中共中央关于坚持和完善中国特色社会主义制度　推进国家治理体系和治理能力现代化若干重大问题的决定》，人民出版社 2019 年版，第 44 页。

⑧ 习近平：《习近平谈治国理政》（第四卷），外文出版社 2022 年版，第 103 页。

⑨ 习近平：《在文化传承发展座谈会上的讲话》，《求是》2023 年第 17 期。

‘两个巩固’的根本任务，坚持用新时代中国特色社会主义思想武装全党、教育人民，坚持培育和践行社会主义核心价值观，坚持文化自信是更基础、更广泛、更深厚的自信，是更基本、更深沉、更持久的力量，坚持提高新闻舆论传播力、引导力、影响力、公信力，坚持以人民为中心的创作导向，坚持营造风清气正的网络空间，坚持讲好中国故事、传播好中国声音。”① “九个坚持”高度概括党对宣传思想工作的规律性认识，可以说是对习近平文化思想雏形生成阶段理论探索的归纳总结。

新时代党的文化建设理论的拓展深化阶段，是内容涵盖面的拓展，具体而言是从“九个坚持”向“十四个强调”拓展，也是规律性认识的深化。

学校是培育和弘扬社会主义核心价值观的重要阵地，是社会主义意识形态建设的重要阵地，教育的根本任务是立德树人。在 2018 年 9 月全国教育大会上，习近平总书记强调“培养德智体美劳全面发展的社会主义建设者和接班人”，② 后在 2019 年学校思想政治理论课教师座谈会上指出，“思政课是落实立德树人根本任务的关键课程”。③ 2019 年 1 月，习近平总书记主持中央政治局集体学习时提出，“加快推动媒体融合发展”，“做大做强主流舆论”；④ 2021 年 5 月主持中央政治局集体学习时要求“加强国际传播能力建设，展示真实、立体、全面的中国”，“形成同我国综合国力和国际地位相匹配的国际话语权”。⑤ 2019 年 5 月，在亚洲文明对话大会开幕式上的主旨演讲中，习近平总书记提出“深化文明交流互鉴”；⑥ 在 2020 年 9 月教育文化卫生体育领域专家代表座谈会上强调“把文化建设摆

---

① 习近平：《习近平谈治国理政》（第三卷），外文出版社 2020 年版，第 311 页。
② 习近平：《论党的宣传思想工作》，中央文献出版社 2020 年版，第 343 页。
③ 习近平：《论党的宣传思想工作》，中央文献出版社 2020 年版，第 372 页。
④ 习近平：《习近平谈治国理政》（第三卷），外文出版社 2020 年版，第 316 页。
⑤ 习近平：《习近平谈治国理政》（第四卷），外文出版社 2022 年版，第 316 页。
⑥ 习近平：《论党的宣传思想工作》，中央文献出版社 2020 年版，第 397 页。

在更加突出位置”，[①] 2020 年 9 月主持中央政治局集体学习时指出，“必须高度重视考古工作”，“为弘扬中华优秀传统文化、增强文化自信提供坚强支撑”。[②] 2021 年，习近平总书记在中央民族工作会议上强调“铸牢中华民族共同体意识”，[③] 在全国宗教工作会议上提出“深入推进我国宗教中国化”，[④] 在中国文联十一大、中国作协十大开幕式上提出“用自强不息、厚德载物的文化创造，展示中国文艺新气象，铸就中华文化新辉煌”。[⑤] 2022 年 5 月，在主持中央政治局集体学习时，习近平总书记强调中华文明“是中国文化创新的宝藏”，要求“把中国文明历史研究引向深入，推动增强历史自觉坚定文化自信”。[⑥]

特别值得指出的是，在 2021 年 7 月庆祝中国共产党成立一百周年大会上，习近平总书记首次正式提出“两个结合”——“坚持把马克思主义基本原理同中国具体实际相结合、同中华优秀传统文化相结合”，[⑦] 后于 2022 年 10 月在党的二十大报告中把其作为坚持和发展马克思主义的必要条件予以再次强调，并在 2023 年 6 月文化传承发展座谈会上深入阐述“两个结合”的重大意义，还明确了深化对文化建设的规律性认识的“十四个强调”——强调坚持和加强党对宣传思想文化工作的全面领导，担负起新的文化使命，建设社会主义文化强国，铸就社会主义文化新辉煌；强调坚持马克思主义在意识形态领域指导地位的根本制度，推进马克思主义中国化时代化，建设具有强大凝聚力和引领力的社会主义意识形态；强调坚持文化自信，推动社会主义文化繁荣兴盛，建设中华民族现代文明；强调

① 习近平：《习近平谈治国理政》（第四卷），外文出版社 2022 年版，第 309 页。

② 习近平：《习近平谈治国理政》（第四卷），外文出版社 2022 年版，第 312 页。

③ 习近平：《习近平谈治国理政》（第四卷），外文出版社 2022 年版，第 243 页。

④ 习近平：《习近平著作选读》（第二卷），人民出版社 2023 年版，第 565 页。

⑤ 习近平：《习近平谈治国理政》（第四卷），外文出版社 2022 年版，第 320 页。

⑥ 《把中国文明历史研究引向深入 推动增强历史自觉坚定文化自信》，《人民日报》2022 年 5 月 29 日。

⑦ 习近平：《习近平谈治国理政》（第四卷），外文出版社 2022 年版，第 10 页。

以社会主义核心价值观引领文化建设，广泛开展中国特色社会主义和中国梦宣传教育，使全体人民在理想信念、价值理念、道德观念上紧紧团结在一起；强调加快构建中国特色哲学社会科学，以我国实际为研究起点，阐释中国道路，解读中国实践，构建中国理论；强调推动中华优秀传统文化创造性转化、创新性发展，让中华文化展现出永久魅力和时代风采；强调提高新闻舆论传播力、引导力、影响力、公信力，弘扬主旋律、传播正能量，巩固壮大奋进新时代的主流思想舆论；强调坚持以人民为中心的创作导向，把社会效益放在首位、社会效益和经济效益相统一，推出更多增强人民精神力量的优秀作品；强调要像爱惜自己的生命一样保护历史文化遗产，加强文物保护利用和文化遗产保护传承，守护好中华文脉；强调中国式现代化是物质文明和精神文明相协调的现代化，能促进全体人民精神生活共同富裕，促进人的全面发展；强调铸牢中华民族共同体意识，构筑中华民族共有精神家园；强调过不了互联网这一关就过不了长期执政这一关，要把互联网这个变量变成事业发展的增量，培育积极健康向上向善的网络文化，建设网络文明；强调提升国家文化软实力和中华文化影响力，加强国际传播能力建设，讲好中国故事，推动中华文化更好走向世界；强调弘扬全人类共同价值，落实全球文明倡议，推动文明交流互鉴，丰富世界文明百花园。习近平总书记在文化传承发展座谈会上鲜明提出坚持党的文化领导权、深刻理解“两个结合”、担负起新的文化使命等重大创新观点，提出建设中华民族现代文明的重大任务。至此，习近平文化思想基本成熟。

党的十八大以来，“我们把文化建设提升到一个新的历史高度，把文化自信和道路自信、理论自信、制度自信并列为中国特色社会主义‘四个自信’，把坚持马克思主义在意识形态领域指导地位的制度确立为中国特色社会主义制度体系的一项根本制度，把坚持社会主义核心价值体系纳入新时代坚持和发展中国特色社会主义的基本方略”,[①] 文化建设的地位其实还可以更加突出，宣传思想文化工作由表及里的内在系统性、贯通性还可以进一步强化。

党的十八大以来，就宣传思想工作已召开了三次全国性会议，2013 年 8 月和 2018 年 8 月两次均冠名“全国宣传思想工作会议”，2023 年 10 月这次则冠名“全国宣传思想文化工作会议”。从“宣传思想工作”到“宣传思想文化工作”，会议名称的变化反映了新时代党的宣传思想文化工作战略思路的重大调整，即以更加系统性、全局性、贯通性的思维来全面把握党的宣传思想文化工作，更为强调文化启智润心的力量。这既是对中国源远流长以文明道、传道、贯道、载道传统的传承和创新，也是中国共产党文化领导权理论和实践在新时代的继承和发展。

2023 年 10 月，习近平总书记对宣传思想文化工作作出重要指示强调，“宣传思想文化工作事关党的前途命运，事关国家长治久安，事关民族凝聚力和向心力，是一项极端重要的工作”；并提出“七个着力”的具体部署和重大要求——“着力加强党对宣传思想文化工作的领导，着力建设具有强大凝聚力和引领力的社会主义意识形态，着力培育和践行社会主义核心价值观，着力提升新闻舆论传播力引导力影响力公信力，着力赓续中华文脉、推动中华优秀传统文化创造性转化和创新性发展，着力推动文化事业和文化产业繁荣发展，着力加强国际传播能力建设、促进文明交流互鉴”。[②] 至此，习近平文化思想完全成熟。

当然，习近平文化思想是一个不断展开的、开放式的思想体系，必将随着实践深入不断丰富发展。

党的十八大以来，围绕宣传思想文化工作，党中央召开的会议

① 习近平：《习近平谈治国理政》（第四卷），外文出版社 2022 年版，第 309 页。

② 《坚定文化自信秉持开放包容坚持守正创新 为全面建设社会主义现代化国家全面推进中华民族伟大复兴提供坚强思想保证强大精神力量有利文化条件》，《人民日报》2023 年 10 月 9 日。

之密集、作出的决策部署之全面，习近平总书记论述之丰富系统、深刻厚重，在党的历史上是不多见的。概言之，习近平总书记主要从以下十六个方面进行系统谋划和战略部署。第一是理论武装工作，提出健全用党的创新理论武装全党、教育人民、指导实践工作体系，推动习近平新时代中国特色社会主义思想深入人心。第二是意识形态工作责任制工作，提出全面落实意识形态工作责任制，发扬敢于斗争的精神，增强善于斗争的能力。第三是理想信念教育工作，提出推动理想信念教育常态化制度化，传承红色基因，赓续红色血脉，广泛开展中国特色社会主义和中国梦宣传教育。第四是思想政治和精神文明建设工作，提出要把社会主义核心价值观融入法治建设、融入社会发展、融入日常生活，深入实施公民道德建设工程，做好学校思想政治工作，统筹推动文明培育、文明实践、文明创建。第五是哲学社会科学研究工作，提出加快构建中国特色哲学社会科学，阐释中国道路，解读中国实践，构建中国理论。第六是主流媒体建设工作，提出坚持导向为魂、移动为先、内容为王、创新为要，打造新型传播平台，建成新型主流媒体，加快构建融为一体、合而为一的全媒体传播格局。第七是网信工作，提出健全网络综合治理体系，推动形成良好网络生态，营造风清气正的网络空间。第八是文艺工作，提出把创作生产优秀作品作为文艺工作的中心环节，推出更多同新时代相匹配的文化精品。第九是文化体制改革和文化旅游工作，提出深化文化体制改革，健全现代公共文化服务体系，健全现代文化产业体系和市场体系，推进文化和旅游深度融合发展。第十是中华优秀传统文化挖掘和阐发工作，提出加强对中华优秀传统文化的挖掘和阐发，让中华文化展现出永久魅力和时代风采。第十一是文物工作，提出贯彻落实坚持保护第一、加强管理、挖掘价值、有效利用、让文物活起来的工作要求，积极推进文物保护利用和文化遗产保护传承。第十二是中华民族共有精神家园建设工作，提出全面推进中华民族共有精神家园建设，推动各民族树立正确的国家观、历史观、民族观、文化观、宗教观。第十三是我国宗教中国化方向工作，提出坚持我国宗教中国化方向，积极引导宗教与社会主义社会相适应。第十四是国际传播能力建设工作，提出加强国际传播能力建设，构建具有鲜明中国特色的战略传播体系，全面提升国际传播效能。第十五是中华文明对外交流互鉴工作，提出深化文明交流互鉴，推动不同文明相互尊重、和谐共处，营造多元互动、百花齐放的人文交流局面，推动中华文化更好走向世界。第十六是宣传思想文化工作队伍建设，提出不断增强脚力、眼力、脑力、笔力，努力打造一支政治过硬、本领高强、求实创新、能打胜仗的宣传思想工作队伍。这些重要部署要求，明确了新时代文化建设的路线图和任务书，为推进文化强国建设提供了全面指引。

习近平总书记的重要论述涉及宣传思想文化工作的各个领域、方方面面，涵盖理论舆论、内宣外宣、文化文艺、网上网下、队伍阵地等等，也表明新时代党的文化建设理论的建构坚持系统观念统筹谋划的特点。

（二）坚持问题导向有的放矢

习近平总书记就宣传思想文化工作“九个坚持”“十四个强调”“七个着力”的提出、“十六个方面”的谋划部署，源于三大方面的挑战，是“坚持问题导向”[①] 的范例，蕴含着眼于真正解决问题的新理念新思路新办法。

1. 意识形态领域斗争依然复杂

意识形态渗透是守成大国遏制新兴大国的“软刀子”，也是不同社会制度较量的“撒手锏”。党的十八大以来，习近平总书记就意识形态领域许多方向性、战略性问题作出部署，确立和坚持马克思主义在意识形态领域指导地位的根本制度，健全意识形态工作责任制，推动全党动手抓宣传思想工作，着力解决意识形态领域党的领导弱化问题，“我国意识形态领域形势发生全局性、根本性转变，全党全

① 习近平：《习近平著作选读》（第一卷），人民出版社 2023 年版，第 16 页。

国各族人民文化自信明显增强，全社会凝聚力和向心力极大提升”，[①] 但“意识形态领域斗争依然复杂，国家安全面临新情况”。[②] 一是全球化国际秩序带来多元思想观念大交锋。美国大搞文化霸权和媒介霸权，以其为首的西方发达国家通过各种传媒手段源源不断输出其思想观念，在我国“存在着信息流进流出的‘逆差’”，[③] 形成我们文化领域的西化冲击波。二是信息化条件下滋生着意识形态安全新隐患。当今世界信息技术日新月异，数字化、网络化、智能化深入发展，各种力量借助信息化手段、互联网平台竞相发声，西方加紧思想渗透、“推墙”煽动，不断策动“颜色革命”企图得逞，而国内一些主流媒体因没有把握好新闻工作自身的规律性等原因导致影响力下降。掌握信息化条件下舆论主导权、广泛凝聚社会共识，既有机遇，也有挑战。三是马克思主义经典著作理论进头脑还不充分。社会上不少人甚至一些党员干部错误认为马克思主义已经过时，错误认为马克思主义无非是一种意识形态的生硬说教，看到我们没有完全消灭私有制便错误认为现在走的是资本主义道路。一言以蔽之，面对西方凌厉的意识形态渗透，我们存在被“卡脑子”的风险。

2. 提高社会文明程度任重道远

习近平总书记指出，“文明是现代化国家的显著标志”，[④] 提高全社会文明程度理所当然是建设社会主义文化强国的一项重大任务。文化作为一种生活方式和生活过程，内蕴价值意义，以文明追求为高标。文明体现于思想观念、精神面貌、价值取向、行为规范四个维度，在经济大发展、物质大丰富、利益大调整、思想大活跃、观念大碰撞、文化大交融时代，社会文明程度要伴随着经济发展而提

---

① 《中共中央关于党的百年奋斗重大成就和历史经验的决议》，人民出版社 2021 年版，第 46 页。

② 习近平：《习近平著作选读》（第二卷），人民出版社 2023 年版，第 8 页。

③ 中共中央文献研究室：《习近平关于社会主义文化建设论述摘编》，中央文献出版社 2017 年版，第 212 页。

④ 习近平：《习近平谈治国理政》（第四卷），外文出版社 2022 年版，第 310 页。

高并非易事。一是市场经济功利性观念膨胀的影响。一些人强调资本的逻辑，在市场经济逐利性驱使下唯利是图，颠覆“义利兼顾”的传统价值理念，冲击并消解社会主流价值观。二是工业文明物本位理念扩张的影响。工业文明物本位发展观即追求物质的现代化发展模式还有一定势力，如此“弱于德，强于物”便导致自然危机、社会危机和人的自身危机，出现不少拜倒在物之前、被物质利益异化、物质生活和精神生活分裂的“单向度的人”。三是社会转型期低俗文化滋生的影响。我国正处在各种思潮观念纷然杂陈、相互激荡的社会转型时期，传统主流价值观念对社会公众的约束力不断弱化虚化，现代主流价值观念的影响力还不够广泛深入，形形色色的低俗庸俗媚俗不断挑战社会公序良俗。习近平总书记指出，“价值观念在一定社会的文化中是起中轴作用的，文化的影响力首先是价值观念的影响力。世界上各种文化之争，本质上是价值观念之争，也是人心之争、意识形态之争”，强调“首先要打好价值观念之争这场硬仗”。[①] 打赢价值观念之争这场硬仗，才能杜绝价值观念领域的被“卡脑子”问题。当然，提高全社会文明程度必须久久为功、持之以恒。

3. 软实力与硬实力还不够匹配

2010年以来，中国国内生产总值稳居世界第二位，有“中国是世界经济发展的‘火车头’”美誉。综合国内外多家研究团队测算结果，近些年我国文化软实力的世界排名在第27位上下浮动，说明我国在国际文化竞争中仍不占优势，我国软实力与硬实力还不够匹配，究其原因主要有四个方面。一是文化传承能力不强。习近平总书记强调，中华优秀传统文化“是我们最深厚的文化软实力”。[②] 中华优秀传统文化只有在传承发展中被激活，才能真正成为软实力。在我国国民教育领域，传统的经史教育体系被从西方引进的现代学

---

① 中共中央文献研究室：《习近平关于社会主义文化建设论述摘编》，中央文献出版社2017年版，第105页。

② 习近平：《习近平谈治国理政》（第一卷），外文出版社2018年版，第155页。

科体系和教育体制取而代之，原来承载民族文化精神的经史子集丧失了崇高地位，沦为一般性的文史知识，直接导致当代中国人传统文化素养普遍不足，而这个缺陷也制约对外文化交流。构建中国话语和中国叙事体系体现了我们党提高国家文化软实力、占据国际道义制高点的战略谋划，为此必须打造融通中外的新概念、新范畴、新表述，加强国际传播能力建设。然而，当代中国人博古通今、学贯中西的能力普遍不足，导致跨文化传播障碍，面对西方的话语霸权时存在被“卡嗓子”问题。近一百多年来中国文化发展过程中，明显存在两个不平衡：一是传统文化与西方文化吸收比例的失衡，重西方轻传统；二是科技文化和人文文化的失衡，重科技轻人文，直接制约中国的文化传承能力、跨文化传播能力。二是文化精品数量不多。创作作品或生产产品的文化档次、艺术品位普遍不高，文化原创能力不强。三是文化市场份额不大。不少主旋律作品或产品受众面不广，或叫好不叫座，社会效益和经济效益相统一的不多。长期以来，制约中国文化发展的一个重要因素，就是没有把公益性文化事业和经营性文化产业作明确区分，政府统包统揽的局面没有得到根本改变，公益性文化事业的投入严重不足，经营性文化单位却过多依赖政府，缺乏走向市场的动力，缺乏市场竞争活力，其文化产品和文化服务难以通过市场来实现价值和效益。四是文化供给效率不高。在农村，在经济欠发达地区的基层，普遍存在供给紧缺、供需错位问题，多样化多层次文化产品和服务的供给不足，基本公共文化服务的覆盖面和适用性存在短板。

新时代党的文化建设理论的建构，是在回答并指导解决问题中形成发展，实事求是，有的放矢，水到渠成的。

二、新时代党的文化建设理论的丰富内涵及其价值

新时代党的文化建设理论内涵十分丰富、论述极为精辟，深刻回答了新时代我国文化建设举什么旗帜、走什么路、坚持什么原则、

实现什么目标等重大问题，丰富和发展了马克思主义文化理论，丰富和发展了世界文明理论。这些丰富内涵有十一个要点，可从统揽全局、宏观把握、中观谋略的相对特征出发分为三个层级来把握。

（一）担负起新的文化使命——新时代促进中华文化繁荣的历史担当

2023 年 10 月，习近平总书记对宣传思想文化工作作出重要指示强调，“围绕在新的历史起点上继续推动文化繁荣、建设文化强国、建设中华民族现代文明这一新的文化使命”。① 此前在同年 6 月文化传承发展座谈会上，他就提出了这个新时代新的文化使命，强调“更好担负起新的文化使命”。② “新的文化使命”是 2017 年 10 月党的十九大报告首次提出的重大命题，而作为其一项重要内容的“建设中华民族现代文明”③ 是习近平总书记 2022 年 10 月考察河南安阳殷墟遗址时提出的重大命题。建设中华民族现代文明这个命题的含义，在新时代党的文化建设理论里有狭义和广义之分。狭义主要是指社会主义精神文明建设，正如习近平总书记 2023 年 7 月在江苏考察时所说，“建设中华民族现代文明，是推进中国式现代化的必然要求，是社会主义精神文明建设的重要内容”。④ 而广义主要指中国式现代化的文化形态。2022 年 10 月，习近平总书记在河南考察时说，“学习理解中华文明，古为今用，为更好建设中华民族现代文明提供

---

① 《坚定文化自信秉持开放包容坚持守正创新　为全面建设社会主义现代化国家全面推进中华民族伟大复兴提供坚强思想保证强大精神力量有利文化条件》，《人民日报》2023 年 10 月 9 日。

② 习近平：《在文化传承发展座谈会上的讲话》，《求是》2023 年第 17 期。

③ 《全面推进乡村振兴　为实现农业农村现代化而不懈奋斗》，《人民日报》2022 年 10 月 29 日。

④ 《在推进中国式现代化中走在前做示范　谱写“强富美高”新江苏现代化建设新篇章》，《人民日报》2023 年 7 月 8 日。

借鉴”,[1] 也就是说中华民族现代文明是对古代中华文明的传承发展，是中华文明的现代形态。文化传承发展座谈会上，在深刻把握中华文明五大突出特性的基础上，习近平总书记深刻阐述“两个结合”的重大意义，指出“‘第二个结合’让马克思主义成为中国的，中华优秀传统文化成为现代的，让经由‘结合’而形成的新文化成为中国式现代化的文化形态”，“造就了一个有机统一的新的文化生命体”,[2] 进而提出“在新的起点上继续推动文化繁荣、建设文化强国、建设中华民族现代文明”“创造人类文明新形态”[3] 的使命任务。那么，中华民族现代文明也就是中国式现代化的文化形态，就是社会主义社会新的文化生命体，也是人类文明新形态。文化强国一定是主要表现在质量上的，因此，“推动文化繁荣、建设文化强国、建设中华民族现代文明”的文化使命，也就依次道明了“新文化”[4] 的状态、质量、性质。担负起新的文化使命彰显了我们党促进中华文化繁荣、创造人类文明新形态的历史担当。

上述第（一）点在新时代党的文化建设理论里体现出统揽全局的特征，不妨视为新时代党的文化建设理论丰富内涵第一个层级的内容。

（二）坚持党的文化领导权——担负新时代新的文化使命的根本保证

列宁在《党的组织和党的出版物》中指出，“社会主义无产阶级应当提出党的出版物的原则，发展这个原则，并且尽可能以完备和

---

① 《全面推进乡村振兴　为实现农业农村现代化而不懈奋斗》，《人民日报》2022年10月29日。

② 习近平：《在文化传承发展座谈会上的讲话》（2023年6月2日），《求是》2023年第17期。

③ 习近平：《在文化传承发展座谈会上的讲话》（2023年6月2日），《求是》2023年第17期。

④ 习近平：《在文化传承发展座谈会上的讲话》（2023年6月2日），《求是》2023年第17期。

完整的形式实现这个原则”——“党性”,[①] 这就从理论上赋予党对自己所属传播媒介的领导权。2023 年 6 月文化传承发展座谈会上,习近平总书记第一次明确提出“中国共产党的文化领导权”命题,2023 年 10 月对宣传思想文化工作作出的重要指示中的“七个着力”就包括“着力加强党对宣传思想文化工作的领导”。坚持党的文化领导权,是习近平总书记深刻总结党的历史经验、洞察时代发展大势创造性提出来的,充分体现了对新时代文化地位作用的深刻认识,体现了对党的意识形态工作的科学把握。新时代党的文化建设理论的“文化”,是广义的文化,其中最重要的是意识形态。文化领导权本质上是意识形态工作领导权,坚持党的文化领导权首先是意识形态领导权。2018 年全国宣传思想工作会议上,习近平总书记提出“九个坚持”,第一条就是“坚持党对意识形态工作的领导权”。坚持党的文化领导权的核心任务是坚持和巩固党对意识形态工作的领导、坚持马克思主义在意识形态领域指导地位的根本制度。牢牢掌握党对意识形态工作领导权,最基本、也是最关键的就是要把思想舆论阵地牢牢掌握在自己手中,因为“一个政权的瓦解往往是从思想领域开始的,……思想防线被攻破了,其他防线就很难守住”。[②] 意识形态工作是党的一项极端重要的工作,是为党举旗、为国家立心、为民族立魂的工作。坚持党的文化领导权是事关党和国家前途命运的大事,事关文化前进方向和发展道路,是担负起新时代新的文化使命的政治保证、根本保证,必须落实到坚持党管宣传、党管意识形态、党管媒体原则,坚持党管互联网,“健全网络综合治理体系”,[③] 坚持政治家办报、办刊、办台、办新闻网站,“完善意识形态

---

① 《列宁选集》(第一卷),人民出版社 2012 年版,第 663 页。

② 中共中央文献研究室:《习近平关于社会主义文化建设论述摘编》,中央文献出版社 2017 年版,第 21 页。

③ 《中共中央关于进一步全面深化改革 推进中国式现代化的决定》,人民出版社 2024 年版,第 34 页。

工作责任制”。①

（三）推动物质文明和精神文明协调发展——担负新时代新的文化使命的辩证思维

马克思恩格斯在《神圣家族》一文中指出，“‘思想’一旦离开‘利益’，就一定会使自己出丑”，② 这里的“思想”可以理解成“意识”，“利益”可以理解成“物质”，也就是说物质决定意识、意识是物质的反映。马克思在《〈黑格尔法哲学批判〉导言》说，“理论一经掌握群众，也会变成物质力量”③。习近平总书记就指出，“物质变精神、精神变物质是辩证法的观点”，④ 他站在科学把握经济基础和上层建筑关系的哲学高度，“以辩证的、全面的、平衡的观点正确处理物质文明和精神文明的关系”，⑤ 作出“中国特色社会主义是物质文明和精神文明全面发展的社会主义”，⑥“中国式现代化是物质文明和精神文明相协调的现代化”⑦ 等重要论述，为新时代坚持和发展中国特色社会主义、推进和拓展中国式现代化提供了科学指引。“两个文明”协调发展是坚持和发展中国特色社会主义的本质特征，必须统筹抓好物质文明和精神文明建设，坚持以经济建设为中心不动摇，不断厚植现代化的物质基础，不断夯实人民幸福生活的物质条件，同时把精神文明建设摆在更加重要位置，大力发展社会主义先进文化，提高全社会文明程度，“改进创新文明培育、文明实践、文明创

① 《中共中央关于进一步全面深化改革　推进中国式现代化的决定》，人民出版社 2024 年版，第 32 页。

② 《马克思恩格斯全集》（第二卷），人民出版社 1957 年版，第 103 页。

③ 《马克思恩格斯选集》（第一卷），人民出版社 2012 年版，第 9 页。

④ 中共中央党史和文献研究院：《习近平关于“三农”工作论述摘编》，中央文献出版社 2019 年版，第 122 页。

⑤ 习近平：《论党的宣传思想工作》，中央文献出版社 2020 年版，第 133 页。

⑥ 中共中央党史和文献研究院：《习近平关于社会主义精神文明建设论述摘编》，中央文献出版社 2022 年版，第 31 页。

⑦ 习近平：《习近平著作选读》（第一卷），人民出版社 2023 年版，第 19 页。

建工作机制”,[①] 统筹推动文明培育、文明实践、文明创建，推动形成适应新时代要求的思想观念、精神面貌、文明风尚、行为规范，以精神文明发展增强物质文明建设内在动能，促进物的全面丰富和人的全面发展，确保中国特色社会主义伟大事业行稳致远。

（四）坚持“两个结合”——担负新时代新的文化使命的根本要求

在2021年七一讲话和党的二十大报告有关重要论述的基础上，习近平总书记在文化传承发展座谈会上，对“两个结合”特别是“第二个结合”作了全面系统深入阐述。“坚持把马克思主义基本原理同中国具体实际相结合、同中华优秀传统文化相结合”,[②] 揭示了在五千多年中华文明深厚基础上开辟和发展中国特色社会主义的必由之路，也揭示了党推动理论创新和文化繁荣的必由之路，是对马克思主义中国化时代化历史经验的深刻总结，也是对中华文明发展规律的深刻把握。2023年10月，习近平总书记对宣传思想文化工作作出重要指示，提出的“七个着力”之一就是，“着力赓续中华文脉、推动中华优秀传统文化创造性转化和创新性发展”，为此，必须遵循“两个结合”的根本要求。“两个结合”拓展了中国特色社会主义文化发展道路，因为“用马克思主义真理的力量激活了”[③] 中华优秀传统文化的生命力，马克思主义赋予中华优秀传统文化中富有生命力的优秀因子新的时代内涵，让中华优秀传统文化成为现代的；另一方面，将中华民族的伟大精神和丰富智慧更深层次地灌注于马克思主义，“中华优秀传统文化充实了马克思主义的文化生命，推动马克思主义不断实现中国化时代化新飞跃”,[④] 也就巩固了文化主体性。有效把马克思主义思想精髓同中华优秀传统文化精华贯通起来，

---

① 《中共中央关于进一步全面深化改革　推进中国式现代化的决定》，人民出版社2024年版，第33页。

② 习近平：《习近平谈治国理政》（第四卷），外文出版社2022年版，第10页。

③ 习近平：《习近平著作选读》（第二卷），人民出版社2023年版，第418页。

④ 习近平：《在文化传承发展座谈会上的讲话》，《求是》2023年第17期。

就能聚变为新的理论创新优势，就能促进新的文化繁荣发展，“造就了一个有机统一的新的文化生命体”①。坚持“两个结合”，是担负新时代新的文化使命的根本要求，于中华优秀传统文化是最高意义上的传承发展，于马克思主义是最深层次的理论推进。

（五）坚持以人民为中心——担负新时代新的文化使命的根本立场

以人民为中心的工作导向体现了我们党领导和推动文化建设的鲜明立场、根本立场，是坚持以人民为中心的发展思想在宣传思想文化领域中的具体体现，充分彰显了我们党的性质宗旨和初心使命。习近平总书记指出，“人民性是马克思主义的本质属性”，②“人民立场是中国共产党的根本政治立场，是马克思主义政党区别于其他政党的显著标志”。③在2014年文艺工作座谈会上，习近平总书记强调，“社会主义文艺，从本质上讲，就是人民的文艺”，“文艺要反映好人民心声，就要坚持为人民服务、为社会主义服务这个根本方向”，“以人民为中心，就是要把满足人民精神文化需求作为文艺和文艺工作的出发点和落脚点，把人民作为文艺表现的主体，把人民作为文艺审美的鉴赏家和评判者，把为人民服务作为文艺工作者的天职”。④习近平总书记要求广大哲学社会科学工作者“要坚持人民是历史创造者的观点，树立为人民做学问的理想”，⑤强调“只有坚持党性原则，坚持以人民为中心的工作导向，才能确保新闻媒体始终为人民服务”，⑥认为“网信事业要发展，必须贯彻以人民为中心

---

① 《担负起新的文化使命　努力建设中华民族现代文明》，《人民日报》2023年6月3日。

② 习近平：《习近平著作选读》（第一卷），人民出版社2023年版，第16页。

③ 习近平：《习近平谈治国理政》（第二卷），外文出版社2017年版，第40页。

④ 习近平：《习近平谈治国理政》（第二卷），外文出版社2017年版，第314—315页。

⑤ 习近平：《论党的宣传思想工作》，中央文献出版社2020年版，第224页。

⑥ 习近平：《论党的宣传思想工作》，中央文献出版社2020年版，第183页。

的发展思想”。[①] 文化建设各个领域各个方面各项工作都要坚持人民立场，尊重人民主体地位，把发展文化事业作为“满足人民精神文化需求、保障人民文化权益的基本途径”，“坚持把社会效益放在首位、社会效益和经济效益相统一”的创作生产体制机制，“优化文化服务和文化产品供给机制”，[②]“不断扩大优质文化产品供给”，[③] 繁荣发展文化产业。2023 年 10 月，习近平总书记对宣传思想文化工作的重要指示所提出的“七个着力”，其中一点是“着力推动文化事业和文化产业繁荣发展”，就很好诠释了坚持以人民为中心的根本立场。

（六）坚定文化自信——担负新时代新的文化使命的基本前提

习近平总书记指出，“保持对自身文化理想、文化价值的高度信心，保持对自身文化生命力、创造力的高度信心”，[④] 就道出了文化自信的意蕴。他所说文化自信的“文化”，指中国特色社会主义文化——源自于中华优秀传统文化，熔铸于党领导人民在革命、建设、改革中创造的革命文化和社会主义先进文化。文化自信的实质，一是要有文化主体性，以我为主、为我所用，也就是“坚守中华文化立场”，[⑤] 坚守“中华民族的文化主体性”；[⑥] 二是要有精神独立性，必须独立思考，自主判断，不能食洋不化、盲从教条，也就是“用中国道理总结好中国经验，把中国经验提升为中国理论，实现精神

---

① 习近平：《论党的宣传思想工作》，中央文献出版社 2020 年版，第 193 页。

② 《中共中央关于进一步全面深化改革　推进中国式现代化的决定》，人民出版社 2024 年版，第 33 页。

③ 习近平：《习近平谈治国理政》（第四卷），外文出版社 2022 年版，第 10 页。

④ 习近平：《习近平谈治国理政》（第二卷），外文出版社 2017 年版，第 349 页。

⑤ 习近平：《习近平谈治国理政》（第四卷），外文出版社 2022 年版，第 326 页。此前《在文艺工作座谈会上的讲话》提出“坚守中华文化立场、传承中华文化基因，展现中华审美风范”，见习近平：《论党的宣传思想工作》，中央文献出版社 2020 年版，第 114 页。

⑥ 习近平：《在文化传承发展座谈会上的讲话》（2023 年 6 月 2 日），《求是》2023 年第 17 期。

上的独立自主”；[①] 三是要有理论原创性，也就是“以我们正在做的事情为中心”，“提炼出有学理性的新理论，概括出有规律性的新实践”，[②] 凸显中国智慧、中国价值、中国标识。习近平总书记强调，“中国有坚定的道路自信、理论自信、制度自信，其本质是建立在5000多年文明传承基础上的文化自信”，[③] “要坚定中国特色社会主义道路自信、理论自信、制度自信，说到底是要坚定文化自信”。[④] 坚定文化自信体现了我们党对巩固文化主体性的高度自觉。习近平总书记指出，“文化自信，是更基础、更广泛、更深厚的自信”，[⑤] “是一个国家、一个民族发展中最基本、最深沉、最持久的力量”。[⑥] 他用“最根本”“本质”“说到底”“最”“更”等表述来凸显文化自信的独特地位和强大功能，文化自信之于一个国家、一个民族的发展极端重要。文化自信蕴含社会发展进步的伟力，是因为文化蕴含“灵魂”即核心价值观，而“价值观念在一定社会的文化中是起中轴作用的”，可决定“千古之胜负”；[⑦] 文化承载“基因”即民族的文化基因与精神血脉，习近平总书记就多次用“文化基因”“精神命脉”来褒扬中华优秀传统文化；文化塑造“主体”即作为社会发展主体的人，习近平总书记就多次强调“以文化人”“以文育人”的使命，指出“要依靠文化自信坚定理想信念”，认为“没有中华优秀传统文化、革命文化、社会主义先进文化的底蕴和滋养，信仰信念就难以深沉而执着”。[⑧] 毕竟，文化自信与理想信念在本质上是相通的。

---

① 《担负起新的文化使命　努力建设中华民族现代文明》，《人民日报》2023年6月3日。

② 习近平：《习近平谈治国理政》（第二卷），外文出版社2017年版，第344页。

③ 习近平：《习近平谈治国理政》（第四卷），外文出版社2022年版，第312页。

④ 习近平：《习近平谈治国理政》（第二卷），外文出版社2017年版，第339页。

⑤ 习近平：《习近平谈治国理政》（第二卷），外文出版社2017年版，第36页。

⑥ 习近平：《习近平著作选读》（第二卷），人民出版社2023年版，第350页。

⑦ 中共中央文献研究室：《习近平关于社会主义文化建设论述摘编》，中央文献出版社2017年版，第105页。

⑧ 中共中央文献研究室：《习近平关于社会主义文化建设论述摘编》，中央文献出版社2017年版，第17—18页。

2023年10月，习近平总书记对宣传思想文化工作作出的重要指示就有强调“坚定文化自信”；坚定文化自信，是担负新时代新的文化使命的重要支柱，也是基本前提。

上述第（二）到第（六）点大体体现出宏观把握的特征，不妨视为新时代党的文化建设理论丰富内涵第二个层级的内容。下面第（七）到第（十一）点则大体体现出中观谋略的特征，不妨视为第三个层级的内容。

（七）培育和践行社会主义核心价值观——担负新时代新的文化使命的根本任务

2023年10月，习近平总书记对宣传思想文化工作作出重要指示，强调“着力培育和践行社会主义核心价值观”。培育和践行社会主义核心价值观是凝魂聚气、强基固本的基础工程，也是我们担负新时代新的文化使命的“一项根本任务”[①]。习近平总书记指出：“核心价值观，承载着一个民族、一个国家的精神追求，体现着一个社会评判是非曲直的价值标准。”[②] 核心价值观是“文化软实力的灵魂”、“文化软实力建设的重点”，“决定文化性质和方向的最深层次要素”，“是一个国家的重要稳定器”。[③] 能否构建具有强大感召力的核心价值观，关系社会和谐稳定，关系国家长治久安。“一个民族、一个国家的核心价值观必须同这个民族、这个国家的历史文化相契合，同这个民族、这个国家的人民正在进行的奋斗相结合，同这个民族、这个国家需要解决的时代问题相适应。”[④] 习近平总书记就强调，培育和践行社会主义核心价值观，必须立足中华优秀传统文化，从传统中发现精神基因，以时代精神激活中华优秀传统文化的生命力，以中华优秀传统文化涵养社会主义核心价值观，把社会主义核

① 习近平：《论党的宣传思想工作》，中央文献出版社2020年版，第54页。
② 习近平：《论党的宣传思想工作》，中央文献出版社2020年版，第72页。
③ 习近平：《论党的宣传思想工作》，中央文献出版社2020年版，第52、54页。
④ 习近平：《习近平谈治国理政》（第一卷），外文出版社2018年版，第171页。

心价值观贯穿于社会生活方方面面。“完善培育和践行社会主义核心价值观制度机制”,[①]“通过教育引导、舆论宣传、文化熏陶、实践养成、制度保障等，使社会主义核心价值观内化为人们的精神追求，外化为人们的自觉行动”,[②] 在落细、落小、落实上下功夫，特别是要抓好领导干部、公众人物、青少年、先进模范等重点人群，让广大群众见贤思齐，进而在全社会凝聚起建设中国特色社会主义事业的“精气神”。

（八）掌握信息化条件下舆论主导权、广泛凝聚社会共识——担负新时代新的文化使命的基本职责

当今世界，信息技术日新月异，数字化、网络化、智能化深入发展，掌握信息化条件下的舆论主导权、广泛凝聚社会共识成为巩固壮大主流思想文化的必然要求，也是我们担负新时代新的文化使命的“基本职责”[③]。2023 年 10 月，习近平总书记对宣传思想文化工作作出的重要指示强调，“着力建设具有强大凝聚力和引领力的社会主义意识形态”[④]，也包括对广泛凝聚社会共识提出要求。舆论导向正确，就能凝聚人心、汇聚力量，激发全社会团结奋进的强大力量，反之就会动摇人心、瓦解斗志，危害社会和谐稳定。习近平总书记指出，“网络空间已成为人们生产生活新空间，那就应该成为我们党凝聚共识的新空间”,[⑤] “互联网已经成为舆论斗争的主战场”、“意识形态斗争的最前沿”，“管好用好互联网，是新形势下掌控新闻

① 《中共中央关于进一步全面深化改革　推进中国式现代化的决定》，人民出版社 2024 年版，第 33 页。

② 习近平：《论党的宣传思想工作》，中央文献出版社 2020 年版，第 57 页。

③ 习近平：《习近平谈治国理政》（第一卷），外文出版社 2018 年版，第 153 页。

④ 李捷：《建设具有强大凝聚力和引领力的社会主义意识形态》，《人民日报》2023 年 10 月 25 日。

⑤ 中共中央党史和文献研究院：《习近平关于社会主义精神文明建设论述摘编》，中央文献出版社 2022 年版，第 82 页。

舆论阵地的关键”，“过不了互联网这一关，就过不了长期执政这一关”。[①] 他要求“依法加强网络空间治理，加强网络内容建设，做强网上正面宣传，培育积极健康、向上向善的网络文化”，[②] 强调“推进网上宣传理念、内容、形式、方法、手段等创新，把握好时度效，构建网上网下同心圆”，[③] 使互联网这个最大变量变成事业发展的最大增量，要求利用信息革命成果推动传统媒体和新兴媒体融合发展，加快构建“全媒体传播格局”[④]，做大做强主流舆论，更好凝聚社会共识。

（九）保护历史文化遗产——担负新时代新的文化使命的重要基础

2023 年 10 月，习近平总书记对宣传思想文化工作作出的重要指示强调“着力赓续中华文脉”。历史文化遗产承载着中华民族的基因和血脉，保护历史文化遗产是推动文化传承发展的重要基础，也是我们担负新时代新的文化使命的重要基础。习近平总书记对保护历史文化遗产高度重视，深刻指出“历史文化遗产承载着中华民族的基因和血脉，不仅属于我们这一代人，也属于子孙万代，要敬畏历史、敬畏文化、敬畏生态，全面保护好历史文化遗产，统筹好旅游发展、特色经营、古城保护，筑牢文物安全底线，守护好前人留给我们的宝贵财富”，[⑤] 并作出重要指示：“把老祖宗留下的文化遗产精心守护好，让历史文脉更好地传承下去。”[⑥] 党的十八大以来，习近

① 中共中央文献研究室：《习近平关于社会主义文化建设论述摘编》，中央文献出版社 2017 年版，第 28、36、42 页。

② 中共中央文献研究室：《习近平关于社会主义文化建设论述摘编》，中央文献出版社 2017 年版，第 50 页。

③ 习近平：《习近平谈治国理政》（第三卷），外文出版社 2020 年版，第 306 页。

④ 习近平：《习近平谈治国理政》（第三卷），外文出版社 2020 年版，第 316 页。

⑤ 《向全国各族人民致以美好的新春祝福 祝各族人民幸福安康祝伟大祖国繁荣富强》，《人民日报》2022 年 1 月 28 日。

⑥ 本书编写组：《闽山闽水物华新：习近平福建足迹》（下），福建人民出版社，人民出版社 2022 年版，第 476 页。

平总书记从留住文化根脉、守住民族之魂的战略高度关心和推动历史文化遗产保护利用工作，就考古工作两次主持中央政治局集体学习，就文物、考古、非遗等作出170余次重要指示批示，亲自调研考察100多处历史文化遗产，反复叮嘱要把文化遗产保护好。不忘历史才能开辟未来，善于继承才能善于创新。习近平总书记强调，“保护好传统街区，保护好古建筑，保护好文物，就是保存了城市的历史和文脉。对待古建筑、老宅子、老街区要有珍爱之心、尊崇之心”，① “乡村文明是中华民族文明史的主体，村庄是这种文明的载体”，“要让有形的乡村文化留得住”，“要让活态的乡土文化传下去”，② “把历史文化遗产保护放在第一位，同时要合理利用”，③ 最小干预，就是既要保护好物质文化遗产，也要保护好非物质文化遗产，让文物说话、让历史说话、让文化说话，找准传统文化和现代生活的连接点契合点，统筹好旅游发展、特色经营、古城保护、风貌保留，筑牢文物安全底线，守护好前人留给我们的宝贵财富。党的二十届三中全会提出“建立文化遗产保护传承工作协调机构，建立文化遗产保护督察制度”，④ 有利于推动文化遗产系统性保护和统一监管。

（十）构建中国话语和中国叙事体系——担负新时代新的文化使命的战略谋划

构建中国话语和中国叙事体系体现了我们党提高国家文化软实力、占据国际道义制高点的战略谋划，也是我们担负新时代新的文化使命的战略谋划。改革开放以来，我国取得了举世瞩目的发展成

---

① 本书编写组：《闽山闽水物华新：习近平福建足迹》（下），福建人民出版社，人民出版社2022年版，第492页。

② 中共中央党史和文献研究院：《习近平关于“三农”工作论述摘编》，中央文献出版社2019年版，第121、124页。

③ 习近平：《习近平谈治国理政》（第四卷），外文出版社2022年版，第313页。

④ 《中共中央关于进一步全面深化改革 推进中国式现代化的决定》，人民出版社2024年版，第34页。

就，国际地位和国际影响力大幅提升，但在国际舆论场中一定程度上还面临“有理说不清”“说了传不开”“传开叫不响”的问题。传播力决定影响力，话语权决定主动权。2023年10月习近平总书记对宣传思想文化工作作出的重要指示就强调“着力加强国际传播能力建设”，必须“构建更有效力的国际传播体系”①。传播文化软实力的基本功，是“讲好故事”。进入新时代，习近平总书记敏锐把握世界之变、时代之变、历史之变，对建构中国自主的知识体系、提升国际传播效能作出全方位的顶层设计，推动打造具有鲜明中国特色的国际传播体系，提出“加快构建中国话语和中国叙事体系，用中国理论阐释中国实践，用中国实践升华中国理论，打造融通中外的新概念、新范畴、新表述，更加充分、更加鲜明地展现中国故事及其背后的思想力量和精神力量”，② 引导国际社会形成正确的“中共观”“中国观”，把我们的制度优势、发展优势真正转化为话语优势，努力形成同我国综合国力和国际地位相匹配的国际话语权，为改革发展稳定营造有利的外部舆论环境。

（十一）促进文明交流互鉴——担负新时代新的文化使命的胸襟格局

2023年10月，习近平总书记对宣传思想文化工作作出的重要指示强调“促进文明交流互鉴”。促进文明交流互鉴彰显中国共产党人开放包容的胸襟格局，也是我们担负新时代新的文化使命的胸襟格局。中国共产党是为中国人民谋幸福、为中华民族谋复兴的党，也是为人类谋进步、为世界谋大同的党，始终站在历史正确的一边，站在人类文明进步的一边。党的十八大以来，习近平总书记从人类历史大视野出发，基于“文明因交流而多彩，文明因互鉴而丰富”，

---

① 《中共中央关于进一步全面深化改革　推进中国式现代化的决定》，人民出版社2024年版，第34页。

② 习近平：《习近平谈治国理政》（第四卷），外文出版社2022年版，第317页。

“文明交流互鉴”“是推动人类文明进步和世界和平发展的重要动力”① 的深刻认识，在多个重大国际场合阐明对全球文化、文明发展和交流互鉴的一系列中国立场、中国方案，倡导“弘扬全人类共同价值”、② 提出“全球文明倡议”③ 等重要理念重大主张，超越了传统国际关系中强权政治、文明冲突、丛林法则、零和博弈思维的狭隘性，为丰富世界文明百花园、推动人类文明进步、应对全球共同挑战贡献中国智慧、激发精神力量。我们必须以兼收并蓄的胸怀汲取一切人类优秀文明成果，“建设全球文明倡议践行机制”，④ 以更加开放的姿态拥抱世界、以更有活力的文明成就贡献世界。

三、新时代党的文化建设理论的鲜明特质及其贡献

新时代党的文化建设理论谱写了马克思主义文化理论发展新篇章，体现出鲜明特质和独特魅力。

（一）体现出坚定文化自信的鲜明特质，提升了马克思主义文化理论的高度

1941 年，毛泽东批评道：“许多马克思列宁主义的学者也是言必称希腊，对于自己的祖宗，则对不住，忘记了。”⑤ 他认为：“清理古代文化的发展过程，剔除其封建性糟粕，吸收其民主性精华，是发展民族新文化提高民族自信心的必要条件。”⑥ 然而，面对中国和西方经济社会发展的巨大差距，要杜绝文化“他信”、提高“自信心”谈何容易？毕竟，毛泽东也承认，“近代文化，外国比我们高”，

---

① 习近平：《习近平谈治国理政》（第一卷），外文出版社 2018 年版，第 258 页。

② 习近平：《习近平著作选读》（第二卷），人民出版社 2023 年版，第 613 页。

③ 习近平：《携手同行现代化之路》，《人民日报》2023 年 3 月 16 日。

④ 《中共中央关于进一步全面深化改革　推进中国式现代化的决定》，人民出版社 2024 年版，第 34 页。

⑤ 《毛泽东选集》（第三卷），人民出版社 1991 年版，第 797 页。

⑥ 《毛泽东选集》（第二卷），人民出版社 1991 年版，第 707—708 页。

认识到中国人若“把老传统丢掉，人家会说是卖国”，“但是要回顾那么久的历史，是有些麻烦的”。[①] 实际上，中国共产党成立以后的相当长时间，我们的文化自信并不充分、并不完整，缘于过多贬抑或疏远中国传统文化。我们党对文化自信的认识过程表明，坚定文化自信是新时代党的文化建设理论的一个鲜明特质。文化自信以文化自觉为先导。文化自觉指文化上的觉悟和觉醒，包括对文化在社会发展中价值地位的正确认识、对所持有文化在历史发展过程中优势与不足的自知之明、对文化发展规律的清晰认识，是文化自信的思想基础和先决条件。在河北正定工作时，习近平提出“文化兴县”“旅游兴县”的新思路，在福建宁德工作时著文说“认识到自身的光彩，才有自信心、自尊心，才有蓬勃奋进的动力”，[②] 2005 年 7 月在浙江工作时明确表示认同“文化是灵魂”[③] 说法，并就“加快建设文化大省”要求“提高文化自觉”，[④] 2014 年 10 月强调“增强文化自觉和文化自信，是坚定道路自信、理论自信、制度自信的题中应有之义”，[⑤] 2021 年 12 月以“增强文化自觉、坚定文化自信”[⑥] 来勉励广大文艺工作者。回顾习近平总书记从地方到中央的从政经历和领导文化建设发展的实践，可见他的文化自觉和文化自信是一以贯之并与时俱进的。文化建设不仅是“五位一体”总体布局中的一位，还是各方面建设得以贯通、凝聚的灵魂和纽带。

从体现坚定文化自信的鲜明特质的维度来看，新时代党的文化建设理论提升了马克思主义文化理论的高度。一是强调从建设社会

---

① 《毛泽东文集》（第七卷），人民出版社 1999 年版，第 81、78 页。

② 习近平：《摆脱贫困》，福建人民出版社 2014 年版，第 22 页。

③ 习近平：《之江新语》，浙江人民出版社 2007 年版，第 149 页。就文化的力量，说是经济发展的“助推器”、政治文明的“导航灯”、社会和谐的“黏合剂”，党的十八大以来还可以补上一句，即是生态文明的“给养库”。

④ 习近平：《干在实处 走在前列——推进浙江新发展的思考与实践》，中共中央党校出版社 2006 年版，第 293、290 页。

⑤ 习近平：《论党的宣传思想工作》，中央文献出版社 2020 年版，第 114 页。

⑥ 习近平：《习近平谈治国理政》（第四卷），外文出版社 2022 年版，第 320 页。

主义文化强国的高度来坚定文化自信。文化理论的生成正如文化的生成，具有历史性，受经济基础决定和制约，同时也从深层制约和影响经济、政治活动。作为世界上第一个社会主义国家的缔造者，列宁提出在俄国建设无产阶级文化的重大命题。毛泽东则在新中国诞生之际说："中国人被人认为不文明的时代已经过去了，我们将以一个具有高度文化的民族出现于世界。"① 当然，由"文明"到"具有高度文化"的建设过程任重而道远。改革开放以来，邓小平强调建设高度的社会主义精神文明，江泽民强调坚持社会主义先进文化前进方向，认为"有中国特色社会主义的文化""是综合国力的重要标志"，② 胡锦涛进一步指出文化"越来越成为综合国力竞争的重要因素"。③ 2011 年 10 月，党的十七届六中全会首次提出建设社会主义文化强国的战略目标。2020 年 10 月，党的十九届五中全会首次明确建成文化强国的具体时间表——2035 年。随着实现中华民族伟大复兴进入了不可逆转的历史进程，2014 年 10 月，习近平总书记在文艺工作座谈会上强调，"要从建设社会主义文化强国的高度，增强文化自觉和文化自信"。④ 在党的十九大报告和二十大报告中，均强调坚定文化自信、建设社会主义文化强国。习近平总书记指出，"坚定文化自信，是事关国运兴衰、事关文化安全、事关民族精神独立性的大问题"，⑤ 是建设社会主义文化强国的题中应有之义。二是强调从坚持和发展马克思主义的高度来坚定文化自信。2021 年 3 月，习近平总书记在福建武夷山考察时初次提出"第二个结合"；7 月，在庆祝中国共产党成立一百周年大会上，首次正式提出"两个结合"——"坚持把马克思主义基本原理同中国具体实际相结合、同

---

① 《毛泽东文集》（第五卷），人民出版社 1996 年版，第 345 页。

② 《江泽民文选》（第二卷），人民出版社 2006 年版，第 33 页。

③ 《胡锦涛文选》（第二卷），人民出版社 2016 年版，第 639 页。

④ 习近平：《论党的宣传思想工作》，中央文献出版社 2020 年版，第 116 页。

⑤ 习近平：《习近平谈治国理政》（第二卷），外文出版社 2017 年版，第 349 页。

中华优秀传统文化相结合”。[1] 党的二十大报告把“两个结合”作为“坚持和发展马克思主义”的必然要求。2022 年 10 月，习近平总书记说，“我们推进马克思主义中国化时代化的根本途径是‘两个结合’”，“中华优秀传统文化是我们党创新理论的‘根’”，[2] 强调把马克思主义思想精髓同中华优秀传统文化精华贯通起来。习近平总书记在 2023 年 6 月 30 日中央政治局集体学习时指出：“马克思主义中国化时代化这个重大命题本身就决定，我们决不能抛弃马克思主义这个魂脉，决不能抛弃中华优秀传统文化这个根脉”。[3]“第二个结合”是又一次的思想解放，是在一个理论制高点上冲破了五四新文化运动以来矫枉过正、崇洋贬古、过度压抑传统文化的束缚，认为“魂脉”“根脉”双向互通、双向赋能应融会贯通，视“根脉”为一种内核力量，改变人们对中国传统文化只能接受“单向改造”、只是“边缘配角”的刻板印象，体现我们党对马克思主义中国化时代化推进规律的深刻把握，表明我们党的文化自信达到了新高度。

习近平总书记在党的十九大报告中说：“没有高度的文化自信，没有文化的繁荣兴盛，就没有中华民族伟大复兴。”而在党的二十大报告中，他提出“以中国式现代化全面推进中华民族伟大复兴”的使命任务。那么，新时代党的文化建设理论，一言以蔽之，也就是强调从全面推进中华民族伟大复兴的高度来坚定文化自信。

（二）体现出秉持开放包容的鲜明特质，拓宽了马克思主义文化理论的广度

开放包容是文化自信的显著标志，始终是文明发展的活力来源，也是理论发展的活力来源。列宁曾说，马克思对人类社会所创造的

---

① 习近平：《习近平谈治国理政》（第四卷），外文出版社 2022 年版，第 10 页。

② 《发扬延安精神和红旗渠精神，全面推进乡村振兴——习近平总书记陕西延安和河南安阳考察重要讲话引发热烈反响》，《人民日报》2022 年 10 月 30 日。

③ 《不断深化对党的理论创新的规律性认识 在新时代新征程上取得更为丰硕的理论新成果》，《人民日报》2023 年 7 月 2 日。

一切，“都有批判地重新加以探讨”。[①] 文化自信植根于中华优秀传统文化，传承于红色基因，在培根铸魂中彰显，在文明交流互鉴中增强。从文化形态看，文化具有民族性与多样性；而文明是文化的精华，是具有进步积极意义的文化成果。2014 年 9 月，习近平总书记提出：“正确对待不同国家和民族的文明，正确对待传统文化和现实文化，是我们必须把握好的一个重大课题。”[②] 2023 年 6 月 2 日文化传承发展座谈会上，习近平总书记强调“秉持开放包容，坚持马克思主义中国化时代化，传承发展中华优秀传统文化，促进外来文化本土化”，[③] 就是要更加积极主动学习借鉴人类创造的一切优秀文明成果，不断培育和创造新时代中国特色社会主义文化。

新时代党的文化建设理论，是马克思主义文化理论的最新成果，把握好了马克思主义基本原理；作为一个不断展开的、开放式的思想体系，同时善于融通古今中外各种文明资源，对人类创造的一切优秀文化奉行“拿来主义”，进行创造性转化和创新性发展。一是坚持熔铸古今，古为今用，具有气往轹古的时代意义。2016 年 11 月，习近平总书记如此激赏中华优秀传统文化——“中华文化独一无二的理念、智慧、气度、神韵，增添了中国人民和中华民族内心深处的自信和自豪”[④]。在 2023 年 6 月文化传承发展座谈会上，习近平总书记鲜明提出包括“突出的包容性”在内的中华文明的五大突出特性，认为只有全面深入了解中华文明的历史，古为今用，才能更有力推进中国特色社会主义文化建设，建设中华民族现代文明。习近平总书记深刻把握了中华文明发展规律，深入阐明了中国道路的历史必然、文化内涵与独特优势，强调坚持从历史走向未来，从延续

---

① 《列宁选集》（第四卷），人民出版社 2012 年版，第 284 页。

② 习近平：《习近平著作选读》（第一卷），人民出版社 2023 年版，第 279 页。

③ 《担负起新的文化使命　努力建设中华民族现代文明》，《人民日报》2023 年 6 月 3 日。

④ 习近平：《论党的宣传思想工作》，中央文献出版社 2020 年版，第 259—260 页。

民族文化血脉中开拓前进，提出“第二个结合”，“用马克思主义真理的力量激活了”[①] 中华优秀传统文化的生命力，可谓讲古续今。新时代党的文化建设理论达到了马克思主义文化理论古今贯通的新境界、“形（中国具体实际）神（“魂脉”“根脉”神韵）俱备”的新格局。二是坚持融通中外，交流互鉴，具有超越国界的世界意义。不同民族文化之间的交流互鉴日益频繁，文化的世界性特征——以民族性为基础和前提的多样性的统一愈发鲜明。习近平总书记在国际场合多次表示文明是多彩的、平等的、包容的，各国各民族文明各有千秋，只有姹紫嫣红之别，而无高低优劣之分，每一种文明都是美的结晶，都彰显着创造之美，只要秉持包容精神，就可以实现文明和谐。人类文明因多样才有交流互鉴的价值，因平等才有交流互鉴的前提，因包容才有交流互鉴的动力。2014 年 3 月，习近平总书记在法国巴黎联合国教科文组织总部指出，“文明因交流而多彩，文明因互鉴而丰富”。[②] 在党的十九大报告和二十大报告中，习近平总书记均强调以文明交流超越文明隔阂、文明互鉴超越文明冲突、文明共存超越文明优越。2017 年 1 月，在联合国日内瓦总部的演讲中，习近平总书记就文明交流互鉴提出“建设一个开放包容的世界”；[③] 2019 年 5 月，在北京举行的亚洲文明对话大会开幕式上的主旨演讲提出“坚持开放包容、互学互鉴”。[④] 习近平总书记明确表示，“开放已经成为当代中国的鲜明标识”，[⑤] 一方面坚持洋为中用，在一场场外交演讲中恰到好处地引用国外文化经典文明智慧，一方面坚持“融通中外”[⑥] “联结中外、沟通世界”，[⑦] 一次次在出访时做“文化

① 习近平：《习近平著作选读》（第二卷），人民出版社 2023 年版，第 418 页。

② 习近平：《论党的宣传思想工作》，中央文献出版社 2020 年版，第 62、63、64 页。

③ 习近平：《习近平著作选读》（第一卷），人民出版社 2023 年版，第 568 页。

④ 习近平：《习近平外交演讲集》（第二卷），中央文献出版社 2022 年版，第 197 页。

⑤ 习近平：《习近平外交演讲集》（第二卷），中央文献出版社 2022 年版，第 154 页。

⑥ 习近平：《论党的宣传思想工作》，中央文献出版社 2020 年版，第 17 页。

⑦ 习近平：《论党的宣传思想工作》，中央文献出版社 2020 年版，第 181 页。

代言人”，着力推动中华文化走向世界。2015年9月，习近平总书记出席第七十届联合国大会讲话指出：“和平、发展、公平、正义、民主、自由，是全人类的共同价值，也是联合国的崇高目标。”① 此后，他在不少重要双多边场合，阐述全人类共同价值的丰富内涵及其对构建美好世界的重大意义。2021年，习近平总书记在七一讲话中强调“弘扬和平、发展、公平、正义、民主、自由的全人类共同价值”。② 2022年10月，习近平总书记在中共二十届中央政治局常委同中外记者见面时讲话再提“弘扬全人类共同价值”。③ 在党的二十大报告中，习近平总书记提出以中国式现代化全面推进中华民族伟大复兴，“创造人类文明新形态”，彰显新时代中国以更有活力的文明成就为世界做出贡献。2023年3月，在中国共产党与世界政党高层对话会上，习近平总书记提出“全球文明倡议”，④ 旨在促进不同文明百家争鸣、百花齐放，赓续人类文明的薪火。因此，新时代党的文化建设理论具有超越国界的世界意义。

（三）体现出坚持守正创新的鲜明特质，掘进了马克思主义文化理论的深度

坚定文化自信有利于守正，秉持开放包容有利于创新。2019年3月4日，习近平总书记参加全国政协会议文化艺术界、社会科学界委员联组会时赞赏文化艺术界、社会科学界“在守正创新上实现新作为，马克思主义指导地位更加巩固，为人民创作的立场更加鲜明”⑤。2021年12月，在中国文联十一大、中国作协十大开幕式上，习近平总书记提出“坚持守正创新”⑥ 要求。在2023年6月文化传

---

① 习近平：《习近平外交演讲集》（第一卷），中央文献出版社2022年版，第286—287页。

② 习近平：《习近平著作选读》（第二卷），人民出版社2023年版，第485页。

③ 习近平：《习近平著作选读》（第二卷），人民出版社2023年版，第613页。

④ 习近平：《携手同行现代化之路》，《人民日报》2023年3月16日。

⑤ 习近平：《习近平谈治国理政》（第三卷），外文出版社2020年版，第322页。

⑥ 习近平：《习近平谈治国理政》（第四卷），外文出版社2022年版，第324页。

承发展座谈会上及 2023 年 10 月对宣传思想文化工作所作的重要指示中，习近平总书记也都强调"坚持守正创新"。从中华文明史维度来看，"守正创新"体现为突出的连续性与突出的创新性的统一，堪称中华民族的优秀基因。从马克思主义理论维度来看，"守正创新"是世界观方法论，集中体现了变与不变、传承与发展、原则性与创造性辩证统一的唯物辩证法原理，是实现理论创新的重要历史经验——"我们通过守正创新形成了中国特色社会主义理论体系，守正就不能偏离马克思主义、社会主义，但不是刻舟求剑，还要往前发展，与时俱进，否则就是僵化的、陈旧的、过时的。"① 坚持守正创新，也就把握了文化发展、理论创新的普遍规律。坚持守正，不忘本来，善于继承，不迷失自我，文化的创新才有方向目标；坚持创新，与时偕行，文化的守正才有生机活力，"正"才能真正守住，否则只能是抱残守缺。

从体现坚持守正创新的鲜明特质的维度来看，新时代党的文化建设理论掘进了马克思主义文化理论的深度。一是守正而言也有思想解放。习近平总书记在 2023 年 6 月文化传承发展座谈会上指出："守正，守的是马克思主义在意识形态领域指导地位的根本制度，守的是'两个结合'的根本要求，守的是中国共产党的文化领导权和中华民族的文化主体性。"② 他这里说的"守正"，有守原理之正，即把坚持马克思主义基本原理不动摇落实到坚持马克思主义在意识形态领域指导地位的根本制度；有守途径之正，即坚持"两个结合"；有守原则之正，即坚持党的领导；有守文脉之正，即传承中华文化基因，坚守中华民族文化主体性。习近平总书记从根本制度、根本要求、领导力量、文化主体性等方面，明确指出了守的是什么正。当然，新时代党的文化建设理论所论及的"守正"，还包括坚守以人民为中心的导向——习近平总书记在 2013 年全国宣传思想工作会议

① 习近平：《论党的宣传思想工作》，中央文献出版社 2020 年版，第 377 页。

② 习近平：《在文化传承发展座谈会上的讲话》（2023 年 6 月 2 日），《求是》2023 年第 17 期。

上强调“树立以人民为中心的工作导向”，[①] 2014 年在文艺工作座谈会上要求“坚持以人民为中心的创作导向”，[②] 2019 年 3 月参加全国政协会议文化艺术界、社会科学界委员联组会时提出“坚持以人民为中心”[③] 的期望，2021 年在中国文联十一大、中国作协十大开幕式上说“希望广大文艺工作者坚守人民立场，书写生生不息的人民史诗”，[④] 也就是说守立场之正，这是根本立场。坚守住这些要求，就能守住方向、守住原则、守住立场、守住根脉，就能确保文化建设沿着正确的方向繁荣发展。习近平总书记所言“守正”，体现出的思想解放就是围绕着“两个结合”特别是“第二个结合”所展开的思考。2014 年 2 月，习近平总书记在中央政治局集体学习时谈道：“五四时期，学术界、思想界对我国传统文化进行了不同程度的批判，……‘文化大革命’时期，我国传统文化遭到了全面批判，其消极影响至今没有完全消除。即使今天，人们对我国传统文化仍然存在很大分歧”。[⑤] 在这种情况下，提出“第二个结合”需要理论勇气，更需要理论眼光。“第二个结合”让新时代党的文化建设理论有更加宏阔深远的历史纵深，在更广阔的文化空间中，充分运用中华优秀传统文化的宝贵资源，更为深入探讨面向未来的理论、制度和文化创新，实现传统与现代的有机衔接，让“魂脉”“根脉”在双向奔赴中互相成就。二是创新而言有原创性贡献。文化引领时代风气之先，是最需要创新的领域；创新，是文化繁荣发展的制胜之道。习近平总书记在 2023 年 6 月文化传承发展座谈会上指出：“创新，创的是新思路、新话语、新机制、新形式”。[⑥] 就宏观方面简而言之，把文化自信和道路自信、理论自信、制度自信并列为中国特色社会

---

① 习近平：《习近平谈治国理政》（第一卷），外文出版社 2018 年版，第 154 页。

② 习近平：《习近平谈治国理政》（第二卷），外文出版社 2017 年版，第 314 页。

③ 习近平：《习近平谈治国理政》（第三卷），外文出版社 2020 年版，第 323 页。

④ 习近平：《习近平谈治国理政》（第四卷），外文出版社 2022 年版，第 322 页。

⑤ 习近平：《论党的宣传思想工作》，中央文献出版社 2020 年版，第 55 页。

⑥ 习近平：《在文化传承发展座谈会上的讲话》（2023 年 6 月 2 日），《求是》2023 年第 17 期。

主义“四个自信”，把坚持社会主义核心价值体系纳入新时代坚持和发展中国特色社会主义的基本方略（2017年10月党的十九大报告），把坚持马克思主义在意识形态领域指导地位的制度确立为中国特色社会主义制度体系的一项根本制度（2019年10月党的十九届四中全会通过的《决定》），是十八大以来文化建设取得的历史性成就、发生的历史性变革。新时代党的文化建设理论的原创性贡献还有：提出坚持党的文化领导权，强调“两个结合”特别是“第二个结合”作为文化建设的根本遵循，提出全人类共同价值、全球文明倡议和创造人类文明新形态、推动人类文明发展，提出“建设中华民族现代文明”[①] 作为新时代新的文化使命的重要内容。新时代党的文化建设理论是理论创新和实践创新、党性原则与人民立场、中华根脉与天下情怀的有机统一，集中体现了新时代文化建设的中国经验、中国智慧、中国理论。

综上所述，新时代党的文化建设理论以“三重视野”来认识把握文化建设发展规律。一是在历史视野下，新时代党的文化建设理论创造性提出“两个结合”的根本要求，彰显了我们党高度的历史自信和文化自信。习近平总书记创造性提出“两个结合”，深刻阐明了党的理论创新的“魂脉”和“根脉”；创造性概括中华文明的五大突出特性，深刻阐明了中华文明的本质属性；创造性提出推动中华优秀传统文化创造性转化和创新性发展，深刻阐明了处理好中华优秀传统文化继承和发展的辩证关系。二是在时代视野下，新时代党的文化建设理论创造性提出担负新的文化使命，展示了我们党促进中华文化繁荣、创造人类文明新形态的使命担当。习近平总书记创造性提出新时代新的文化使命，指明了新时代文化建设的目标任务；创造性提出坚持党的文化领导权，明确了新时代文化建设的根本保证；创造性提出中国式现代化是物质文明和精神文明相协调的现代

① 习近平：《在文化传承发展座谈会上的讲话》（2023年6月2日），《求是》2023年第17期。

化，指明了新时代文化建设的辩证思维；创造性提出坚定文化自信，指明了新时代文化建设的基本前提；创造性提出培育和弘扬社会主义核心价值观，指明了新时代文化建设的根本任务；创造性提出以人民为中心的工作导向，指明了新时代文化建设的根本立场；创造性提出掌握信息化条件下舆论主导权、广泛凝聚社会共识，明确了新时代文化建设的基本职责。三是在国际视野下，新时代党的文化建设理论创造性提出全人类共同价值和全球文明倡议，展现了大党大国的天下胸怀和责任担当。习近平总书记创造性提出全人类共同价值，为凝聚人类价值共识、共同建设美好世界提供了正确理念指引；创造性提出平等、互鉴、对话、包容的文明观，为促进文明交流互鉴贡献了中国智慧；创造性提出全球文明倡议，为推动构建人类命运共同体注入了磅礴的人文伟力。

概言之，新时代党的文化建设理论臻于这么一种哲学境界：思接千载，不忘本来固根脉；视通万里，吸收外来促互鉴；向涛头立，面向未来善创新；明体达用，成于体而落于用；体用贯通，高度统一体与用。

第一章　建设具有强大凝聚力和引领力的社会主义意识形态

意识形态是由体现一定社会阶级利益的各种具体的意识形式构成的有机思想理论体系。中国共产党是按照马克思主义原理组建而成的政党，马克思主义学说就是共产党人的意识形态。“对无产阶级政党来说，意识形态是关于历史与未来、国家与革命、阶级与党派及其利益诉求和行动方略的世界观与方法论，它以解释、分析和评价现存秩序的方式来动员、组织与指导社会政治世界的改造和重建，并在解决社会冲突和维护新的统治秩序过程中具有重要的功能。”① 一百多年来，中国共产党意识形态的“主要取向”在“调适性变迁”② 的过程中，马克思主义语境中的社会主义道路与共产党领导，始终是不能逾越的两条底线。

意识形态犹如一个国家一个民族之灯。我们信奉的逻辑是，吹灭别人的灯，并不会让自己更加光明；反华势力推行的逻辑是，吹灭别人的灯，可以使对方陷入黑暗。意识形态渗透是守成大国遏制新兴大国的“软刀子”，也是两种不同社会制度较量的“撒手锏”。在当代中国，意识形态工作面临的内外环境趋于复杂，境外敌对势力不断加大西化渗透力度，制造思想混乱，煽动“推墙运动”，企图搞一场“颜色革命”，国内一些人则缺乏政治敏感性、原则性、责任感而助长错误思潮的扩散，因此，意识形态“关乎旗帜、关乎道路、

① 景跃进等：《当代中国政府与政治》，中国人民大学出版社 2016 年版，第 40 页。

② 景跃进等：《当代中国政府与政治》，中国人民大学出版社 2016 年版，第 41—43 页。

关乎国家政治安全”[①]，“决定文化前进方向和发展道路”[②]。意识形态工作是为党举旗的工作，是国家治理和政治运行的重要内容，是建设中国特色社会主义文化强国战略的重要组成部分；正如习近平总书记在2018年全国宣传思想工作会议上所说，“意识形态工作是党的一项极端重要的工作，是为国家立心为民族立魂的工作”，[③] 文化安全重点是意识形态安全，意识形态安全则是国家政治安全的重要保障。“一个政权的瓦解往往是从思想领域开始的”，“思想防线被攻破了，其他防线就很难守住”。[④] 各种敌对势力一直妄图颠覆中国共产党领导和中国特色社会主义制度，所选中的一个突破口就是意识形态领域。习近平总书记在2013年全国宣传思想工作会议上的讲话指出：“我们中国共产党人能不能打仗，新中国的成立已经说明了；我们中国共产党人能不能搞建设搞发展，改革开放的推进也已经说明了；但是，我们中国共产党人能不能在日益复杂的国际国内环境下坚持党的领导、坚持和发展中国特色社会主义，这个还需要我们一代一代共产党人继续作出回答。”“做好意识形态工作，做好宣传思想工作，要放到这个大背景下来认识。”[⑤] 显然，做好意识形态工作，“事关党的前途命运，事关国家长治久安，事关民族凝聚力

---

① 中共中央文献研究室：《习近平关于社会主义文化建设论述摘编》，中央文献出版社2017年版，第35—36页。

② 习近平：《习近平谈治国理政》（第三卷），外文出版社2020年版，第32页。

③ 中共中央党史和文献研究院：《习近平关于社会主义精神文明建设论述摘编》，中央文献出版社2022年版，第85页。习近平总书记在2013年全国宣传思想工作会议上提出“意识形态工作是党的一项极端重要的工作”（见《习近平谈治国理政》（第一卷），外文出版社2018年版，第153页），在党的二十大报告再次强调“意识形态工作是为国家立心、为民族立魂的工作”（见习近平：《习近平著作选读》（第一卷），人民出版社2023年版，第36页）。

④ 中共中央文献研究室：《习近平关于社会主义文化建设论述摘编》，中央文献出版社2017年版，第21页。

⑤ 中共中央文献研究室：《习近平关于社会主义文化建设论述摘编》，中央文献出版社2017年版，第31—32页。

和向心力”①。党的二十大报告就是将“建设具有强大凝聚力和引领力的社会主义意识形态”作为“推进文化自信自强，铸就社会主义文化新辉煌”重大部署的首要任务。2023 年 10 月，习近平总书记对宣传思想文化工作作出重要指示，其中包括着力建设具有强大凝聚力和引领力的社会主义意识形态。毫无疑问，建设具有强大凝聚力和引领力的社会主义意识形态是习近平文化思想的重要内容。

在全面建设社会主义现代化国家、全面推进中华民族伟大复兴新征程上，必须驰而不息巩固壮大奋进新时代的主流思想舆论，必须牢牢掌握党对意识形态工作的领导权，“完善意识形态工作责任制”，扎扎实实做好意识形态工作。

第一节　建设具有强大凝聚力和引领力的社会主义意识形态的必然逻辑

“天下同归而殊途，一致而百虑。”我们不妨从社会变迁的视角，认识当代中国建设具有强大凝聚力和引领力的社会主义意识形态的必然性。社会变迁受生产力、科学技术、自然环境、意识形态、人口、文化传播等多种因素共同作用。之所以说意识形态领域形势依然错综复杂、挑战依然严峻，那是因为在那具有双刃剑性质的社会变迁的过程中，我们必须面对甚至不能不接受的东西本身会带来风险挑战。只有认识当代社会主义意识形态建设所面临的挑战，才能明白意识形态工作是一项极端重要的工作。

① 中共中央党史和文献研究院：《习近平关于社会主义精神文明建设论述摘编》，中央文献出版社 2022 年版，第 85 页。

一、全球化国际秩序带来多元思想观念大交锋

马克思和恩格斯在《共产党宣言》中说："资产阶级，由于开拓了世界市场，使一切国家的生产和消费都成为世界性的了。……过去那种地方的和民族的自给自足和闭关自守状态，被各民族的各方面的互相往来和各方面的互相依赖所代替了。"[①] 也就是说，伴随着资本主义积极开拓全球市场，世界各国或地区的相互联系空前密切。有人认为，真正的全球化是20世纪80年代以后才有的。1985年，一位名叫泰奥多尔·列维特的美国学者在《哈佛商报》上刊登题为《谈市场的全球化》的文章，使用"全球化"（globalization）一词来形容20多年来世界上所发生的巨大变化，此后，"全球化"一词便频繁地出现在人们的视野中。近几十年来，全球化以史无前例的影响强度和席卷范围开辟了人类历史的新时代。随着全球化进程的加快，每个国家、地区都将成为"彼此的后院"，显然，文化传播就更为频繁、更为广泛。

全球化是当代引人注目的一个社会现象。科学技术的发展是推动全球化的首要因素，世界经济一体化是全球化发展的必要条件，世界政治格局的多极化趋势则是促进全球化发展的重大因素。近些年来，主要着眼于经济利益的个别西方发达国家虽有"逆全球化"的某些"脱钩"鼓噪鼓捣，但可谓螳臂当车，全球化潮流不可遏制。当今的全球化国际秩序中，"国家边界"和"地缘限制"被弱化，世界各国各民族各群体的思想观念、生活方式在全球范围传播，形成文化全球化。从某个具体区域来看，多元思想观念大碰撞，各种社会思潮相互交织；从全世界范围来看，文化的多样性却在衰减，文化趋同化——西方化在增强，碰撞激荡交织的结果往往是西方思想理念登堂入室，占据要津。在我国文化领域就因为信息流进流出存

---

① 《马克思恩格斯选集》(第一卷)，人民出版社2012年版，第404页。

在的“逆差”，形成西化冲击波，究其原因是西方强大的经济实力和学术成就推动其思想文化的强势扩张渗透。以美国为首的西方发达国家把其政治价值理念包装成“宪政民主”“普世价值”向外兜售，推行文化价值理念输出战略。中国的文化软实力相比经济硬实力还有相当落差，西方形形色色的反（非）马克思主义共同冲击甚至挑战中国的马克思主义主流意识形态。全球化国际秩序带来多元思想观念大激荡、大交锋，必然要求我们建设具有强大凝聚力和引领力的社会主义意识形态。

二、互联网信息技术带来意识形态安全新隐患

互联网起源于1969年美国国防部建立的用于军事目的的“阿帕网”（ARPANET），网络技术发明的最初目的是应对核战争——设想指挥部被敌方摧毁，如何保证各个分散的组织可以互相联系。互联网是一个非常复杂的信息传播平台，它既是个人信息处理的工具，也是人际传播、群体传播和组织传播的手段，而大众传播也是它的一个基本功能。互联网传播的特点，表现在传播通道的顺畅性——扁平的非线性结构、传播速度的实时性、信息内容的海量性、信息形态的多媒体性、信息检索的便利性、传播过程的交互性、传播范围的全球性。在“互联网＋”背景下，当今世界网络信息技术创新日新月异，我们党就提出要以信息化推进国家治理体系和治理能力现代化。

互联网以其技术特点和优势，推倒了传统媒体所必需的把关、审批程序，网络空间已经成为一个虚拟社会，成了新的思想平台和舆论阵地。中国是世界上互联网使用人口最多（截至2023年6月，网民规模为10.79亿人）的国家，于2014年迈入移动互联网时代，在移动网络发展方面全球领先。当今世界，“网信事业代表着新的生

产力和新的发展方向”[①]，我们需要互联网，信息化对经济社会发展能起到驱动引领作用，互联网经济是经济发展的一个新增长点，互联网也成为主流思想传播的新平台，“谁掌握了互联网，谁就把握住了时代主动权”。[②] 不过，网络是一把双刃剑，意识形态领域许多新情况新问题往往因网而生，因网而增。互联网和计算机技术都起源于美国，其核心技术和软硬件设备都来自西方发达国家，这些优势便于固守冷战思维的某些西方发达国家在网络活动中进行意识形态渗透。互联网的社会动员功能日益强大，国际上“唱衰”中国的各种敌对势力及其雇佣的“网络水军”不断造谣生事、混淆视听，进行“推墙”煽动，一直妄图利用互联网“扳倒中国”，企图让互联网成为当代中国的最大变量，妄图在中国制造“颜色革命”。“人人都有麦克风”的网络舆论场极其复杂和喧嚣，各种思想多样杂陈、各种力量竞相发声成为常态，往往成为错误思想传播、负面舆情发酵的策源地和放大器，特别多戾气邪气怪气，特别多“负能量”“歪能量”“黑能量”。新自由主义、历史虚无主义等错误思想观点伺机冒头争夺意识形态话语权，妄图挑战马克思主义在意识形态领域的指导地位。互联网已经成为意识形态领域斗争的主阵地、主战场、最前沿，若过不了互联网这一关，我们党就过不了长期执政这一关。“信息流通无国界，网络空间有硝烟”，[③] 意识形态领域看不见硝烟的战争无处不在，尤以网络为甚。互联网信息技术带来意识形态安全新隐患，必然要求我们建设具有强大凝聚力和引领力的社会主义意识形态。

---

① 习近平：《习近平谈治国理政》（第三卷），外文出版社 2020 年版，第 307 页。

② 中共中央党史和文献研究院：《习近平关于网络强国论述摘编》，中央文献出版社 2021 年版，第 41 页。

③ 中共中央党史和文献研究院：《习近平关于网络强国论述摘编》，中央文献出版社 2021 年版，第 55 页。

三、功利性市场经济导致思想观念领域不和谐

经济建设是党的中心工作，意识形态工作是党的一项极端重要的工作，“既要切实做好中心工作、为意识形态工作提供坚实物质基础，又要切实做好意识形态工作、为中心工作提供有力保障”。[①] 经济物质方面的硬实力和意识形态方面的软实力不可偏废。我们把社会主义制度和市场经济有机结合起来，发展社会主义市场经济，既充分发挥市场在资源配置中的决定性作用，提高资源配置的效率，又更好发挥政府作用，极大解放和发展了社会生产力——激发经济建设的活力，极大解放和增强了社会活力——培养人们的进取精神、竞争意识和效率意识，释放人的潜能。党的十四大以来确立了社会主义市场经济体制的改革目标和基本框架。2020 年 4 月，中共中央、国务院印发《关于构建更加完善的要素市场化配置体制机制的意见》，旨在加快完善社会主义市场经济体制。

全球化、互联网、信息化，还有市场化，都是我们加快经济社会发展的重要契机。然而，市场经济的本性是功利性逐利性的，市场经济条件下作为个人的道德取向无疑应该强调一定程度的自利，但一旦缺乏必要的制约，在功利心的驱使下就容易造成极端自私，颠覆“义利兼顾”的价值追求，也就形成与主流思想观念的矛盾对立。市场经济逐利性本质和等价交换原则等观念，必然在国人的精神生活中有所反映，在一些地方甚至渗透到党内政治生活中去。唯利是图、道德失范、极端个人主义等行为现象屡屡突破公序良俗底线，消解社会主流思想道德和价值观念。功利性市场经济导致思想观念领域不和谐，必然要求我们建设具有强大凝聚力和引领力的社会主义意识形态。

---

① 中共中央文献研究室：《习近平关于社会主义文化建设论述摘编》，中央文献出版社 2017 年版，第 21 页。

综上所述，在当代中国，社会主义意识形态建设不仅关系到我们举什么旗、走什么路，而且关系到我们以什么样的精神状态实现党提出的奋斗目标。全球化、网络化、信息化、市场化的不断推进使得各种思想文化的交流交融交锋越来越频繁，意识形态方面的风险挑战越来越大，引领社会舆论、凝聚思想共识的任务艰巨复杂。越是面对复杂形势和艰巨任务，越是要建设具有强大凝聚力和引领力的社会主义意识形态，才能牢牢掌握党的文化领导权。

第二节　建设具有强大凝聚力和引领力的社会主义意识形态的现实状况

进入新时代，习近平总书记从统筹实现中华民族伟大复兴战略全局和世界正经历百年未有之大变局出发，就意识形态领域的方向性、根本性、全局性重大问题作出一系列重要论述和重大部署，指导和推动意识形态工作取得历史性成就、发生历史性变革。

一、意识形态理论工作取得历史性成就、发生历史性变革

社会主义意识形态的强大凝聚力和引领力来自我们党形成了植根于中国实践的当代中国马克思主义、二十一世纪马克思主义，来自马克思主义的真理性、人民性、实践性、开放性，来自马克思主义中国化时代化的最新成果对现实的强大阐释力和对实践的强大引领力。党的十八大以来，意识形态理论工作取得了历史性成就、发生了历史性变革。

一是创立了习近平新时代中国特色社会主义思想，形成了习近平文化思想。习近平新时代中国特色社会主义思想明确坚持和发展中国特色社会主义的十四条基本方略，为新时代党和国家事业发展提供了根本遵循，是当代中国马克思主义、二十一世纪马克思主义，

“是中华文化和中国精神的时代精华”[①]，实现了马克思主义中国化时代化新的飞跃。习近平总书记在新时代宣传思想文化工作方面的新思想新观点新论断，内涵十分丰富、论述极为深刻，是新时代党领导文化建设实践经验的理论总结，丰富和发展了马克思主义文化理论，构成了习近平新时代中国特色社会主义思想的文化篇，形成了习近平文化思想，标志着我们党对中国特色社会主义文化建设规律的认识达到了新高度，表明我们党的历史自信、文化自信达到了新高度。

二是确立和坚持马克思主义在意识形态领域指导地位的根本制度。意识形态的理论主张和价值理念并不是一种硬性的规约，对马克思主义、社会主义意识形态，长期以来我们是在思想自觉的层面上予以遵循，而制度是一种强制性、约束性的规则，具有保障功能，制度优势可以转化为治理效能。党的十九届四中全会审议通过的《中共中央关于坚持和完善中国特色社会主义制度　推进国家治理体系和治理能力现代化若干重大问题的决定》中，第一次把“坚持马克思主义在意识形态领域指导地位的根本制度”作为“坚持和完善繁荣发展社会主义先进文化的制度”乃至中国特色社会主义制度体系的一项重要内容提出来，这是一次重大的制度创新和理论创新，充分体现了以习近平同志为核心的党中央对社会主义文化建设规律的认识达到了一个新高度、进入了一个新境界。

二、意识形态领域实务工作力度发生全局性、根本性转变

“横看成岭侧成峰”，看问题有多种角度。我们不妨从政治社会化诉求考察建设具有强大凝聚力和引领力的社会主义意识形态的成效。在社会学中，政治社会化，也就是指社会个体通过接触和学习

---

① 《中共中央关于党的百年奋斗重大成就和历史经验的决议》，人民出版社 2021 年版，第 26 页。

某种政治文化，培养政治立场和政治参与能力的过程，是社会化的一项基本内容。当代中国加强公民的政治社会化工作，就是让马克思主义在意识形态领域居于指导地位，让党的创新理论走入寻常百姓家，让社会主义意识形态入脑入心。马克思指出，“理论一经掌握群众，也会变成物质力量”①。新时代坚持马克思主义在意识形态领域指导地位的根本制度，第一位的要求就是推动全党全社会全面贯彻落实习近平新时代中国特色社会主义思想。党的十八大以来，各地各部门不断加大意识形态工作力度，着力于党的创新理论武装与阵地建设管理，成绩可圈可点。

一是增强意识形态工作合力。2013 年 8 月 19 日，习近平总书记强调，“宣传思想工作就是要巩固马克思主义在意识形态领域的指导地位，巩固全党全国人民团结奋斗的共同思想基础”，“做好宣传思想工作仅靠宣传思想部门是不够的，必须全党动手”。② 就坚决打赢网络意识形态斗争的使命任务，他强调“各级党委和党员干部要把维护网络意识形态安全作为守土尽责的重要使命”。③ 2018 年 8 月 21 日，他再次强调，“意识形态工作不仅仅是宣传部门的事”。④ 各级党组织成为意识形态工作责任制的主体，层层传导压力，级级压实责任，守土有责、守土负责、守土尽责，意识形态工作合力因此空前增强。

二是重视理论学习盛况空前。领导干部带头学习理论。2017 年 1 月 30 日以来，遵循《中国共产党党委（党组）理论学习中心组学习规则》，福建省各级党委（党组）原则上每月安排一次（一年不少于 12 次）理论学习中心组学习，每次集中学习讨论时安排若干班子

---

① 《马克思恩格斯选集》（第一卷），人民出版社 2012 年版，第 9 页。

② 中共中央文献研究室：《习近平关于社会主义文化建设论述摘编》，中央文献出版社 2017 年版，第 22、32—33 页。

③ 中共中央文献研究室：《习近平关于社会主义文化建设论述摘编》，中央文献出版社 2017 年版，第 36 页。

④ 中共中央党史和文献研究院：《习近平关于社会主义精神文明建设论述摘编》，中央文献出版社 2022 年版，第 86 页。

成员重点学习发言，通过理论学习中心组制度增强理论学习效果，起到领导干部带头学习理论的示范作用。各省（直辖市、自治区）、中央部委纷纷建设干部网络学院或网上学习体系，并要求领导干部每年度修完一定量的学分，广大党员参与理论学习。2019 年 1 月 1 日以来，依托“学习强国”学习平台，建立起纵向到底、横向到边的学习网络，实现有组织、有指导、有管理、有服务的学习，为广大党员参与理论学习提供新载体。不少单位充分发挥“学习强国”学习平台作用，以赛促学，组织“学习强国”知识挑战赛，有力促成比学赶超的浓厚氛围，持续兴起“大学习”热潮。

三是理论宣讲覆盖各类群体。按照《干部教育培训工作条例》《中国共产党党校（行政学院）工作条例》等，各级党校（行政学院）、干部学院以习近平新时代中国特色社会主义思想为重点内容轮训干部和党员。积极实施马克思主义理论研究和建设工程，高校纷纷设立马克思主义学院，大中专院校和中小学着力提升思政课教学质量，探索构建“大思政”育人格局，合力加强思想政治工作。贯彻 2013 年、2018 年全国宣传思想工作会议和 2023 年全国宣传思想文化工作会议精神，按《中国共产党宣传工作条例》要求，各级党校、党委讲师团理论宣讲走机关入社区到学校跑农村进企业，深入到一线干部群众，打通习近平新时代中国特色社会主义思想扎根基层的“最后一公里”。为了解决基层宣讲单打独斗、统筹不足的问题，福建整合全省各级各类宣讲资源，打造“福小宣”宣讲总品牌，积极探索连锁式、矩阵式宣讲品牌打造模式。在品牌名称及标识上，各地市或组建“福小宣”宣讲小分队，或依托现有宣讲队伍，在“福小宣”后加挂本地宣讲品牌，如“福小宣·理响莆阳”等，灵活用好“福小宣”形象 IP，共同做大福建宣讲品牌。2022 年底，福建省委宣传部、省委网信办、省委省直机关工委、省委教育工委、省委讲师团、省国资委、团省委、省广播影视集团联合举办“让青春绽放绚丽之花”福建青年宣讲党的二十大精神活动。2023 年 5 月，活动总决赛节目在福建电视台综合频道、“学习强国”总平台、海博

TV等多个平台播出，线上线下直播收看达550多万人次。同时，40个宣讲短视频在“学习强国”总平台首页播发，通过主流媒体网端号和主办单位、各高校新媒体矩阵集中推送，累计阅读量超3000万次。学习贯彻习近平新时代中国特色社会主义思想主题教育开展以来，福建省委宣传部、省委讲师团依托“让青春绽放绚丽之花”获奖选手，组建了一支素质高、形象佳、表达好的“福小宣”青年宣讲团，先后赴福建省军区和省委办公厅、省委宣传部、省委网信办、团省委、省药监局、驻闽央企、省属国企、省属高校、非公企业等单位以及各地市开展巡回宣讲40多场，为主题教育营造了浓厚氛围。2023年以来，福建全省各地“福小宣”宣讲小分队广泛开展分层次、宽领域的理论宣讲活动10万多场，有力推动党的创新理论传山海润人心。

四是加强阵地的建设和管理。阵地是意识形态工作的基本依托。2015年10月3日以来，执行《党委（党组）意识形态工作责任制实施办法》（2020年6月发布修订版），把党委（党组）落实意识形态责任制纳入巡视和巡察工作，各级党委（党组）严格履行意识形态主体责任，加强各类阵地的建设和管理，把坚定“四个自信”作为建设社会主义意识形态的关键，让主流意识形态更好地传播开来、巩固上去，如各地各部门积极为“学习强国”平台提供优质内容，把“学习强国”平台的学习积分作为意识形态主体责任检查的一项重要指标。值得一提的是，习近平文化思想刚提出不久，全国上下相关权威阐释文章还不多，尤其是各地的省级党报尚未就这一重大主题开展相应解读报道。对此，福建日报社知难而进、主动担当，积极策划选题，率先开展探讨，组织采编团队聚焦习近平文化思想进行宣传阐释、创新表达。采编团队充分发挥福建作为习近平新时代中国特色社会主义思想重要孕育地和探索地的优势，多次开会讨论策划，深入研究，经过一个多月的反复打磨，几易其稿，于2023年12月11日至22日在《福建日报》头版先后推出“敏言”6篇文章：《旗帜引领，做好这项“极端重要的工作”》《凝心铸魂，在美好精神家园遇见你我》《赓续文脉，于守正中巩固我们的文化主体性》《创造创新，激起“闽人智慧”的千层浪》《文化浸润，为高品质生活增添光彩》《文以载道，让世界倾听福建好声音》。在内容上，“敏言”系列文章围绕习近平总书记对宣传思想文化工作的重要指示精神展开，既寻根溯源，深挖福建理论富矿，又观照当下，展现福建在有关方面的传承创新与发展成效，具有浓郁的“福建味”。在形式上，“敏言”系列文章行文轻快简洁，深入浅出，通俗易懂，散发着亲切的“清新风”。文章见报当天，为了更好适应移动阅读需求、扩大传播效果，福建日报社对文章进行新媒体转化，先后在新福建客户端、福建日报官微推出，很快便以刷屏之势传播，省内主要新闻网站、客户端，外地省级党报新闻客户端，“学习强国”总平台等网站、客户端争相转载，有效助力了党的创新理论“飞入寻常百姓家”，社会各界反响热烈，相关报纸还被中央文明办等单位收藏。“深入学习贯彻习近平文化思想”“敏言”系列文章得到了福建省委领导的多次肯定，并获2023年度福建新闻奖一等奖。各地纷纷高标准建设习近平新时代中国特色社会主义思想研究中心，成为研究阐释党的创新理论的主力军。习近平总书记提出“坚持党管媒体原则不动摇”①，强调“党管媒体是把各级各类媒体都置于党的领导之下”②。随着《中华人民共和国网络安全法》（2017年6月1日起施行）、新修订的《互联网新闻信息服务管理规定》（2017年6月1日起施行）、《互联网跟帖评论服务管理规定》（2017年10月1日起施行，新修订版于2022年12月15日起施行）、《互联网用户公众账号信息服务管理规定》（2017年10月8日起施行，新修订版于2021年2月22日起施行）、《互联网群组信息服务管理规定》（2017年10月8日起施行）等法律法规的陆续实施，还有依据2019年7月中央深改委审议通过的《关于加快建立网络综合治理体系的意见》，党坚持

① 中共中央文献研究室：《习近平关于社会主义文化建设论述摘编》，中央文献出版社2017年版，第25页。

② 习近平：《论党的宣传思想工作》，中央文献出版社2020年版，第183页。

依法管网治网，网络空间趋向清朗，网络生态持续向好。

总而言之，党的十八大以来，党着力解决意识形态领域党的领导弱化问题，就意识形态领域许多方向性、战略性问题作出部署，我国意识形态领域形势发生全局性、根本性转变，思想舆论领域“黑色地带”极大萎缩，全社会凝聚力和向心力极大提升。

三、马克思主义理论武装尚存在一些不到位、不走心现象

坚持马克思主义在意识形态领域指导地位的根本制度，建设具有强大凝聚力和引领力的社会主义意识形态，在实践中也还有五个“不到位”问题亟需解决。

一是理解认识不到位。有些人认为，中国早已不以意识形态和社会制度处理国际关系，经济建设是党的中心工作，意识形态工作就没有以前那么重要，至少对外意识形态工作没有国内重要。有些人认为，意识形态工作是就领导干部或党员干部来说的，跟普通群众关系不大。有些理解认识的“不到位”，还可能是极端的错误，比如：有些人认为，意识形态领域多元化的社会才更有生机活力，马克思主义可以作为多元中的一元而存在，没必要非得居于指导地位；有些人认为，马克思主义已经过时，只是一种意识形态的说教，缺乏学术上的理论性和系统性，甚至说中国现在搞的不是马克思主义。未能认识到坚持马克思主义在意识形态领域指导地位是文化建设的首要问题，意识形态工作和文化建设工作“两张皮”——机关党务部门做意识形态工作缺乏文化学视野现象普遍存在、马克思主义未能充分化入中华文化血脉里的情况也不少见，意识形态工作因此缺乏“文化柔性浸润”力量。

二是学习态度不到位。建设具有强大凝聚力和引领力的社会主义意识形态，必须坚持马克思主义在意识形态领域指导地位的根本制度，也就离不开党的创新理论武装。但是，有些人存在“小和尚念经”心理，组织上让培训就培训、让开会就开会、让研讨就研讨，

实际上没有真正投入，缺乏自觉性和主动性，马克思主义对“装样子”的人来说就是“墙上栽葱——扎不下根”。有些人存在“雨过地皮湿”态度，把理论学习视为应付检查或考核的一种形式要求，为完成检查或考核任务而被动式、应付式学习，缺乏深入性，甚至光“在线”不“学习”。有些人存在“凡事留痕迹”取向，机械关注程序、过程、“有图片、有记录”，只追求理论武装工作上在纸面上所记载的程序、规模、层次、数量、排名，以形式主义“花架子”应付了事。一言以蔽之，他们认为理论学习不过是“软任务”，抱着敷衍塞责的态度，理论武装就不“走心”。在一些基层机关企事业单位，订阅的党报党刊无人翻阅，直接成沓成捆作为废品处理。因为理解认识不到位、学习态度不到位，有的党员干部“不问苍生问鬼神，不信马列信大师”。

三是研究宣传不到位。有些党员干部对马克思主义研究不深、理解不透，对一些重大理论问题缺乏深入学习研究，理论水平较低，只会念念文件照本宣科，用文件去解读文件，没办法给人解疑释惑，做不到原原本本、全面准确宣传习近平新时代中国特色社会主义思想。有些人满足于以自我为中心居高临下式的单向性传播灌输，或者没掌握好群众语言，理论宣讲讲不好“百姓话”，或者对当地情况不甚了解，无法密切联系实际，理论宣讲讲不好“本地话”，传受双方互动交流严重不足，传播效果不彰。有些人没法把一般原理和专门业务合理、有机结合，造成理论宣讲和业务工作“两张皮”现象，导致一些人误认为理论学习耽误工作时间、没有理论学习不影响业务能力提升。现实中还有不少人因少关注主流媒体而疏远习近平新时代中国特色社会主义思想的学习，疏远社会主义主流意识形态的涵化。以福建厦门某职业技术学院为例，在一份问卷调查中，机械设计与自动化、数控技术、软件技术、计算机运用专业2018级（当时大三）到2020级（当时大一）的3个年级学生共640人，他们获得信息、文化需求所选择的媒体，排名前三位的均是小视频媒体：28.4％的人选择B站（哔哩哔哩），24.4％的人选择抖音，20.9％的人选择快手，仅4.06%的人选择校官方微信；他们所关注的内容排名前三位的是：38.9%的人看游戏视频，19.4%的人看体育赛事视频，19.2%的人刷着玩消磨时间；40.3%的人每天花在这些新媒体上的时间长达2小时。这个抽样调查，对于我们认识这个年龄段青年与主流媒体的亲疏关系，是有一定参考价值的。应该承认，一些主流媒体因“走基层、转作风、改文风”做得不到位、不切实，甚至为了文章“漂亮”或“为了政治需要可以不要它的真实性”，“忽视新闻工作自身的规律性”，[①] 因而受众规模小、影响力下降。另外，我们用新媒体宣传好习近平新时代中国特色社会主义思想、传播好社会主义主流意识形态的能力还不够强，当代中国政治社会化的覆盖面还不够广。

四是学用结合不到位。大体存在不会结合、不愿结合、松散结合三种情况。我们强调学以致用，但有些人把理论学习当作装点门面、“包装”形象的手段，而不是用来指导实践、推动工作，存在“学用两张皮”现象。有些人因为在学习上应付差事，根本谈不上学深悟透，必然在实践上流于形式，在贯彻落实习近平新时代中国特色社会主义思想方面不用心、缺实招，满足于贴标语、喊口号、晒“图文”、以会议落实会议走过场。有些人是理论学习的“两面人”，习惯于把道理讲给别人听、动员别人去做，自己却不愿躬身践行；习惯于发号施令，自己却不愿率先垂范，以至于学习践行习近平新时代中国特色社会主义思想只是说说而已、言不由衷，武装头脑并未“走心”，只是“武装嘴巴”而已；更有甚者，马克思主义“真经”没念好，总想着“西天取经”，私下场合奉西方理论、西方话语为金科玉律，有意无意成了西方资本主义意识形态的吹鼓手。

五是资源统筹不到位。基层宣讲资源普遍较为分散，多是部门或区域单打独斗，难以形成合力，在统筹使用、上下联动、品牌影响力方面存在短板弱项。各省（市、区）虽然宣讲队伍和宣讲品牌

---

① 习近平：《摆脱贫困》，福建人民出版社2014年版，第84页。

众多，但影响力大、在全国叫得响的大品牌并不多，“理论＋”的“1＋1＞2”效应总体而言还不够突出。

第三节　全面落实坚持马克思主义在意识形态领域指导地位的根本制度

党的二十大提出建设具有强大凝聚力和引领力的社会主义意识形态，这是全面建设社会主义现代化国家的一个重大命题，也是全党必须担负起的一个战略任务。建设具有强大凝聚力和引领力的社会主义意识形态，坚持马克思主义在意识形态领域的指导地位是根本，牢牢掌握党对意识形态工作领导权是关键。我们党是社会主义中国的执政党，强化意识形态工作领导权是加强执政能力建设、繁荣发展社会主义先进文化的题中应有之义。

为了更好地结合现实情况，以理论对话现实，依据葛兰西文化领导权理论、社会学界的社会化理论和传播学传播效果理论，全面落实坚持马克思主义在意识形态领域指导地位的根本制度，建设具有强大凝聚力和引领力的社会主义意识形态的实践路径，可概括提炼为“一二三”：“一”指掌握一种领导力量——牢牢掌握党对意识形态工作领导权，“二”指把握两条传播规律——提升传播可信性效果和传播精准化程度，“三”指夯实三个重点阵地——学校、单位和大众传媒。

一、牢牢掌握党对意识形态工作领导权

马克思、恩格斯指出，“统治阶级的思想在每一时代都是占统治地位的思想。这就是说，一个阶级是社会上占统治地位的物质力量，

同时也是社会上占统治地位的精神力量”[1]。也就是说，统治阶级通过意识形态建构、阐释、宣传甚至辩护或批判为其执政合法性与合理性提供理论和话语支持。意大利共产党人葛兰西的文化领导权理论认为，“统治”（即“政治霸权”）和“文化领导权”可能不同步，无产阶级在夺取政权之前就得争夺意识形态领域的领导权，革命才能在舆论上获得道义性和合法性，掌握政权之后同样要加强意识形态领域的领导权，用无产阶级政党的意识形态来说服和武装广大群众，在文化领域取得广大群众的认同，才有利于政权的巩固。毛泽东曾说：“凡是要推翻一个政权，总要先造成舆论，总要先做意识形态方面的工作。革命的阶级是这样，反革命的阶级也是这样。”[2] 维护国家意识形态安全始终是中国国家安全的核心利益之所在，必须牢牢掌握党对意识形态工作的领导权。

（一）各级党委切实担负起政治责任和领导责任

意识形态工作是政治性强、涉及面广、影响力大的系统工程，需要统筹谋划、全党动手、强化协作、多方联动。毛泽东就说，“掌握思想领导是掌握一切领导的第一位”，[3]“各地党委的第一书记应该亲自出马来抓思想问题，只有重视了和研究了这个问题，才能正确地解决这个问题”。[4] 在全球化、网络化时代，思想信息传播的渠道方式、新闻舆论的受众心理都发生了很大的变化，互联网总是以最快的速度暴露危机、放大危机、制造危机，任何一个“点”上的小问题，都可能被渲染炒作成“面”上的大事件。越是走向更加复杂、充满不确定性的发展阶段，越需要各级党委像重视经济工作那样抓意识形态工作。习近平总书记在2013年全国宣传思想工作会议上强调：“经济建设是党的中心工作，意识形态工作是党的一项极端重要

---

① 《马克思恩格斯选集》（第一卷），人民出版社2012年版，第178页。

② 《建国以来毛泽东文稿》（第10册），中央文献出版社1996年版，第194页。

③ 《毛泽东文集》（第二卷），人民出版社1993年版，第435页。

④ 《毛泽东文集》（第七卷），人民出版社1999年版，第282页。

的工作。”[①] “各级党委要负起政治责任和领导责任，加强对宣传思想领域重大问题的分析研判和重大战略性任务的统筹指导，……党委主要负责同志要带头抓意识形态工作，带头阅看本地区本部门主要媒体的内容，带头把住本地区本部门媒体的导向，带头批评错误观点和错误倾向。”[②] 习近平总书记指出“任何新闻舆论都有鲜明的意识形态属性”[③]，提出“要坚持党管媒体原则不动摇”[④]，强调“党管宣传、党管意识形态、党管媒体是坚持党的领导的重要方面”[⑤]。2020 年 6 月，中共中央办公厅印发新修订的《党委（党组）意识形态工作责任制实施办法》，提出“坚持党管意识形态原则”。2022 年 8 月，中共中央办公厅、国务院办公厅印发的《“十四五”文化发展规划》明确“贯彻落实党管宣传、党管意识形态、党管媒体原则”。有了理论指导、文件遵循，我们要不折不扣把党的领导落实到宣传思想文化工作方方面面，各级领导干部高度重视意识形态工作，胸怀大局、站稳立场、着眼大势、勇于担当，各级党委尤其是“一把手”带头抓意识形态工作，全面落实意识形态工作责任制，做到意识形态工作层层压实、压力层层传导，确保意识形态工作同党的立场和政治方向一致，确保意识形态工作领导权牢牢掌握在党的手中。

（二）宣传思想部门守土有责、守土负责、守土尽责

做好宣传思想工作仅靠宣传思想文化部门是不够的，加上教育部门、组织部门等也还是不够的，故习近平总书记强调要全党动手、方方面面齐动手。不过，从部门工作职责分工来看，宣传思想文化部门无疑是主力军。思想舆论阵地，我们的阵营若不去占领，别的

① 习近平：《习近平著作选读》（第一卷），人民出版社 2023 年版，第 147 页。

② 中共中央文献研究室：《习近平关于社会主义文化建设论述摘编》，中央文献出版社 2017 年版，第 33 页。

③ 习近平：《论党的宣传思想工作》，中央文献出版社 2020 年版，第 185 页。

④ 中共中央文献研究室：《习近平关于社会主义文化建设论述摘编》，中央文献出版社 2017 年版，第 25 页。

⑤ 习近平：《论党的宣传思想工作》，中央文献出版社 2020 年版，第 181 页。

阵营就会去占领；增强阵地意识，宣传思想文化战线的同志责无旁贷。习近平总书记就说："思想舆论阵地大致有三个地带"——"红色地带""灰色地带""黑色地带"；"对红色地带，要巩固和拓展，不断扩大其社会影响"；"对灰色地带，要大规模开展工作，加快使其转化为红色地带"；"对黑色地带，要勇于进入，钻进铁扇公主肚子里斗，逐步推动其改变颜色"。[①] 他指出："做好意识形态工作，宣传思想部门承担着十分重要的使命，必须守土有责、守土负责、守土尽责。"[②] 为此，宣传思想文化部门领导干部必须政治上可靠、业务上过硬。政治上可靠，就是必须坚持党性原则，坚持正确政治方向，站稳政治立场，坚定宣传党的理论和路线方针政策，坚定宣传党中央重大工作部署，坚定宣传党中央关于形势的重大分析判断，坚决同党中央保持高度一致，坚决维护党中央权威，在错误思潮和舆论面前，当战士而不是绅士，敢于亮剑、敢于斗争，真正做到"千磨万击还坚劲，任尔东西南北风"。当前，我国意识形态领域呈现出国外干扰与国内策应交织在一起、经济民生问题与思想文化问题交织在一起、历史问题与现实政治交织在一起、学术研究与政治渗透交织在一起、合法外衣与非法行径交织在一起、公开渠道与隐蔽手段交织在一起的新特点，宣传思想文化部门有些领导干部存在不同程度"本领恐慌"问题，陷入"老办法不灵，硬办法不能，新办法不懂"的窘境。业务上过硬，就是在理论上、笔头上、口才上或其他文化专长上有"几把刷子"，成为让人佩服信服的行家里手。

（三）坚持用党的创新理论武装全党、教育人民、指导实践

在党的十八大以来新时代的伟大变革中，我国意识形态领域形势之所以发生全局性、根本性转变，就在于以习近平同志为核心的

---

① 中共中央文献研究室：《习近平关于社会主义文化建设论述摘编》，中央文献出版社 2017 年版，第 30 页。

② 中共中央文献研究室：《习近平关于社会主义文化建设论述摘编》，中央文献出版社 2017 年版，第 32 页。

党中央全面加强党的领导，坚持马克思主义在意识形态领域指导地位。习近平总书记指出，马克思主义是“科学的理论”“人民的理论”“实践的理论”“开放的理论”。[①]“理论在一个国家实现的程度，总是取决于理论满足这个国家的需要的程度”。[②] 马克思主义是中国共产党人的“真经”，是中国社会主义事业的“北斗”，是当代中国文化发展的“指针”。为了把先进的思想文化转化为强大的物质力量，列宁主张，“把社会主义思想和政治自觉性灌输到无产阶级群众中去，组织一个和自发工人运动有紧密联系的革命政党”。[③] 列宁所说的“灌输”，用社会学眼光看来就是政治社会化。社会学人的社会化理论认为，政治社会化属于社会化的基本内容。在当代中国，政治社会化就是坚持马克思主义在意识形态领域的指导地位，建设具有强大凝聚力和引领力的社会主义意识形态。社会主义意识形态要有强大的凝聚力和引领力，巩固壮大人民性和科学性特征突出的主流思想舆论极端重要。巩固壮大奋进新时代的主流思想舆论，最重要的任务，第一位的要求，就是坚持不懈用习近平新时代中国特色社会主义思想武装全党、教育人民、指导实践，引导干部群众深刻领会和把握这一科学思想体系贯穿的马克思主义立场观点方法，深刻领会和把握蕴含其中的坚定信仰信念、鲜明人民立场、强烈历史担当、求真务实作风、勇于创新精神和科学思想方法，推动党的创新理论深入人心，让理论自觉、文化自信成为全社会团结奋进的强大力量。健全用党的创新理论武装全党、教育人民、指导实践工作体系，树立大宣传大学习大实践的工作理念，动员各条战线各个部门一起来做，把意识形态工作同各个领域的行政管理、行业管理、社会管理更加紧密结合起来，既解决实际问题又解决思想问题，形成更为强大的合力。

---

① 习近平：《论党的宣传思想工作》，中央文献出版社 2020 年版，第 321、322、323 页。

② 《马克思恩格斯选集》（第一卷），人民出版社 2012 年版，第 11 页。

③ 《列宁选集》（第一卷），人民出版社 2012 年版，第 285 页。

（四）把马克思主义指导地位落实到文化建设方方面面

坚持以什么思想理论为指导，是文化建设的首要问题。意识形态决定文化的前进方向和发展道路。坚持和完善繁荣发展社会主义先进文化的制度，首先就是必须坚持马克思主义在意识形态领域指导地位的根本制度，因此，文化领域的一切工作和活动都得围绕这一根本制度来展开、来推进。“一切文艺，是宣传，只要你一给人看”，[①] 说明文化作品产品有或浓或淡的思想倾向和价值导向，理论指导有其必要性和重要性；“而一切宣传却并非全是文艺”，[②] 说明不同类型文化作品产品的创作生产有其自身规律性，接受什么指导不等于让什么来包办。“理论自觉、文化自信，是一个民族进步的力量；价值先进、思想解放，是一个社会活力的来源。”[③] 坚持马克思主义在意识形态领域指导地位的根本制度，整个国家文化才可能不断孕育出民族进步的力量，不断迸发出社会活力的源泉。切实贯彻落实《中国共产党宣传工作条例》（中共中央 2019 年 6 月 29 日发布），在理论武装、宣传出版、新闻报道、舆论引导、思想道德建设、精神文明创建、文艺创作生产、网络建设管理等各方面，都高扬马克思主义旗帜，不断巩固马克思主义指导地位，坚定宣传科学思想理论、弘扬先进价值理念、把握以人民为中心导向、传播中华优秀文化，推动当代中国马克思主义、二十一世纪马克思主义落地生根、深入人心，确保我国社会主义先进文化建设始终沿着正确方向砥砺前行、续写辉煌。

二、深入把握党的创新理论的传播规律

传播学认为，传播是指社会信息的传递或社会信息系统的运行。

---

① 《鲁迅全集》（第四卷），人民文学出版社 1981 年版，第 84 页。

② 《鲁迅全集》（第四卷），人民文学出版社 1981 年版，第 84 页。

③ 习近平：《论党的宣传思想工作》，中央文献出版社 2020 年版，第 330 页。

那么，马克思主义的理论武装必然离不开传播。传播学传播效果理论认为，传播主体、传播技巧和传播对象是制约传播效果的重要因素。传播主体即传播者的品格信誉和专业水平等可信性要素与说服效果成正比，而即便是同一个传播者，运用同一种方法传播同一内容的信息，在不同年龄阶段、文化层次、接受习惯和群体性喜好的传播对象即目标受众那里所引起的反应也是不同的，因此，在把握和运用传播规律及其技巧方面应该聚焦于提升可信性效果和精准化程度。

（一）深入实施马克思主义理论研究和建设工程，优化传播内容供给

一是建设一支高素质的马克思主义人才队伍。宣讲是传播的一个重要渠道和一种重要方式，理论宣讲需要研究的深度和专业的精度做支撑。高校、党校（行政学院）、社科研究机构等单位，要按党的二十大报告要求深入实施马克思主义理论研究和建设工程，加快构建中国特色哲学社会科学学科体系、学术体系、话语体系，形成中国自主的知识体系，为社会主义意识形态建设提供学理支撑。建设一支高素质哲学社会科学人才队伍，发挥好马克思主义学院（研究院）平台作用，在加强经典著作编译和研究的基础上，不断推进马克思主义中国化时代化，推动党的理论创新成果的学理化和中国话语表达的国际化，回答好新时代重大理论和现实问题，推出一批又一批学术含量足、话语质量高的研究成果，继续发展二十一世纪马克思主义、当代中国马克思主义，不断回答中国之问、世界之问、人民之问、时代之问。建设一支有“几把刷子”的高素质马克思主义人才队伍，有利于改变马克思主义在某些领域一度被边缘化、空泛化、标签化的状况，有利于改变马克思主义在一些学科中一度“失语”、在一些教材中一度“失踪”、在一些论坛上一度“失声”的状况。表里如一、知行合一、笃信马克思主义的传播者，对马克思主义越有研究，其理论阐释或宣讲就越有传播可信性效果、越有思想穿透力效果。从优化传播内容供给出发，得让有信仰的人讲理想、

人格正的人讲信念，就得把宣传思想战线上那些个人品德存在严重问题的“两面人”及时清除出理论“布道者”行列。

二是用理论推动问题的解决。问题是时代的呼声、人民的诉求，也是实现理论创新的逻辑起点。理论工作者只有不断在审视实际问题和分析解决实际问题过程中，才能推动理论发展创新。加强党的理论武装、贯彻党的理论必须与现实问题对上话、挂上钩，用理论推动问题的解决，才能充分提升理论的可信度。列宁曾指出：“大多数人是根据实际生活得出自己的信念的，他们不相信书本和空话。”[①] 也就是说，现实生活决定思想意识，不唯书只唯实。习近平总书记在2013年全国宣传思想工作会议上指出：“从根本上说，没有扎扎实实的发展成果，没有人民生活不断改善，空谈理想信念，空谈党的领导，空谈社会主义制度优越性，空谈思想道德建设，最终意识形态工作也难以取得好的成效。”[②] 理论要高屋建瓴，但不能凌空蹈虚，而是要联系现实、直面问题，要把实践提升到理论水平再用以指导实践。坚持以人民为中心的工作导向，为人民代言、为人民立言，把实现好维护好发展好最广大人民的根本利益作为根本出发点和落脚点，既解决思想问题，又解决实际问题，从而把理论烙在群众的心坎、刻在群众的脑海，凝聚起众志成城的磅礴力量。

（二）适应分众化、差异化、对象化传播趋势，灵活运用多种方式载体精准发力

抓好理论宣讲，当然要以“听得懂、能领会、可落实”为标准，优化理论宣讲内容供给。但是，不同的人有不同的信息需求、理论兴趣和接受特点，一套话语满足不了所有人、一个腔调难以唱遍天下、一篇通稿无法传遍天下。

一是实现分众化精准传播。适应分众化、差异化、对象化传播

① 《列宁全集》（第三十五卷），人民出版社1985年版，第374页。

② 中共中央文献研究室：《习近平关于社会主义经济建设论述摘编》，中央文献出版社2017年版，第5页。

趋势，解决好大而化之、层次性不强，笼而统之、区分度不高，广而泛之、针对性不够等问题，找到精准的受众定位，注重差异化说服教育，一个主题或话题有多种传播话语方式、形式载体，故应加强全媒体传播体系建设，形成全方位多层次多声部的主流思想舆论传播矩阵，塑造主流舆论新格局。就大众传媒而言，应注重“融渗性”，将社会主义意识形态有机融合在各种载体和形式中，通过短视频、直播平台、“两微一端一抖”等新兴传播方式拓展党的创新理论传播边界，利用 VR、AR、5G、H5 等新兴媒介技术为党的创新理论传播赋能，运用动漫、图表、文艺等生动直观的表现形式形象化传播党的创新理论，尽最大努力扩大青年受众群体。对宣讲群体而言，就是要发挥党校高校党委讲师团等机构中的专家学者和基层各地“土专家”“田秀才”的各自优势，对不同受众群体精准讲解，寓教于乐。

二是实现贴近化宣讲表达。贴近化其实是精准化追求之一种，主要体现在传播过程中传播者对自己身份的定位及话语表达把握。传播学理论提醒我们，传播者以平等的眼光看待受众，贴近受众，传播的效果会比以自我为中心好得多。理论宣讲应坚持“三贴近”（贴近实际、贴近生活、贴近群众）原则，注重平实性，用更加贴近实际、贴近生活、贴近群众的语言和形式来表达社会主义意识形态，把大道理和小故事结合起来，注意采用身边人说身边事方式，传播身边的感动、挖掘日常的诗意。充分运用人民群众乐于接受的家常话语、乡间俗谚、民间文艺，大胆运用个性活泼、新鲜生动的“网言网语”，深入浅出讲道理、平实质朴讲道理、形象生动讲道理，触及人民群众心灵深处，让人民群众易接受、听得懂、愿意听、听了信。通过创新话语方式、传播手段、宣讲形式实现精准化传播、贴近化表达，打通意识形态工作引导群众、服务群众的“最后一公里”，不断让党的创新理论“飞入寻常百姓家”，切实成为亿万群众的文化自信、精神财富和行动指南。

在多种方式载体的运用方面，福建充分发挥“福小宣”省域宣讲品牌示范带动作用，结合全省基层特色宣讲团遴选培育，打造“福小宣·泉民讲”“福小宣·岩讲家”“福小宣·明大理”“福小宣·理响莆阳”等宣讲队260多支，加强指导调度又鼓励各展所长，形成连锁式、矩阵式组织体系，及时总结“福小宣”宣讲活动典型经验做法。加强“福小宣”宣讲品牌规范化建设。健全标识、内容、形式、把关体系，打造覆盖全省、统筹各级、持续运行的省域理论宣讲特色品牌。提升优化已有的“福小宣”Logo和IP形象，进一步提升品牌鲜明度。

三、夯实意识形态的三个重点建设阵地

2016年2月，习近平总书记在党的新闻舆论工作座谈会上指出：“阵地是意识形态工作的基本依托。人在哪里，新闻舆论阵地就应该在哪里。”① 意识形态工作从根本上说是做人的工作，人在哪里，意识形态阵地也就应该在哪里。根据社会学人的社会化理论，人生不同时期的社会化离不开社会教化和个体内化，学校、工作单位和大众传播媒介等就是社会化的机构。2014年10月，习近平总书记在谈意识形态工作阵地意识时就说，“各级党委和宣传思想部门、组织部门、教育部门要加强领导和管理，党报党刊党网、党政干部院校、大专院校要强化政治意识、责任意识，在重大问题上与党中央保持高度一致”。② 列宁说过，“工人本来也不可能有社会民主主义的意识。这种意识只能从外面灌输进去”，③ 言下之意是，要让人接受马克思主义，离不开必要的灌输。马克思主义经典作家认为，只有加强对人民群众进行先进思想理论的灌输和启发，才能把其自发行动

① 中共中央文献研究室：《习近平关于社会主义文化建设论述摘编》，中央文献出版社2017年版，第45—46页。

② 中共中央文献研究室：《习近平关于社会主义文化建设论述摘编》，中央文献出版社2017年版，第36页。

③ 《列宁选集》（第一卷），人民出版社2012年版，第317页。

提高到自觉革命斗争的水平上来。学校、工作单位和大众传播媒介也是理论灌输和启发的重要机构，便于个体将马克思主义内化于心外化于行，“先进的思想文化一旦被群众掌握，就会转化为强大的物质力量”，推动“社会发展进步”。[①]

为了论述便利，这里的学校不仅指高等学校、中小学、职业学校和民办学校，也指党校（行政学院）、干部学院和社会主义学院；这里的单位不仅指作为职业劳动场所的工作单位，也指“单位组织”之外的农村、街道社区等基层单位。

（一）加快构建全员全程全方位的思政育人格局

思想政治理论课是搞好国民教育系列学校的思想政治教育的关键所在，不过，传道授业解惑乃师者本职，立德树人是坚持社会主义办学方向的学校的根本任务，坚持好马克思主义在意识形态领域的指导地位，就不应只关注思政课，各门课、各学科育人的要求是一致的，都应该融会贯通马克思主义理论精髓。“守好一段渠、种好责任田”，挖掘课程内容和教学方式中所蕴含的思想政治教育资源，与思政课相向而行、协同发力，“实现全员全程全方位育人”[②] 工作格局。统筹推进大中小学思想政治教育一体化建设，着力在“贯通”和“递进”上下功夫，打通从小学生到博士生的不同学段，根据不同学段特点循序渐进、螺旋式上升开设思政课，所有学校所有学科专业全面推进“课程思政”建设。既要实现“思政课程”与“课程思政”相统一的“融盐入汤”效果，又要实现“思政小课堂”与“社会大课堂”相结合的“固在践履”目的，从而培养出一批又一批能担当民族复兴大任的时代新人。

思政课是落实立德树人根本任务的关键课程，上好思政课的关键在教师，需要政治强、情怀深、思维新、视野广、自律严、人格

① 习近平：《论中国共产党历史》，中央文献出版社2021年版，第205—206页。

② 习近平：《习近平谈治国理政》（第三卷），外文出版社2020年版，第331页。

正的好老师。思政课要向改革创新要活力，打好教学内容主题和方式方法创新组合拳，不断增强思想性、理论性、针对性、亲和力和说服力。

（二）加强建设多地多方多层次的学习培训网络

意识形态工作本质上做的是政治工作；理论上清醒，政治上才能够坚定。掌握意识形态工作领导权，最重要的就在于加强马克思主义理论武装。党的理论创新每推进一步，理论武装就要跟进一步，当前首要的就是学习贯彻落实习近平新时代中国特色社会主义思想，这种学习跟进应该是多渠道并举的。

一是各级党校（行政学院）、干部学院和社会主义学院等学校加强党的理论教育。党校（行政学院）要发挥好培训党的各级领导干部的主渠道作用，教学突出党的理论教育和党性教育的主业主课地位，市（地）级以上党校（行政学院）教学安排中，课程的比重不低于总课时的70%，组织实施好“习近平新时代中国特色社会主义思想教育培训工程”，发挥好理论专题课讲授全面性、系统性、深入性的突出优势，面对意识形态领域的重大问题敢于发声亮剑，善于解疑释惑，精于引导引领，守护好马克思主义、中国特色社会主义的坚强前沿阵地。坚持专业人干专业事，统筹各地党校（行政学院）、干部学院、高等院校等专业资源，做强党员干部理论学习教育培训品牌。

二是完善党委（党组）理论学习中心组等各层级学习制度，推动建立马克思主义理论学习的长效机制。深入实施理论武装“一把手”工程，各单位发挥党委（党组）理论学习中心组“排头兵”作用，坚持以“关键少数”带动绝大多数、以党员干部带动基层群众，形成以上率下的学习传导机制，做到学思用贯通、知信行统一，建立社会广泛参与马克思主义理论学习的长效机制，持续掀起大学习热潮，让习近平新时代中国特色社会主义思想理论学习走深走实走心，切实推进学习型党组织建设和学习型社会建设。

三是管好用好各级各类媒体，构筑线上线下融合的牢固阵地。大众传播媒介是宣传意识形态的重要渠道，媒体的宣传必须符合党的执政理念和人民利益诉求。2016 年 2 月，习近平总书记在党的新闻舆论工作座谈会上指出："党管宣传、党管意识形态、党管媒体是坚持党的领导的重要方面。"① 党管媒体是说把各级各类媒体都置于党的领导之下，党管媒体的原则理应延伸贯彻到新媒体领域，把所有从事新闻信息服务、具有媒体属性和舆论动员功能的传播平台纳入管理范围，坚持政治家办报、办刊、办台、办新闻网站，把握好政治方向、舆论导向和价值取向。当下中国，一个以互联网为基础的新媒体舆论场，成为错误思想传播、负面舆情发酵的策源地和放大器。习近平总书记在 2013 年全国宣传思想工作会议上敏锐指出，"互联网已经成为舆论斗争的主战场"，"在互联网这个战场上，我们能否顶得住、打得赢，直接关系我国意识形态安全和政权安全"。②他在 2016 年强调，"管好用好互联网，是新形势下掌控新闻舆论阵地的关键"，③ 还在 2018 年进一步阐释："互联网日益成为意识形态斗争的主阵地、主战场、最前沿。能不能牢牢掌握意识形态工作领导权，关键要看能不能占领网上阵地，能不能赢得网上主导权。"④管好用好互联网，是新时代建设具有强大凝聚力和引领力的社会主义意识形态的基础性工程，因此，要健全网络综合治理体系，加快推动媒体融合发展，本着对社会负责、对人民负责的态度，完善涵盖领导管理、正能量传播、内容管控、社会协同、网络法治、技术治网等各方面的网络综合治理体系，推动网络治理由事后管理向过程治理转变、由多头管理向协同治理转变，实现线上线下一体化治

① 习近平：《论党的宣传思想工作》，中央文献出版社 2020 年版，第 181 页。

② 中共中央文献研究室：《习近平关于社会主义文化建设论述摘编》，中央文献出版社 2017 年版，第 28、29 页。

③ 习近平：《论党的宣传思想工作》，中央文献出版社 2020 年版，第 183 页。

④ 中共中央党史和文献研究院：《习近平关于网络强国论述摘编》，中央文献出版社 2021 年版，第 55 页。

理。坚持正能量是总要求、管得住是硬道理、用得好是真本事，管好用好商业化、社会化的互联网平台，并运用信息革命成果，加快构建融为一体、合而为一的全媒体传播格局，打造新型传播平台，建成新型主流媒体，特别是要让主流媒体借助移动传播，牢牢占据舆论引导、思想引领、文化传承、服务人民的传播制高点。凝聚社会共识，“网上网下要形成同心圆”，[①] 必须打破线上线下的畛域，打破传统媒体和新兴媒体的壁垒，将线下意识形态工作的方法和思路在线上工作中融合创新，实现线上线下一体联动、协同创新的意识形态工作体系，让党的创新理论始终主导网络意识形态空间，推动互联网这个搞不好就是“心头之患”的“最大变量”[②] 释放出最大正能量，“变成事业发展的最大增量”，[③] 扩大主流思想舆论、价值观念的影响力版图，让党的声音传得更开、传得更广、传得更深入。比如，“学习强国”福建学习平台开设“福小宣在身边”频道，集中展示各地优秀宣讲视频，利用乡村大喇叭广泛播放基层精品宣讲音频节目等，鼓励各地宣讲团体深挖特色文化资源，运用好新媒体平台，不断提升品牌效应。上线“福小宣”理论宣讲在线小程序，并在全省范围内逐步推广应用，建立菜单发布、需求汇总、分析研判、内容供给、效果评价的宣讲工作闭环。

要牢牢掌握意识形态工作领导权，巩固学校、单位和大众传媒三个重点阵地，落实种种相关举措，就必须把落实意识形态工作责任制纳入领导班子、领导干部目标管理，纳入监督执纪问责范围。不过，从灌输启发到入脑走心即内化于心再到外化于行，也还取决于意识形态传播规律的把握运用，正如上一节所述。

习近平总书记指出：“理论自觉、文化自信，是一个民族进步的

---

① 习近平：《习近平谈治国理政》（第二卷），外文出版社 2017 年版，第 335 页。

② 中共中央文献研究室：《习近平关于社会主义文化建设论述摘编》，中央文献出版社 2017 年版，第 28 页。

③ 习近平：《习近平谈治国理政》（第三卷），外文出版社 2020 年版，第 311 页。

力量；价值先进、思想解放，是一个社会活力的来源。”① 在全面建设社会主义现代化国家新征程上，建设具有强大凝聚力和引领力的社会主义意识形态，促使全体人民在理想信念、价值理念、道德观念上有高度认同，就能凝聚起以中国式现代化全面推进中华民族伟大复兴的磅礴力量。

本章小结

坚持以什么思想理论为指导，是文化建设的首要问题。长期以来的文化建设，我们是在思想自觉的层面上遵循马克思主义，未以制度保障赋能。在党的十九届四中全会上，习近平总书记代表党中央第一次把坚持马克思主义在意识形态领域指导地位作为繁荣发展社会主义先进文化的根本制度提出来，作为中国特色社会主义制度体系的一项根本制度提出来，这是一次重大的制度创新和理论创新。建设具有强大凝聚力和引领力的社会主义意识形态，是习近平文化思想的重要内容。从社会变迁的视角来看，坚持马克思主义在意识形态领域指导地位的根本制度具有必然性。这个命题的提出，具有鲜明的问题意识，就是我们面临全球化、互联网、信息化、市场化所带来的挑战。从政治社会化角度来考察制度执行的现实，成绩固然可圈可点，但还存在理解认识不到位、学习态度不到位、研究宣传不到位、学用结合不到位等问题。以理论对话现实建构坚持马克思主义在意识形态领域指导地位的根本制度的实践逻辑，我们可以把其概括提炼为“一二三”：“一”指强化一个执政理念——意识形态工作领导权的理念，这是前提；“二”指把握两条传播规律——提升传播可信性效果和传播精准化程度，这是关键；“三”指夯实三个

① 习近平：《在纪念马克思诞辰 200 周年大会上的讲话》，人民出版社 2018 年版，第 19 页。

重点阵地——学校、单位和大众传媒，这是重点。

思考题

1. 当代中国社会主义意识形态建设所面临的挑战有哪些？
2. 如何强化意识形态工作领导权的理念？
3. 怎么加强意识形态重点阵地的建设？

第二章　广泛践行社会主义核心价值观

“着力培育和践行社会主义核心价值观”是习近平总书记对宣传思想文化工作作出的“七个着力”重要指示之一，是习近平文化思想的重要内容，宣传思想文化工作事关党的前途命运、事关国家长治久安、事关民族凝聚力和向心力，是一项极端重要的工作。培育和践行社会主义核心价值观是宣传思想文化工作的重要内容。

第一节　核心价值观是一个国家的重要稳定器

核心价值观是一个国家的重要稳定器，一个民族、一个国家，如果没有共同的核心价值观，就会魂无定所、行无依归。我国是一个拥有14亿人口、56个民族的大国，确立反映全国各族人民认同的价值观“最大公约数”，使全国人民同心同德、团结奋进，关乎国家前途命运，关乎人民幸福安康。

一、形势要求用社会主义核心价值观凝心聚力

进入新时代以来，党带领全国各族人民取得了历史性的成就，引发了历史性的变革。党的十九大报告指出：“经过长期努力，中国特色社会主义进入了新时代，这是我国发展新的历史方位。”国际上面临百年未有之大变局，国内中华民族伟大复兴进入了关键时期，国际国内形势要求用社会主义核心价值观凝心聚力。

从国内情况来看，新时代的历史方位对中国特色社会主义事业的发展提出了更高的要求。进入新时代，我国社会主要矛盾已经转

化为人民日益增长的美好生活需要和不平衡不充分的发展之间的矛盾。改革开放以后，在对历史经验和我国国情作出科学分析的基础上，党提出我国社会的主要矛盾是“人民日益增长的物质文化需要同落后的社会生产之间的矛盾”。经过长期发展，人民生活水平得到大幅度改善，人民对美好生活的向往更加强烈，需求日益广泛，不仅对物质文化生活提出了更高要求，而且在民主、法治、公平、正义、安全、环境等方面的要求日益增长，再只讲“物质文化需要”已不能真实全面反映人民群众的愿望和要求。我国社会主要矛盾的变化是关系全局的历史性变化，对党和政府工作提出了许多新要求。要在继续推动发展的基础上，着力解决好发展不平衡不充分问题，大力提升发展质量和效益，更好满足人民在经济、政治、文化、社会、生态等方面日益增长的需要，更好推动人的全面发展、社会全面进步。这就需要我们从高速度发展转向高质量发展。2013 年，党中央作出我国经济发展正处于增长速度换挡期、结构调整阵痛期和前期刺激政策消化期“三期叠加”阶段的判断，提出高速增长转向中高速增长的“新常态”。2014 年，党中央强调适应把握引领新常态是我国经济发展的大逻辑，我国经济正在向形态更高级、分工更优化、结构更合理的阶段演进。2017 年，党的十九大提出我国经济已由高速增长阶段转向高质量发展阶段。2020 年，党的十九届五中全会提出以推动高质量发展为主题。2022 年，党的二十大明确实现高质量发展是中国式现代化的本质要求。高质量发展，是能够很好满足人民日益增长的美好生活需要的发展，是体现新发展理念的发展，是创新成为第一动力、协调成为内生特点、绿色成为普遍形态、开放成为必由之路、共享成为根本目的的发展。更明确地说，高质量发展，就是经济发展从“有没有”转向“好不好”。经济高质量发展的任务繁重，需要我们充分调动一切可以调动的力量，充分发挥社会主义核心价值观的作用，凝心聚力，充分激发起整个社会的精气神，团结奋斗，一心一意谋发展。

从国际情况来看，百年未有之大变局的国际形势需要我们充分凝聚力量应对挑战。百年未有之大变局中最大的变量是中国，由于中国所取得的历史性成就和历史性变革，国际格局发生深刻的变化，以美国为代表的西方国家极力维护其霸权地位，想方设法打压中国，断供、脱钩、打压、遏制是美国的基本主张。党的二十大报告提出："逆全球化思潮抬头，单边主义、保护主义明显上升，世界经济复苏乏力，局部冲突和动荡频发，全球性问题加剧，世界进入新的动荡变革期。我国改革发展稳定面临不少深层次矛盾躲不开、绕不过，党的建设特别是党风廉政建设和反腐败斗争面临不少顽固性、多发性问题，来自外部的打压遏制随时可能升级。我国发展进入战略机遇和风险挑战并存、不确定难预料因素增多的时期，各种'黑天鹅'、'灰犀牛'事件随时可能发生。我们必须增强忧患意识，坚持底线思维，做到居安思危、未雨绸缪，准备经受风高浪急甚至惊涛骇浪的重大考验。"世界之变、时代之变、历史之变以前所未有的方式展开，新一轮科技革命和产业变革深入发展，国际力量对比深度调整，和平、发展、合作、共赢的历史潮流不可阻挡，"东升西降"的发展趋势日益显著。面对复杂多变的国际环境带来的新矛盾新挑战，以习近平同志为核心的党中央深刻把握中国和世界关系的历史性变化，深刻回答"人类社会何去何从"的历史之问，既在谋求自身发展中促进世界共同发展，又在世界共同发展中推进自身发展，为解决世界经济、国际安全、全球治理等一系列重大问题提供了新的方向、新的方案、新的选择，中国国际影响力、感召力、塑造力显著提升。

国际国内形势对我们的发展提出了更高的要求，我们所面临的风险挑战、所肩负的繁重任务世所罕见、史所罕见，这需要我们以社会主义核心价值观凝心聚力，充分调动一切可以调动的力量，应对挑战，推动中国特色社会主义事业发展。

二、社会主义核心价值观的提出

我们党历来重视充分发挥精神的力量。党的十八大之前，我们党主要是通过精神文明建设弘扬主流价值。中共十二届六中全会通过的《中共中央关于社会主义精神文明建设指导方针的决议》指出："以马克思主义为指导的社会主义精神文明是社会主义社会的重要特征。在社会主义时期，物质文明为精神文明的发展提供物质条件和实践经验，精神文明又为物质文明的发展提供精神动力和智力支持，为它的正确发展方向提供有力的思想保证。社会主义精神文明建设，是关系社会主义兴衰成败的大事。"

党的十三大报告指出："社会主义精神文明建设有重要进展。理想教育、道德教育和法制教育，在全社会范围内广泛展开。教育、科学、文化、艺术、新闻、出版、卫生、体育事业欣欣向荣。九年制义务教育正在逐步实施。"逐渐把物质文明和精神文明作为发展社会主义的"两手抓"。

党的十四大报告明确提出了"坚持两手抓，两手都要硬，把社会主义精神文明建设提高到新水平"，强调"物质文明和精神文明都搞好，才是有中国特色的社会主义。精神文明建设必须紧紧围绕经济建设这个中心，为经济建设和改革开放提供强大的精神动力和智力支持"。报告还指出，精神文明重在建设，要高度重视理论建设，加强理论队伍建设，坚持"为人民服务、为社会主义服务"的方向和"百花齐放、百家争鸣"的方针，积极推进文化体制改革，要重视社会效益，加强新闻、出版、广播、电视和文学艺术等方面工作，要重视职业道德建设，加强社会公德建设。搞好社区文化、村镇文化、企业文化、校园文化的建设，等等。党的十四大已经把精神文明建设作为"九十年代改革和建设的主要任务"之一。

党的十四届六中全会通过了《中共中央关于加强社会主义精神文明建设若干重要问题的决议》，对改革开放 18 年来精神文明建设的经验作出深刻的总结，使之更加系统化、理论化；对存在的问题作了透彻的分析，并提出了解决的思路、对策和办法，这对进一步加强社会主义精神文明建设发挥了重大的指导作用。决议科学地回答了在发展社会主义市场经济和对外开放的新的历史条件下，如何建设社会主义精神文明的问题。

党的十五大报告专辟一章讲“有中国特色社会主义文化建设”，强调了要培养“有理想、有道德、有文化、有纪律”的“四有公民”，要“深入持久地开展以为人民服务为核心、集体主义为原则的社会主义道德教育”，要“引导人们树立正确的世界观、人生观、价值观。大力弘扬爱国主义、集体主义、社会主义和艰苦创业精神”，“提倡共产主义思想道德，同时把先进性要求和广泛性要求结合起来，鼓励一切有利于国家统一、民族团结、经济发展、社会进步的思想道德”，“要深入持久地开展群众性精神文明创建活动，大力倡导社会公德、职业道德和家庭美德”，体现了党中央对思想道德建设的重视。

党的十六大报告提出坚持弘扬和培育民族精神和切实加强思想道德建设。“民族精神是一个民族赖以生存和发展的精神支撑。”“五千多年的发展中，中华民族形成了以爱国主义为核心的团结统一、爱好和平、勤劳勇敢、自强不息的伟大民族精神。我们必须把弘扬和培育民族精神作为文化建设极为重要的任务，纳入国民教育全过程，纳入精神文明建设全过程，使全体人民始终保持昂扬向上的精神状态。”在道德建设上要“引导人们树立中国特色社会主义共同理想，树立正确的世界观、人生观和价值观。认真贯彻公民道德建设实施纲要，弘扬爱国主义精神，以为人民服务为核心、以集体主义为原则、以诚实守信为重点，加强社会公德、职业道德和家庭美德教育，特别要加强青少年的思想道德建设，引导人们在遵守基本行为准则的基础上，追求更高的思想道德目标”。社会主义核心价值体系和社会主义核心价值观的一些成分已经逐渐形成。

党的十七大报告提出了社会主义核心价值体系。十七大报告在

第七部分“推动社会主义文化大发展大繁荣”中明确提出“建设社会主义核心价值体系，增强社会主义意识形态的吸引力和凝聚力”的要求。报告强调“社会主义核心价值体系是社会主义意识形态的本质体现”，“要巩固马克思主义指导地位，坚持不懈地用马克思主义中国化最新成果武装全党、教育人民，用中国特色社会主义共同理想凝聚力量，用以爱国主义为核心的民族精神和以改革创新为核心的时代精神鼓舞斗志，用社会主义荣辱观引领风尚，巩固全党全国各族人民团结奋斗的共同思想基础”。在社会主义核心价值体系培育上，要“切实把社会主义核心价值体系融入国民教育和精神文明建设全过程，转化为人民的自觉追求。积极探索用社会主义核心价值体系引领社会思潮的有效途径，主动做好意识形态工作，既尊重差异、包容多样，又有力抵制各种错误和腐朽思想的影响”。社会主义核心价值体系的提出并不断丰富和完善为社会主义核心价值观的提出奠定了基础，也为我们党在价值观培育上从“精神文明建设”的提法向“积极培育和践行社会主义核心价值观”的提法的转变提供了基础。

在十七届六中全会审议通过的《中共中央关于深化文化体制改革 推动社会主义文化大发展大繁荣若干重大问题的决定》中，党中央明确了社会主义核心价值体系的四个组成部分：指导思想是马克思主义，坚定中国特色社会主义共同理想，弘扬以爱国主义为核心的民族精神和以改革创新为核心的时代精神，树立和践行社会主义荣辱观。同时，明确提出“推进社会主义核心价值体系建设，巩固全党全国各族人民团结奋斗的共同思想道德基础”的要求，还指出：“社会主义核心价值体系是兴国之魂，是社会主义先进文化的精髓，决定着中国特色社会主义发展方向。”要求“必须强化教育引导，增进社会共识，创新方式方法，健全制度保障，把社会主义核心价值体系融入国民教育、精神文明建设和党的建设的全过程，贯穿改革开放和社会主义现代化建设各个领域，体现到精神文化产品创作生产传播各方面，坚持用社会主义核心价值体系引领社会思潮，在全党全社会形成统一指导思想、共同理想信念、强大精神力量、基本道德规范”，对社会主义核心价值体系培育提出了具体的指导意见。

党的十八大报告对社会主义核心价值体系做了进一步的丰富和诠释，指出：“社会主义核心价值体系是兴国之魂，决定着中国特色社会主义发展方向。要深入开展社会主义核心价值体系学习教育，用社会主义核心价值体系引领社会思潮、凝聚社会共识。”并提出了“大力弘扬民族精神和时代精神，深入开展爱国主义、集体主义、社会主义教育，丰富人民精神世界，增强人民精神力量”，要“加强社会公德、职业道德、家庭美德、个人品德教育，弘扬中华传统美德，弘扬时代新风”，要“推进公民道德建设工程”等等。报告还提出了“倡导富强、民主、文明、和谐，倡导自由、平等、公正、法治，倡导爱国、敬业、诚信、友善，积极培育和践行社会主义核心价值观。牢牢掌握意识形态工作领导权和主动权，坚持正确导向，提高引导能力，壮大主流思想舆论”。至此，社会主义核心价值观在党的文件中正式出现。

2013 年 12 月，中共中央办公厅印发的《关于培育和践行社会主义核心价值观的意见》指出：“社会主义核心价值观是社会主义核心价值体系的内核，体现社会主义核心价值体系的根本性质和基本特征，反映社会主义核心价值体系的丰富内涵和实践要求，是社会主义核心价值体系的高度凝练和集中表达。”进一步确认了社会主义核心价值观的“三个倡导”，并对如何培育和践行社会主义核心价值观给出了具体的指导意见。

习近平总书记《在全国宣传思想工作会议上的讲话》（2013 年 8 月 19 日）、《在北京大学师生座谈会上的讲话》（2014 年 5 月 4 日）、《在文艺工作座谈会上的讲话》（2014 年 10 月 15 日）、《在全国党校工作会议上的讲话》（2015 年 12 月 11 日）、《在哲学社会科学工作座谈会上的讲话》（2016 年 5 月 17 日）均论及社会主义核心价值观。2023 年，习近平总书记对宣传思想文化工作作出重要指示，将“用党的创新理论武装全党、教育人民”作为宣传思想文化工作的首要政治任务，并提出“七个着力”重要要求，其中之一就是“着力培育和践行社会主义核心价值观”。在诸多的讲话和批示中，习近平总书记深入阐述了社会主义核心价值观的培育和践行问题，使社会主义核心价值观的培育和践行的方向更加明确，思路更加清晰。

三、社会主义核心价值观是“最大公约数”

社会主义核心价值观的内容分为三个层面。

国家层面包括倡导富强、民主、文明、和谐。国家高于个人的观念是优秀传统文化的重要组成部分，是传统社会士大夫的情怀。在传统社会，孝悌忠信礼义廉耻是核心价值观，忠是个体对国家的义务，孝是个体对长辈的义务。在传统社会的核心价值观中，忠的排序要优先于孝，这也意味着，国家高于个人，国家的事再小也是大事，个人的事再大和国家的事情比起来也是小事。社会主义核心价值观充分吸收了传统优秀文化，在国家层面倡导富强、民主、文明、和谐。第一是富强。富强是近代以来中国人的梦想，积贫积弱的旧中国处于被动挨打的地位，中国共产党的成立为中国带来了希望，领导中国进行了新民主主义革命，走上了社会主义道路，建立了新中国，使中华民族站起来了。改革开放的发展使中国人逐渐富裕起来，但是中国的发展和发达国家比起来还存在一定差距，不少核心技术还被人“卡脖子”，还需要继续发展。我们要坚定中国特色社会主义的道路自信、理论自信、制度自信和文化自信，推动中国特色社会主义事业发展，努力实现国家富强。第二是民主。民主，就制度而言，是少数服从多数的国家管理制度，就价值而言，就是由人民当家作主。改革开放四十余年，我国的民主政治获得巨大的发展，取得了巨大的成就，虽然还有诸多有待进一步发展的地方，但人民当家作主是我们党矢志不渝的奋斗目标。在民主政治的发展道路上，我们明确既不走封闭僵化的老路，也不走改旗易帜的邪路，要坚持走中国特色社会主义政治发展道路。第三是文明。文明，与野蛮相对，社会的进步是脱离野蛮走向文明的过程，我们的文明既包括以民主政治为主要内容的政治文明，也包括经济发展的物质文明，还包括山青水绿地美的生态文明，更包括文明出游、文明礼貌、文明用语等日常生活的文明。第四是和谐。中华文化历来崇尚和谐，和合文化源远流长，如天人合一的宇宙观、民胞物与的自然观、协和万邦的国际观、和而不同的社会观、人心和善的道德观等等，还有和气生财、和衷共济、和合共生等日常用语都体现了传统和谐文化的影响。和谐社会是我们治国理政的价值追求，它力图在尊重个体个性的基础上维系社会的和谐稳定。

社会层面包括倡导自由、平等、公正、法治。社会是由个体组成的，但由个体组成的社会需要诸多规则，没有规则社会难以形成秩序，自由、平等、公正、法治都是社会规则。第一是自由。自由，从本意上来说就是依自我意志而行动，但自由从来都不是随心所欲，从来都没有绝对自由，自由是有约束的行为，任何人的自由都需要以不妨碍他人的权利实现为前提。自由表面上是个体的事情，但本质上是一个社会的事业，任何人的自由都是在某一个社会中的自由，没有社会，个体也无所谓自由不自由，自由是个体与社会的有机统一。自由是人类进步的动力，是个体发挥创造潜力的社会前提，是发挥个体天性的环境，同时也是人类发展所追求的目标。自由的实现需要有坚实的物质基础，否则自由只是无法实现的镜花水月。第二是平等。平等是现代文明的重要表现，现代社会消除了种种特权，实现了人与人的平等。平等内涵丰富，包括人格平等，即不分性别、职业、民族等外在条件，人人应该得到同等的权益和尊重；机会平等，机会就是成功的可能性，可以分为自然机会和社会机会，自然机会是由运气、天赋等自然因素导致的机会，社会机会是由政府和社会环境带来的机会，我们所说的机会平等更多是指社会机会；权利平等，即任何人在法律面前都具有同等的权利。第三是公正。公正的本质是得其应得，失其应失。一个人的所得是他应得的就是公正，应得的依据主要是自我努力程度，应得的回报与贡献成正比就是公正，否则就是不公正。现阶段我国收入差距明显偏大，有些高收入者不一定是劳动所得，而劳动所得占国民财富的比重相对来说偏低，这就需要推进分配体制改革，提高劳动者的收入，进一步实现分配公正。第四是法治。现代社会应该是法治社会，法律是社会的最高权威，任何行为都必须依法进行。依法治国是我国宪法确定的治国理政的基本方略，政府要依法行政，遵循“凡没有明文授权的即违法”的公法原则；公民要遵守法律，遵循“凡是没有明确禁止的即自由”的私法原则。法治不仅体现在有健全的法律体系、严格的执法系统，还体现在全社会对法律的信仰上，我们应该努力消除传统人治社会的残余，积极培育新时代的法律文化、法治信仰。

个人层面包括倡导爱国、敬业、诚信、友善。一个社会的文明程度具体体现在国民的素养上，社会主义核心价值观就是要解决“培养什么样的公民”的问题，个人层面是社会主义核心价值观的重要层面。第一是爱国。国家是公民的强大后盾，一个公民在境外如果出了什么事情，国家会尽全力进行交涉处理，公民应该热爱自己的祖国，爱国是公民的基本道德情操，是个体对祖国的情感、归属感和认同感，既是中华民族的优秀传统，也是凝聚全国各族人民的精神支柱。第二是敬业。敬业，是公民对自己所从事的职业的认同，把自己的职业看得甚至比生命还重要。哲学家冯友兰想完成《中国哲学史新编》这部著作，但步入晚年的他双目失明，撰写这部著作困难重重，当他克服了种种困难完成了这部著作时，说了一句话令在场所有人为之动容，就是“我可以有病不吃药了”，这句朴素的话诠释了什么是敬业。这种精神不仅是个人的素养，也是国家发展的精神力量，工匠精神就是敬业精神的进一步延伸，这种精神是我国实现高质量发展的精神力量。第三是诚信。诚信就是讲信用、真诚、老实的意思，是现代人的基本修养。市场经济是现代社会的经济运行模式，市场经济需要诚信的市场主体，市场主体的“理性人”特征决定了其利益最大化的追求，而这一追求又极易导致短期行为，不诚信是典型的短期行为。但历史已经证明，短期行为只会破坏市场经济的运行，所以现代社会都有严格的诚信制度，使诚信逐渐转化为个体内在的自觉行为。现阶段我国还存在不诚信的行为，诚信制度有待建立健全，社会诚信有待进一步提升。第四是友善。与人为善是社会健康发展的基础，也是个人应该具备的基本素养。竞争是现代社会的常态，但竞争并不必然导致以人为壑的人际关系。市场经济时代的人既要重视物质利益和社会竞争，也应该有较为深厚的人文情怀和友善精神，这是社会主义核心价值观的重要方面，也是社会公序良俗的文化基础。

社会主义核心价值观的三个层面及其所涵盖的十二个范畴是整个社会的“最大公约数”。随着改革开放和中国式现代化的深入推进，社会多样化、多元化趋势日益明显，这是社会发展的必然趋势，也是社会进步与文明的体现，但整个社会应该是多元化与统一性的辩证统一，社会主义核心价值观是多样性中的“最大公约数”、引领多样性社会思潮的主导力量。习近平总书记指出：“一个民族、一个国家的核心价值观必须同这个民族、这个国家的历史文化相契合，同这个民族、这个国家的人民正在进行的奋斗相结合，同这个民族、这个国家需要解决的时代问题相适应。”① 长期以来，一些西方国家把它们演绎的“自由”“民主”“人权”等价值观念鼓吹为“普世价值”，在世界范围内进行推销，对那些不听命、不顺从的国家，更是挥舞价值观念的大棒进行打压。我们要警惕借所谓“普世价值”抹黑我们党、我国社会主义制度和文化传统的行为，加快构建充分反映中国特色、民族特性、时代特征的价值体系，努力抢占价值体系的制高点。

① 中共中央文献研究室：《习近平关于社会主义文化建设论述摘编》，中央文献出版社 2017 年版，第 116—117 页。

四、社会主义核心价值观是“精神纽带”

习近平总书记指出：“核心价值观是一个民族赖以维系的精神纽带，是一个国家共同的思想道德基础。”

社会主义核心价值观凝结着全体人民共同的价值追求。人无精神不立，国无精神不兴。社会主义核心价值观回答了建设什么样的国家、建设什么样的社会、培育什么样的公民的重大问题，为人们在各方面确立了基本的价值标准，从而凝聚社会共识、引领多元文化、维护社会利益。随着社会主义市场经济的发展，利益多元化了，人们的思想认识也呈现多元化的趋势，但社会之所以是社会，一个重要的方面就是有凝聚力，社会主义核心价值观是中国特色社会主义的“精神纽带”，使整个社会凝聚成一个有机整体。人的发展是社会发展的重要方面，人的现代化是中国式现代化的重要方面，而人的发展的一个重要方面就是培育丰富的精神世界，社会主义核心价值观是充实人的精神世界的重要内容，有所追求是精神充实的重要表现，社会主义核心价值观是人们的共同精神追求，这一共同追求使人们形成政治认同、文化认同、思想认同、情感认同。建构丰富的精神世界关键是要有真正发挥作用的价值观，社会主义核心价值观是凝聚中国力量的思想道德基础，是宣传教育工作的“魂”，它一方面充实了人们的精神世界，另一方面也使整个社会有共同的精神纽带，有共同的价值认同，有共同的思想追求，这是社会稳定的基础，社会主义核心价值观让整个社会充满了积极向上的精气神。

社会主义核心价值观决定着社会的情感认同和行为习惯。价值观是行为的内在规范，规范是人的行为依据，根据其发挥作用的方式不同，规范可以分为两类。一类是外在规范，比如法律、工作纪律以及各种行为规范等等，都是自外而内地约束人的行为。另一类是内在规范，这种规范对人的约束不是靠外在的强制，而是靠内在的自觉，甚至可以说，这种规范是人的不自觉的行为方式。孔子所说的“随心所欲不逾矩”就是这种规范，已经内化于心，外化于行，成为人们的行为习惯，人们只有按照这种规范开展各种行为，自己才觉得自在自由、心里舒坦；如果自己的行为违背了这种规范，不用别人惩戒，自己就感到不舒服、不自在。价值观就属于内在规范。首先，价值观是一个社会长期实践在人们心灵上的沉淀，一种规范最初可能是外在规范，但时间久了，人们就会把它内化为自己的内在规范，成为自己的行为习惯。其次，价值观一旦形成就会不自觉地影响着人们的观念，规范着人们的行为。社会主义核心价值观通过规范人们的行为而为社会提供社会秩序、公序良俗、道德规范，因此，它是社会治理的精神基础。

社会主义核心价值观彰显了稳定的生活方式和思维方式。社会主义核心价值观有着深厚的中华优秀传统文化基础，比如传统儒家思想的核心精神就是“内圣外王”，宋明理学非常重视内圣的心性修养功夫，这种心性修养功夫就是内在精神生活的彰显。传统社会重义轻利，强调君子忧道不忧贫，强调为仁由己的主体精神，社会主义核心价值观充分吸收了中华优秀传统文化中的精髓，是历史文化积淀基础上结合新的社会发展和时代要求进行创新的结果。社会主义核心价值观首先是社会主义的价值观，它充分吸收了马克思主义的世界观方法论，把马克思主义的价值观和中华优秀传统文化深度结合了起来，从而引领社会思潮和人们的行为方式。

第二节　坚持用社会主义核心价值观铸魂育人

价值观是人的价值观，只有人才有价值观，社会主义核心价值观说到底是“培养什么样的人，怎样培养人，为谁培养人”的问题，聚焦的是人的思想建设、灵魂建设，目的是造就具有正确世界观人生观价值观的社会主义建设者。积极培育和践行社会主义核心价值观关键是用社会主义核心价值观铸魂育人。

一、在落细、落小、落实上下功夫

坚持用社会主义核心价值观凝心铸魂，就要在落细、落小、落实上下功夫。习近平总书记强调："我们要注意把我们所提倡的与人们日常生活紧密联系起来，在落细、落小、落实上下功夫。要按照社会主义核心价值观的基本要求，健全各行各业规章制度，完善市民公约、乡规民约、学生守则等行为准则，使社会主义核心价值观成为人们日常工作生活的基本遵循。"①

首先，内涵阐释要落细、落小、落实。社会主义核心价值观的内涵比较宏观，要真正推动社会主义核心价值观入心入脑就必须进行具体化、具象化、形象化的阐释，要以受众能够听懂、能够认同、能够接受的方式开展。比如对中小学生而言，抽象的理论阐释未必能收到良好的效果，应该有具体化的读本。习近平总书记就曾专门针对中小学生讲社会主义核心价值观，强调"社会主义核心价值观要从娃娃抓起"。只有适合主体，社会主义核心价值观阐释才真正能够走进人的心灵，触动人的心灵，真正转变为受众主体的内在规范。社会主义核心价值观的内涵极其丰富，比如社会层面的自由，要把这个概念阐释清楚不是一件容易的事，而推动社会主义核心价值观入心入脑必须阐释清楚其内涵，否则难以收到良好效果。而且，我们在阐释的时候，要讲清楚社会主义核心价值观的自由不同于资产阶级思想家所讲的自由，其性质是"社会主义"的，是超越资本主义的。

其次，落实方式要细、要小、要实。价值观是人类文明的重要体现，中国特色社会主义发展不仅要有高度发达的物质文明，还要有高度发达的精神文明，中国式现代化的一个重要特色就是物质文

---

① 中共中央文献研究室：《习近平关于社会主义文化建设论述摘编》，中央文献出版社 2017 年版，第 110 页。

明和精神文明协调发展，社会主义核心价值观建设就是精神文明的体现。改革开放之初，物质文明和精神文明“一手硬，一手软”的现象曾经存在，积极培育和践行社会主义核心价值观所针对的就是这样的问题。精神文明的提高需要每个人文明程度的提升，而人的文明提升是一个重大工程，需要持久推进，需要落细、落小、落实。方式上的落细、落小、落实就要把社会主义核心价值观扎实有效地落实到各个环节。要推进社会主义核心价值观进教材、进课堂、进头脑，相关教材要适合相应年龄段的心理特征，课堂讲授要能够引起学生的共鸣，能够给学生以心灵的触动，推动情感认同，真正推动社会主义核心价值观进头脑。要推进社会主义核心价值观进媒体、进网络、进社会，新闻媒体要充分张扬社会主义核心价值观，尤其是要充分宣传报道先进模范，充分发挥榜样的力量，推动整个社会形成积极向上的舆论氛围。要推动社会主义核心价值观引领舆论、引领思想、引领社会的作用，随着社会主义市场经济的发展，思想认识多元化趋势日渐明显，社会主义核心价值观是引领舆论、引领思想、引领社会的精神力量，可以有力地巩固马克思主义在意识形态领域的指导地位，巩固全党全国人民团结奋斗的共同思想基础。

再次，落实的环节要全覆盖。要真正发挥社会主义核心价值观的作用，就必须把社会主义核心价值观转化为社会的观念，这就要求在各个环节协同推进。在家庭中，家庭教育对人的影响是深刻的，虽然其效果主要体现在幼年时期，这个时期孩子无法接受抽象的理念，但却可以通过感知父母具体的行为来理解价值观。在学校中，学校教育尤其是中学阶段，学生已经能够理解一些抽象的理念，这个时期要凸显情感认同，不能仅仅以应付考试的态度对待思想政治教育，必须要真正触动心灵，真正入心入脑、内化于心、外化于行。在社会中，应该营造一种积极向上的舆论氛围，那些真正充满正能量的行为应该要能够得到充分的肯定，这就要求全社会从法律、道德、舆论等各方面形成肯定正能量、点赞正能量、不能让老实人吃亏的社会氛围。在单位中，要通过文明单位创建、先进党员评选、先进党支部评选等各种评选，营造社会主义核心价值观入心入脑的文化氛围。传统媒体和新媒体尤其要凸显社会主义核心价值观引导。2023 年 8 月 28 日，中国互联网络信息中心发布的第 52 次《中国互联网络发展状况统计报告》显示，截至 2023 年 6 月，中国网民规模达 10.79 亿人，互联网普及率达 76.4%。互联网深刻影响了整个社会，我们一定要重视互联网、发展互联网、治理互联网，用社会主义核心价值观引领互联网，用互联网宣传社会主义核心价值观，弘扬正能量。

二、在内化、深化、转化上下功夫

社会主义核心价值观的培育最终是要将其转化为人的内在行为规范，而要达到这一点，最关键的是要推动社会主义核心价值观内化、深化、转化。习近平总书记强调："要通过教育引导、舆论宣传、文化熏陶、实践养成、制度保障等，使社会主义核心价值观内化为人们的精神追求，外化为人们的自觉行动。"①

内化是外在价值规范转化为价值主体内在律令的过程，这是一个非常复杂而又很难实现的过程。一些价值规范之所以能够深入人心，是经过长期的社会实践才实现的，要想改变价值主体原有的价值观念，使新的价值规范内化为价值主体的内在律令，则是一个相当艰巨的工程，但这却是我们价值观培育过程中必不可少的环节。价值规范内化的过程大致是这样的：

首先，形成理想的价值规范体系，这个价值规范体系要科学合理，又要适应国情。就科学性而言，价值规范体系必须符合社会的发展规律。社会是进步的，价值观作为社会的精神维系，也应该与时俱进，否则会对社会的发展与进步产生精神阻力。确立价值规范

---

① 中共中央文献研究室：《习近平关于社会主义文化建设论述摘编》，中央文献出版社 2017 年版，第 108 页。

体系的时候，不应把价值理念确立得过高，否则会显得很空，很难让价值主体信服。道德观的发展总是有一个自然演进的过程，如果人为地打断这种自然演进，而使现实与理想的价值体系之间产生一个巨大的鸿沟，那么价值观发展有可能不但不会跨越这一难以逾越的鸿沟，反而会导致一些不应有的混乱。对于价值内化来说，价值规范体系的确立是非常重要的，也是比较难的事情，但相对于使价值体系在人们心中真正扎根来说还是比较容易的。

其次，内化的实现。价值规范体系确立之初，对一个社会来说还只是外在的东西，要真正成为一个在社会中起作用的价值规范，就必须使之内化为该社会成员所认可的价值规范而成为道德人格。人是受自己的意志控制的，价值规范对社会的秩序供给功能就是通过内化为价值主体的道德人格，成为价值主体的自我内在良心，然后由这种内在的道德良心和意志控制价值主体的行为，进而使得社会成员都能够遵守社会所确立的价值规范体系。内化是一个长期的、复杂的过程。对于社会成员来说，内化体现为成员接受价值规范并最终使之成为自己信念的过程。信念对人的行为的控制经常不是有意识的，而是自然而然地流露出来的。价值观建设的目的就是要在大多数的社会个体成员身上实现这样一个道德内化的过程。在现实当中，内化还有许多问题，更复杂，这里只是大致说明道德建设过程的实质。

再次，对道德惩戒的恐惧强化了内化的效果。在价值规范内化的过程中，总是需要经过多次的道德惩戒来强化价值内化的效果。道德是靠道德主体的内在良心维系的，但是道德良心并不是先天具有的，而是后天形成的。而在道德良心形成的初期，价值主体总是会违反价值规范，毕竟新的价值规范在这个时候还只是外在的约束，没有内化为内在律令，只要缺乏监督，价值主体就会设法突破价值规范。这个时候道德惩戒的作用就表现出来，道德惩戒与法律惩戒不同，道德惩戒没有强制的措施，而只是给价值主体以舆论压力，让他良心上受谴责，从而使自己的行为更加符合道德规范。

推动社会主义核心价值观内化、深化、转化，要从如下几个方面努力：

第一，以经济建设为中心，大力发展我国的生产力。生产力是社会发展的根本动力，包括道德在内的社会各个方面的发展都是根源于生产力的发展的。价值观是上层建筑的一部分，它的发展必然会受到生产力的制约，如果没有生产力的提高，价值观建设就会流于虚空。“仓廪实而知礼节”，经济的发展为高尚道德的形成创造了条件。同时，在经济发展中企业家们越来越发现具有一定的道德品质是自己的产品占据市场、获得利润的重要原因，在利益的驱动下，企业家们就会自己主动地形成良好的道德品质。

第二，加强有效宣传。这里的有效宣传不是空洞说教，主要指的是用电视、电影、小说、诗歌等艺术形式去感动人，去触动人的心灵，去升华人的心灵。现在我国已经全面实现了小康，人们的温饱已经不成问题了，文化需求将会是我国今后社会需求的一个重要方面。艺术的震撼力是强大而深远的，在好的艺术作品的震撼下，人们就会痛恨那些有违道德的行为，而主动地按照道德规范来行事，并最终使之内化为自己的道德人格。因此，这就要求文艺工作者多出好的艺术作品，以此改善人的心灵。

第三，加强教育。价值观建设是一个长期的、复杂的工程，不是一朝一夕所能奏效的。价值观教育要从儿童抓起，儿童是祖国的未来，并且他们的人生观、价值观正处于形成期，价值观教育对他们的道德观念的形成具有重要的意义，所以要更加重视对少年儿童的道德教育。

第四，发扬我国传统文化中优秀的价值观念。我国传统文化中有许多优秀的道德价值观念是适合我国社会主义市场经济发展的，应该把这些价值观念发扬光大。传统文化对人们的影响是深刻的，尤其是在有着悠久历史的国家中，只是现在受到一些不正当利益观念的冲击而暂时不明显了。只要我们通过以上多种方式对它进行弘扬，那人们就必然会产生强烈的共鸣，使优秀传统道德观念再次发挥重要作用。

三、用社会主义核心价值观引领社会发展

价值观是社会的精神基础，也是社会发展的精神力量之所在，中国特色社会主义事业的发展、中华民族伟大复兴伟业需要社会主义核心价值观的精神引领。

第一，真正增强社会主义核心价值观的吸引力和凝聚力。价值观要想真正在公民心灵深处扎下根来，关键的不是靠强制性灌输，而是要增强其吸引力和凝聚力，让公民自发地认同、接纳、喜欢和内化。首先，应消除我们意识形态领域中的“左”的错误因素。在我们的社会主义建设史上，“左”的错误统治时间较长，而且“左”的错误经常是打着坚定维护社会主义的旗号，容易混淆视听，表面上的坚定，实质上却损害了我们意识形态的吸引力和凝聚力。我们应该增加有吸引力的因素，比如“立党为公，执政为民”“公平正义”等等，从而增强我们意识形态的吸引力和凝聚力。其次，挖掘吸收传统文化的积极因素。经过千年的浸润与沉淀，我国传统的以儒家为核心的文化理念已经深入人民的骨髓，传统文化中的很多东西与社会主义核心价值观并不矛盾，应该充分挖掘调动这些更容易被人们认可和接纳的积极因素。再次，我们应该充分吸收借鉴西方政治文明中的优秀成分，比如将“权力关在笼子里”的理念，比如公共权力尊重私人领域、彰显私人自由的理念等等。社会主义并不一般地反对资本主义所谓的自由、平等等价值理念，社会主义的自由、平等要比资本主义更加真实、更加广泛，要批判地吸收西方文明中的积极因素，以增强社会主义核心价值观的吸引力和凝聚力。

第二，开展有效的公民教育。党的十七大报告明确提出“公民意识教育”这个概念，关于公民教育的研究在学术界也逐渐热起来。实际上对公民意识的关照早就开始了，李慎之说过：“千差距、万差距，缺乏公民意识，是中国与先进国家最大的差距。”他还说，如果有来生，他愿意做一个公民教员。在我们的教育体系中，有关公民

教育的课程从小学到博士研究生都有正规的思想政治课，但是我们的思想政治课更多侧重知识灌输，价值观熏陶的成分欠缺。美国自其建国初就赋予教育以培育合格现代公民的任务。他们将公民教育渗透在文学、历史、社会、心理等课程中，以“润物细无声”的方式熏陶学生的价值观念，这种做法值得我们借鉴，那就是在公民教育中增加情感熏陶的成分，让学生真正认同、接纳社会主义核心价值观念。

第三，用社会主义核心价值体系引领社会思潮。社会思潮的多元化是社会进步的结果，只要没有违反我国法律，就没有必要予以禁止，万马齐喑并非现代社会应有的状态。但我们的指导思想不能多元，这是由我国的基本国情所决定的。随着我国改革开放的进一步深化，思想理论界更加活跃，社会思潮渐趋多元，我们要在承认社会思潮多元化的前提下，用社会主义核心价值体系引领社会思潮，处理好一元和多元的关系。

第三节　续写社会主义核心价值观的融入篇章

一、让社会主义核心价值观为中华民族伟大复兴凝聚社会力量

党的二十大报告对国际国内形势的判断是：“当前，世界百年未有之大变局加速演进，新一轮科技革命和产业变革深入发展，国际力量对比深刻调整，我国发展面临新的战略机遇。同时，世纪疫情影响深远，逆全球化思潮抬头，单边主义、保护主义明显上升，世界经济复苏乏力，局部冲突和动荡频发，全球性问题加剧，世界进入新的动荡变革期。”西方敌对势力把资本主义价值观输出作为核心内容，把文化入侵作为重要方式，把渗透策反作为基本手段，全方

位、多领域地行动，企图扰乱我国社会稳定和党的领导，阻碍中国的发展。国内，有些同志理想信念弱化、廉政意识淡薄，甚至违反党的政治纪律和政治规矩，在不知不觉中滑向了深渊。中国要充分发挥社会主义核心价值观的吸引力和凝聚力，凝聚社会力量，应对挑战。

第一，改善理论宣传方式，提升社会主义核心价值观践行效果。

我们过去认为：社会主义意识形态是科学的意识形态，是代表最广大人民群众根本利益的思想理论体系，理所当然具有吸引力和凝聚力。稍微有点与社会主义意识形态相异的东西都被批判，这样“左”的意识形态建设使得很多人产生了厌烦情绪，严重削弱了社会主义意识形态的吸引力和凝聚力，乃至使得一些人对这方面的宣传不闻不问，一头沉浸在自己的工作中不问政治，这是我们意识形态建设的不足之处，这就需要我们改变意识形态建设的模式。从内容上来说，要消除意识形态领域中“左”的思潮的影响，增进意识形态对人们的吸引力。我们在这方面已经取得了一定的成果，党的话语已经产生了比较强烈的吸引力，如“共同富裕”“立党为公、执政为民”“江山就是人民，人民就是江山”“我将无我，不负人民”“中国式现代化”等等。这些意识形态话语充分反映和代表了最广大人民群众的根本利益，能够吸引广大人民群众的关注。从形式上说，我们的宣传方式应该改进核心价值体系建设，应该重视感化，重视精神触动、心理共鸣。

第二，充分吸纳传统文化中对当代具有重要意义的精髓成分。

中国思想界自五四以来都以反传统、批判传统儒家思想为主要宗旨，只是到了改革开放之后，尤其近年来国学热兴起，才使传统文化的地位得以迅速提升。传统文化是一个民族经历了漫长历史时期而积淀起来的文化成果，已经深入到人们的思维方式、生活方式、交往方式、生产方式等各个方面。传统文化具有比较强的延续性，不会随着社会的变迁而骤然改变，而要想改变传统文化也是相当困难的。我国传统文化以儒家为主，儒家文化的核心理念之一就是

《大学》提出的“三纲八条目”。三纲即明德、新民、至善，八条目即格物、致知、诚意、正心、修身、齐家、治国、平天下。在这八条目当中前四项关注个体自我内在品性的修养，而后四项则是由个体自我内心修养外在发用而表现出来的政治抱负。儒家文化非常重视自我内在修养，所谓“内圣外王”也是这个意思。除此之外，儒家著作中还有大量的静、诚等重视收敛身心、提升自我境界的重视自我内在心灵净化的文化成分，忠孝仁义等文化因素已经熔铸到民族的内在心理根基中。而“长太息以掩涕兮，哀民生之多艰”（屈原）的关切民生之情怀，“一生不自恤，忧国涕纵横”（陆游）的忧国忧民情感，“四万万人齐下泪，天涯何处是神州”（谭嗣同）关怀祖国前途命运的情怀，“凄凉读尽支那史，几个男儿非马牛”（邹容）的对同胞悲天悯人的深情等内容，对于当代也具有十分重要的意义。社会主义核心价值观建设已经吸纳了部分优秀传统文化。人们对于这些已经融化在心灵深处的内容有着非常深厚的情感，甚至一些人视之为自己安身立命之精神依托，视之为自己的精神家园。而社会主义核心价值体系对这些内容的弘扬与人们内心深处的精神家园产生了强烈的共鸣，而这种精神共鸣乃是塑造社会主义核心价值体系吸引力和凝聚力的关键之所在。

第三，善于吸收人类文明中的优秀成果，推动社会主义核心价值观建设。

西方政治文明中有很多有价值的东西是我们应该借鉴的，以增强社会主义核心价值观的吸引力和凝聚力，更符合现代社会的时代特征。具体来说：一是尊重个体的权利。从政治哲学的视角看，整个社会的发展就是一个从“群体本位”向“个体本位”嬗变的过程。古代社会由于生产力水平低下，个体无法单独存活，必须依赖于群体而存在，这就导致个体性被整体所淹没。随着社会的发展，更高的社会生产力水平为个体的独立奠定了物质基础，而且近代市场经济的发展为个体独立性的觉醒提供了机遇。由霍布斯、洛克等倡导的政治自由主义就是张扬个体精神的政治哲学，后来成为资本主义的核心政治思想。其中对于权利的保护，是人们自我利益的保护，必然会吸引人们的关注。二是公共权力领域和私人领域边界的清晰划分。中国的古代社会是一个家国同构的社会，不存在公共领域，也就无须划分公共权力领域和私人领域的边界。但是现代社会是一个公共权力领域和私人领域边界清晰界定的社会。在西方思想家那里，公共权力的边界十分明确：那些私人领域能够处理的事情就是公共权力领域的边界，只有那些私人领域无法处理的事情才是公共权力施展的空间，公共权力超越其边界的任何行为都是不合法的。这是现代政治文明的主要特征之一，也是我们应该吸收借鉴的。同时这些内容是对个人私权利的保护，因此也会对广大人民群众产生比较强烈的吸引力。三是在具备强烈的个人权利意识的同时具有比较强烈的集体精神。西方社会不仅具有强烈的个体主体观念和权利意识，而且还具有比较强烈的集体精神，他们并不都是将所有的时间和精力都用在个体私人领域，而是花相当多的时间、精力、财力在公共事务上。西方国家很多公民自发做义工，积极参与公益事业，甚至很多学校将做义工定为学生的必修课。我国改革开放以来，在向现代的社会主义市场经济社会的变迁过程中，人们的权利意识确实开始觉醒，但是人们的公共精神、责任意识则没有太大的提升，甚至在一定程度上有所下降，人们在公共事务方面的积极性不足。在这方面我们也需要借鉴西方的一些文化因素和具体措施。

二、把社会主义核心价值观融入推动中国式现代化进程

提出中国式现代化，并明确以中国式现代化推进中华民族伟大复兴，这是党的二十大报告的一个重大理论创新，推进中国式现代化是现阶段最大的政治，正如党的二十届三中全会强调的，当前和今后一个时期是以中国式现代化推进强国建设、民族复兴伟业的关键时期，要把培育和践行社会主义核心价值观融入中国式现代化建设。

社会主义核心价值观聚焦于中国式现代化的文化层面。习近平总书记在文化传承发展座谈会上的讲话中强调："'第二个结合'让马克思主义成为中国的，中华优秀传统文化成为现代的，让经由'结合'而形成的新文化成为中国式现代化的文化形态。"① 经由"第二个结合"而形成的文化生命体是中国式现代化的精神力量，是中国式现代化的文化形态，社会主义核心价值观是"两个结合"的结果，它一方面继承和发展了马克思主义的价值精髓，一方面继承和发展了中华优秀传统文化的精神，并使二者有机结合起来。中国式现代化所包含的中国特色包括：中国式现代化是人口规模巨大的现代化，是全体人民共同富裕的现代化，是物质文明和精神文明相协调的现代化，是人与自然和谐共生的现代化，是走和平发展道路的现代化。中国式现代化的本质要求包括坚持中国共产党领导，坚持中国特色社会主义，实现高质量发展，发展全过程人民民主，丰富人民精神世界，实现全体人民共同富裕，促进人与自然和谐共生，推动构建人类命运共同体，创造人类文明新形态。同以资本为主导的西方现代化不同，中国式现代化是社会主义的现代化，是对资本逻辑的超越和驾驭。社会主义核心价值观是中国式现代化的文化形态，社会主义核心价值观的国家层面包括倡导富强、民主、文明、和谐，这是建设社会主义现代化强国的追求，我党"第二个百年奋斗目标"就是"从二〇三五年到本世纪中叶把我国建成富强民主文明和谐美丽的社会主义现代化强国"，② 社会主义核心价值观的国家层面就是中国式现代化所要实现的目标。

社会主义核心价值观是精神文明建设的重要内容。物质文明和精神文明相协调是中国式现代化的重要特征，社会主义核心价值观是精神文明建设的重要方面，提高全社会的文明程度是社会主义核心价值观的重要内容。社会主义核心价值观的社会层面包括倡导自

---

① 习近平：《在文化传承发展座谈会上的讲话》，《求是》2023 年第 17 期。

② 习近平：《习近平著作选读》（第一卷），人民出版社 2023 年版，第 20 页。

由、平等、公正、法治，这是现代人应该具有的文明状态。现代人的精神世界应该是和谐的，但不应该是那种从属的和谐。现代社会的核心政治理念在于人民是国家的主人，人们不再需要服从别的外在权威，而是要做自己的主人。与此相适应，人们应该形成包括法治意识、自由意识、民主意识、参与精神在内的现代公民意识，这是现代社会正常运转的基石，如果没有现代公民意识，各种现代民主制度，即便已经设计得相当完备，也很难真正发挥作用。公民意识属于精神世界里的显意识层面，虽然不是精神世界的核心层面，但它对于形成个性丰富、主体意识浓烈的现代精神世界具有重要的意义。

社会主义核心价值观服务于丰富人们的精神世界。人的现代化是中国式现代化的重要内容，人的现代化需要有充实的精神世界。人是精神和肉体的统一，人的全面和谐发展也必然表现在肉体和精神这两个方面的和谐发展上。当今世界，科技飞速发展，经济突飞猛进，人们的物质生活得到了巨大的满足，但是，人们的精神世界并没有以同样的幅度变得更丰富和充实。要建构和谐社会，我们必须深入探讨人的精神世界。从根源上来说，人的精神世界是对客观世界的反映，所以，现实社会的变迁必然会对精神世界产生巨大的影响。物质世界发展了，精神世界应当得到相应的发展。但是，当今许多人专注于打造物质世界，而忽略了自己的精神家园。久而久之，人们的精神家园荒芜了，焦虑、苦闷、痛苦、无聊、彷徨成为当今困扰人们的难题。时代要求我们去探索人的精神世界。丰富人的精神世界就要充分发挥社会主义核心价值观的引领作用，用优秀的文化作品感化人、充实人。社会主义核心价值观的个人层面包括倡导爱国、敬业、诚信、友善，人们应该在这种价值追求过程中充实自我、提升自我。谷文昌在福建东山工作了 15 年，带领全县人民拼搏奋战，把一个荒漠化的孤岛建设成为海上绿洲，在老百姓心中树起了一座不朽的丰碑。“守岛英雄”王继才和妻子在荒无人烟的海岛上守岛 32 年，用无怨无悔的坚守和付出，在平凡的岗位上书写了不平凡的人生华章。我们应该有这样的精神，这是精神充实的根本。现代化给人的印象总是激烈的竞争、紧张的工作、匆忙的生活，如何丰富、充实人们的精神生活已经成为时代的命题。丰富人们的精神生活，充实人们的精神世界，一个重要的方面，就是发展文化艺术，让人们真正沉浸在文化艺术的享受中，沉浸在美的体验中，这对于精神世界的陶冶与涵养具有十分重要的意义。诗歌、绘画、音乐、小说等都是充实人们精神世界的方式。

三、把社会主义核心价值观融入治理体系和治理能力现代化

核心价值观是一个民族赖以维系的精神纽带，是一个国家重要的稳定器。社会主义核心价值观是当代中国精神的集中体现，凝结着全体人民共同的价值追求。培育和弘扬核心价值体系和核心价值观，是治国理政的内在要求。

社会主义核心价值观凝聚精神力量，推动社会发展。社会治理的重要目的在于培育积极向上的社会氛围，引导人们追求正能量，把整个社会的精力和干劲充分调动起来。那么，精神世界与社会发展到底是什么样的关系呢？第一，充实的精神世界可以促进社会的发展。人都是由精神支配的，虽然从根源上来说，精神是对客观世界的反映，是第二性的，但是，精神一旦形成，就会对人的行动起到能动的支配作用。社会是由无数个体组成的，如果每个人都有丰富充实的精神世界，都有自强不息的精神和冲天的干劲，那这个社会必然发展很快。反之，社会就会发展缓慢，乃至停滞不前。第二，从社会发展对精神世界的影响来看，社会发展最终是人的发展，要落实到人身上，人的发展应该是一个全面的发展，不仅包括物质生活的改善，而且还包括精神世界的丰富和充实。

社会主义核心价值观培育坚定的理想信念。“理想信念是事业和人生的灯塔，决定我们的方向和立场，也决定我们的言论和行动。”“领导干部一旦丧失了理想信念，就会把握不住自己，就会迷失方

向，不仅会越过做党员的底线，而且会越过做人的底线。”[①] 社会主义核心价值观对于引领整个社会的理想信念问题具有重要的积极作用。没有理想信念，或者理想信念不坚定，精神上就会“缺钙”，就会得“软骨病”。理想信念动摇是最危险的动摇，理想信念滑坡是最危险的滑坡。习近平总书记在2021年秋季中央党校中青班开班式上的讲话中说：“我一直强调，对我们党的理想信念，不要语焉不详，不要吞吞吐吐，而是要旗帜鲜明、理直气壮讲。共产党一旦丢了自己的理想信念，那就同其他政党没什么本质区别了，就会失去精神动力和精神纽带，就会成为乌合之众，难逃失败的命运。所以，我反复强调，理想信念是共产党人精神上的‘钙’，共产党人如果没有理想信念，精神上就会‘缺钙’，就会得‘软骨病’，必然导致政治上变质、经济上贪婪、道德上堕落、生活上腐化。”“对党员干部来讲，是有坚定理想信念，还是满脑子功利私欲，决定着一个人的思想境界和行为举止”，“我常说要修炼共产党人的‘心学’，坚持学思用贯通、知信行统一，其中一个重要目的就是要求党员干部坚定理想信念、增强党性”。[②] 信仰的工作就是敢于为民担当，为事业担当。价值观和理想信念问题是领导干部的“总开关”，要把好这个总开关，把社会主义核心价值观培育看作自己的事情，而不是外在的要求，把外在的价值规范转化为自己的自觉追求，这就是我们所要追求的价值。

本章小结

积极培育和践行社会主义核心价值观是习近平文化思想的重要组成部分，是中国特色社会主义事业的精神支撑，是中国特色社会

① 中共中央党史和文献研究院：《习近平关于全面从严治党论述摘编（2021年版）》，中央文献出版社2021年版，第173—174页。

② 习近平：《努力成为可堪大用能担重任的栋梁之才》，《求是》2022年第3期。

主义事业的稳定器。当今世界进入了动荡变革期，机遇和挑战并存，不确定、难预料因素增多，中华民族伟大复兴事业进入了关键时期，社会矛盾的转化对经济社会发展提出了更高的要求。我们党肩负任务的繁重性、面临挑战的严峻性世所罕见、史所罕见，应对挑战、实现中华民族伟大复兴需要凝聚一切可以凝聚的力量。社会主义核心价值观是“最大公约数”，是各族人民的“精神纽带”，能够凝聚中华民族的力量，积极培育和践行社会主义核心价值观是时代的需要，是中国特色社会主义事业发展的需要。广泛践行社会主义核心价值观最关键的是推动社会主义核心价值观入心入脑、内化于心、外化于行，坚持用社会主义核心价值观铸魂育人。为此要推动社会主义核心价值观落细、落小、落实，推动社会主义核心价值观深化、内化、转化，用社会主义核心价值观引领社会发展。社会主义核心价值观通过凝心铸魂推动中国特色社会主义事业发展，是中国式现代化的重要内容，也是治理体系和治理能力现代化的重要方面。

思考题

1. 如何理解社会主义核心价值观是国家的重要稳定器？

2. 如何实现社会主义核心价值观入心入脑、内化于心、外化于行？

3. 如何把社会主义核心价值观融入治理体系和治理能力现代化中？

第三章　提高全社会文明程度

不断提高全社会文明程度，既是全面建设社会主义现代化国家的重要目标和重要保证，也是建设社会主义文化强国的重大任务。习近平总书记在党的二十大报告中明确指出："提高全社会文明程度。实施公民道德建设工程，弘扬中华传统美德，加强家庭家教家风建设，加强和改进未成年人思想道德建设，推动明大德、守公德、严私德，提高人民道德水准和文明素养。统筹推动文明培育、文明实践、文明创建，推进城乡精神文明建设融合发展，在全社会弘扬劳动精神、奋斗精神、奉献精神、创造精神、勤俭节约精神，培育时代新风新貌。"这一论述深刻把握了全面建设社会主义现代化国家的文化导向，指明了文化强国的文明水准和社会基础，为提高全社会文明程度提供了根本遵循和行动指南，对建设社会主义文化强国、建设中华民族现代文明，具有重大意义。

第一节　文明成为现代化国家的显著标志

"文明是现代化国家的显著标志"，[①] 提高全社会文明程度是建设社会主义文化强国的一项重大任务。

一、文化与文明

文化与文明是人文社会科学领域的两个重要范畴，二者相互关

① 习近平：《习近平谈治国理政》（第四卷），外文出版社 2022 年版，第 310 页。

联，又有各自的含义。

（一）文化的含义

文化的概念起源早。《周易》中说“观乎人文以化成天下”的“人文”，就有文化之意。西汉刘向《说苑》说：“圣人之治天下也，先文德而后武力。凡武之兴为不服也。文化不改，然后加诛。”① 这里所说的“文化”指文治教化，与武力相对应，和文明有某种联系。西方“文化”一词主要来源于拉丁文 cultura，是指耕作、培养、教育、发展出来的事物，与自然存在的事物相对而言。在古希腊、古罗马时期，文化被理解为改造并完善人的内在世界、使人具有理想公民素质的过程。15 世纪以后，把对人的品德和能力的培养也称为文化。

古今中外对“文化”的界定有数百种。英国文化人类学家泰勒在《原始文化》一书中，第一次把“文化”作为一个中心概念提了出来，并将其含义表述为：“文化，或文明，就其广泛的民族学意义来说，是包括全部的知识、信仰、艺术、道德、法律、风俗以及作为社会成员的人所掌握和接受的任何其他的才能和习惯的复合体。”② 他将“文化”与“文明”看作同义语，指作为人类活动的整体成果。美国文化人类学家克罗伯和克拉克洪在《文化：关于概念和定义的探讨》中，收录了 1871 年至 1951 年间西方有关文化的定义 160 多种。他们在分类分析这些定义的基础上，给文化下了个综合定义：“文化存在于各种内隐的和外显的模式之中，借助符号的运用得以学习与传播，并构成人类群体的特殊成就，这些成就包括他们制造物品的各种具体式样，文化的基本要素是传统（通过历史衍生和由选择得到的）思想观念和价值，其中尤以价值观最为重要。”③ 他们的

---

① 方勇主编，程翔评注：《说苑》，商务印书馆 2018 年版，第 696 页。

② 泰勒：《原始文化》，上海文艺出版社 1992 年版，第 1 页。

③ 徐万邦、祁庆富：《中国少数民族文化通论》，中央民族大学出版社 1996 年版，第 9 页。

这个文化定义为现代东西方许多学者所接受。中国学者对文化的论述也很多。梁漱溟从民族生活的角度对文化加以阐释，认为“文化，就是吾人生活所依靠之一切”，“文化之本义，应在经济、政治，乃至一切无所不包”[①]。陈独秀不赞成文化无所不包，认为文化“是文学、美术、音乐、哲学、科学这一类的事”[②]。

虽说中西方学者对文化定义的表述各异，但有一点是统一的，那就是：文化是人类创造、并为人类所享用的。因此，不管是重大历史事件还是日常生活文化，都是人类历史进程中根据不同的时代和生活需要而创造的。1982 年，联合国教科文组织成员国在墨西哥城举行的第二届世界文化政策大会上，给文化下的定义是：“一个社会或社会群体特有的精神、物质、智力和情感方面的不同特点之总和，（其中）不仅包含艺术和文学，还包括生活方式、人类基本权利、价值观体系、传统和信仰。”2022 年世界文化政策会议再次肯定这一定义。

（二）文明的含义

文明一词在《周易》中多次使用，被用来说明光明美好的社会事物、道德、教育、人的中正行为等。如《周易·彖下传》云：“文明以说，大亨以正，革而当。”《周易·彖上传》又说：“文明以健，中正而应，君子之正也。”到了近代，随着与西方工业社会文化的交流，人们渐渐有了新的与愚昧野蛮相对立的文明观念，出现了“文明戏”“文明婚礼”等说法。五四运动以后，中国学术界曾就东西方文明进行了长时期的讨论，对文明的性质有了进一步的认识。

在西方，“文明”（civilization）一词来源于拉丁文的 civilitas，意思是“公民的”“有组织的”，主要指社会生活的规则和公民的道德。古罗马时期，文明与都市生活联系在一起，用以说明新的伦理

---

① 梁漱溟：《中国文化要义》，学林出版社 1987 年版，第 1 页。

② 乔继堂：《陈独秀散文》，上海科学技术文献出版社 2013 年版，第 141—142 页。

关系。十八九世纪，文明被用来表示一些先进民族在一定历史阶段的社会生活中所显示出来的总的特征，以区别于一些原始民族的生活状态。也有把发明、创造等科学技术的发展及其效率标准看作文明的，还有把社会秩序、道德行为等社会生活的进步及其价值标准看作文明的。总之，“文明是一个相对的词，其范围之大是无边无际的，因此只能说它是摆脱野蛮状态而逐步前进的东西。”①

摩尔根的《古代社会》一书，把人类从低级阶段到高级阶段的发展分为蒙昧、野蛮、文明三个时期，认为文明发生的标志是：阶级（即宫殿或贫富）、金属工具、文字，他还提出了“文明时代”的概念：“人类必须先获得文明的一切要素，然后才能进入文明状态。”② 文明状态不是从天上掉下来的，它是人类摆脱自然界的束缚获得的。人类通过经验、知识等文化的缓慢积累，才从蒙昧野蛮状态进入文明状态，开启文明时代。文明作为一个时代出现有它自己的特征，表现在政治、经济、生活、意识形态等各个领域。可见，文明是“社会发展中各种相互关系的高级属性和积极特征的复合体系，是社会进步和人类开化状态的标志”③。

文明随着时代的发展而不断变化。不同的地区、不同的民族常常会形成不同的文明地区、文明地带。任何文明都体现着一定的社会价值，它总是与人们的一定价值观念联系在一起的。由于价值观是人们在长期的社会生活中形成的，是不同的社会文明发展过程中在观念形态上的凝聚，所以价值观是文明的一种重要表现。

由上所述可见，文明不论是一种社会进步状态还是一种价值观念，总是与文化联系在一起的。

---

① 福泽谕吉：《文明论概略》，北京编译社译，商务印书馆 1992 年版，第 30 页。

② 摩尔根：《古代社会》（上册），商务印书馆 1977 年版，第 28 页。

③ 林坚：《加强多层次文明对话 推进文化强国建设》，《光明日报》2021 年 5 月 21 日。

（三）文化与文明的联系与区别

文化与文明是两个相互联系又有各自含义的概念。文化与文明都是人类在漫长的历史长河中不断探索实践而创造的社会现象，始终随着社会经济基础的发展而不断变化。同时，文化与文明又反过来影响着人类的社会实践和生产生活，也影响着经济建设的发展。但是，文化与文明又有区别。

首先，从时间上看，文化比文明早。虽然文化与文明都是人类创造的，但文明是文化发展到一定阶段的产物。广义上讲，文化即人化，自从有了人，便有了自觉或不自觉的文化创造，但文明的出现却是有了语言文字以后的事。摩尔根曾鲜明地指出："没有文字记载，就没有历史，也就没有文明。"[①] 可以说，文明是文化发展到高级阶段的特征。

其次，从性质上看，文化有积极的和消极的方面，文明是进步状态。虽然文化与文明都是人类创造的成果，但文明只反映人类创造的进步和有积极意义的成果，而文化却反映这些成果的一切方面，不论这些成果是进步的还是落后的，是积极的还是消极的。因此，文明是积极、进步的文化所达到的一个程度，没有进步文化的发展就不会有文明的发展。

最后，从内容和形式上看，文化为表，文明为里。虽然文化与文明都是人类的社会现象，但文化主要表现为物质或精神的发展状态，只有当它构成人们的社会物质生活方式、群体生活方式和精神生活方式时，它才能成为文明。文化是文明的外在形式表现，文明是文化的内在价值蕴涵。文化的外在形式借助文明的内在价值而表现出意义，文明的内在价值通过文化的外在形式而得以实现。

总之，文化与自然相对，文明与野蛮相对。文化创造文明，文明推动文化。文化中有文明，文明中有文化。两者的关系是相对的，

---

① 摩尔根：《古代社会》（上册），商务印书馆 1977 年版，第 30 页。

也是互相包容的。

二、文明是现代化国家题中应有之义

（一）何谓现代化

“现代化”一词来源于英文单词“现代”（modern），是形容词。根据韦氏辞典，“modern”大约产生于 1585 年，有两层含义：（1）表示性质：现代的，新近的，时髦的；（2）表示时间：现代的，指从大约 1500 年到当前这段历史时间。“modernize”是动词，产生于 1748 年，含义是使现代化（成为具有现代特点的、成为现代的），使适合现代需要。作为名词的“modernization”产生于 1770 年。由此推论，“现代化”具有两个基本词义：（1）成为现代的、适合现代需要；（2）大约 1500 年以来出现的新特点、新变化。

有一种观点认为，现代化作为一种全球性运动，首先发轫于 1500 年前后的西欧。虽然从现代化启动之始就存在有关现代化的思想和观念，但直到诺贝尔经济学奖得主西蒙·库兹涅茨创办的《文化变迁》杂志于 1951 年 6 月召开的学术会议上开始使用“现代化”的概念，随着“现代化理论”的普及，这一概念才流行起来。真正对现代化问题进行专门、系统的研究是在 20 世纪 60 年代开始的。西方有学者以单一学科视角来探讨现代化概念，提出了经济现代化、政治现代化、个人现代化、文化现代化、生态现代化等理论；有学者注意到现代化是一个内容丰富、涵盖面广的概念，从综合的视角来界定现代化，如美国学者亨廷顿就说：“现代化是一个多层面的进程，它涉及人类思想和行为所有领域里的变革。”[①] 我国现代化研究较国外起步晚，在批判吸收国外学者研究成果的基础上，侧重从整

① 亨廷顿：《变化社会中的政治秩序》，生活·读书·新知三联书店 1989 年版，第 30 页。

体变迁视角来理解现代化。如罗荣渠从广义和狭义两个方面考察："广义而言，现代化作为一个世界性的历史过程，是指人类社会从工业革命以来所经历的一场急剧变革，这一变革以工业化为推动力，导致传统的农业社会向现代工业社会的全球性的大转变过程，它使工业主义渗透到经济、政治、文化、思想各个领域，引起深刻的相应变化；狭义而言，现代化又不是一个自然的社会演变过程，它是落后国家采取高效率的途径（其中包括可利用的传统因素），通过有计划地经济技术改造和学习世界先进，带动广泛的社会改革，以迅速赶上先进工业国和适应现代世界环境的发展过程。"①

总之，现代化是从传统社会向现代社会转变的进步性历史过程，这种转变发生在经济、政治、文化、社会、生态等多个方面，是一种社会整体的变迁。

（二）中国式现代化的历史演进

从鸦片战争后至20世纪上半叶，中国在技术、工业、制度、文化等领域不断学习、模仿和追随西方现代化进程，但历经多次尝试，均以失败告终。中国共产党成立后，不仅致力于为民族谋复兴、为人民谋幸福，而且开始了中国式现代化道路的探索和实践。

新民主主义革命时期，中国共产党团结带领人民，浴血奋战、百折不挠，经过北伐战争、土地革命战争、抗日战争、解放战争，推翻帝国主义、封建主义、官僚资本主义三座大山，建立了人民当家作主的中华人民共和国，实现了民族独立、人民解放，为实现现代化创造了根本社会条件。

1945年，毛泽东在党的七大所作的《论联合政府》报告中提出，中国工人阶级肩负两大斗争任务，一是建立新民主主义的国家，二是实现国家的工业化、农业近代化。② 1964年召开的第三届全国

① 罗荣渠：《现代化新论》，北京大学出版社1993年版，第16—17页。

② 《毛泽东选集》（第三卷），人民出版社1991年版，第1081页。

人民代表大会上，周恩来正式提出现代农业、现代工业、现代国防和现代科学技术“四个现代化”的建设目标，并明确了实现四个现代化的时间是在20世纪内，步骤是“两步走”。新中国成立后，中国共产党团结带领人民进行社会主义革命和建设，确立社会主义基本制度，建立起独立的较完整的工业体系和国民经济体系，为现代化建设奠定根本政治前提，提供宝贵经验、理论准备、物质基础。

1979年，邓小平同志在不同场合多次使用“中国式的现代化”[①]概念，明确指出中国式的现代化是社会主义的现代化，是以经济建设为中心的现代化，是实现社会全面进步的现代化。改革开放和社会主义建设新时期，党和国家工作中心转移到经济建设上，实行社会主义市场经济体制，实现了从生产力相对落后到经济总量跃居世界第二的历史性突破，实现了人民生活从温饱不足到总体小康、奔向全面小康的历史性跨越，为中国式现代化提供了充满新的活力的体制保证和快速发展的物质条件。

党的十八大以来，中国共产党在已有基础上继续前进，不断实现理论和实践上的创新突破，成功推进和拓展了中国式现代化。在认识上，概括形成中国式现代化的中国特色、本质要求和重大原则，初步构建中国式现代化的理论体系；在战略上，深入实施科教兴国、人才强国、乡村振兴等重大战略，为中国式现代化提供坚实战略支撑；在实践上，推进一系列变革性实践，取得了全面建成小康社会、历史性地消除了绝对贫困等举世瞩目的实践成就，为中国式现代化提供了更为完善的制度保证、更为坚实的物质基础、更为主动的精神力量。

总之，中国式现代化是中国共产党领导的社会主义现代化。中国共产党的领导决定中国式现代化的根本性质，确保中国式现代化锚定奋斗目标行稳致远，激发建设中国式现代化的强劲动力，凝聚建设中国式现代化的磅礴力量，是中国式现代化最鲜明的特征和最

---

① 《邓小平文选》（第二卷），人民出版社1994年版，第194、237页。

突出的优势。

（三）文明是现代化国家题中应有之义

恩格斯指出："文明是实践的事情，是社会的素质。"① 从人们要生存就必须从事物质生产这一事实出发，马克思确定物质生产实践活动和在物质生产实践活动中形成的物质生产能力的提高是文明发展的终极原因。正是在物质生产实践活动中，人们在改造自然的同时，也改造着人自身。随着生产能力的提高，人们满足自身基本生活需要的能力也不断提高，在满足了自身物质生活需要的基础上，社会的文明和理性程度不断提升。

19 世纪 50 年代后期，马克思提出人类社会发展，即文明发展的三大形态理论，即人的依赖关系阶段、以物的依赖性为基础的人的独立性阶段和实现人的全面发展的自由人的联合体阶段。第一大形态是资本主义社会以前的各个社会形态，由于社会生产力水平低下，"生产能力只是在狭窄的范围内和孤立的地点上发展着"，由此形成的生产关系是人的依赖关系，也即人们之间的等级关系。第二大形态是资本主义社会，生产能力的发展已经"形成普遍的社会物质变换、全面的关系，多方面的需求以及全面的能力体系"，② 由此形成的生产关系是以物的依赖性为基础的人的独立性，也即不是依赖于人，而是依赖于市场和货币的平等关系。第三大形态是共产主义社会，生产能力的发展已经能够实现个人的全面发展，由此形成的生产关系使生产能力成为从属于社会的、共同的财富，而不再是剥削他人的手段。

当前，人类文明处于第二大形态向第三大形态过渡的漫长进程中。发达资本主义国家由于在生产力发展水平上大大领先于发展中国家，客观上使它们处于第二大形态的较高级阶段，而发展中国家

---

① 《马克思恩格斯文集》（第一卷），人民出版社 2009 年版，第 97 页。

② 《马克思恩格斯全集》（第四十六卷，上），人民出版社 1979 年版，第 104 页。

则处于第二大形态的较低级阶段。作为发展中国家的中国，在中国共产党领导下，长期不懈地推动着中国特色社会主义的演进。

现代化是人类文明进程的新篇章。中国式现代化深深植根于中华优秀传统文化。中国人坚持天下为公，民为邦本，所以中国式现代化必然是共同富裕的现代化；中国人相信厚德载物、讲信修睦，所以中国式现代化必然是物质文明和精神文明相协调的现代化；中国人倡导天人合一，尊重自然、热爱自然，所以中国式现代化必然是人与自然和谐共生的现代化，等等。中国式现代化蕴含的独特世界观、价值观、历史观、文明观、民主观、生态观等及其伟大实践，都能够在中华优秀传统文化中找到根源。中国式现代化没有跟在西方国家身后亦步亦趋，而是打破了“现代化＝西方化”的迷思，借鉴吸收一切人类优秀文明成果，创造了人类文明的新形态。文明是现代化国家题中应有之义。

三、提升文明程度，建设现代化国家

文明是现代化国家的显著标志，没有高水平的社会文明，就不可能实现高质量发展，更不可能建成社会主义现代化国家，所以，提高全社会文明程度是建设社会主义文化强国的重要任务，也是以中国式现代化全面推进中华民族伟大复兴的基础与前提。在新时代新征程上，我们要以习近平新时代中国特色社会主义思想为指引，把提高全社会文明程度作为一项重大任务，绵绵用力、久久为功，抓好社会主义精神文明建设，努力推动形成适应新时代要求的思想观念、精神面貌、文明风尚、行为规范，为全国各族人民不断前进提供坚强的思想保证、强大的精神力量、丰厚的道德滋养。

（一）加强道德建设

人无德不立，国无德不兴。道德建设是社会发展的基础。全社会文明程度取决于人民的道德水准和文明素养的高低。实施公民道德建设工程可以说是提高全社会文明程度的关键。2019年中共中央、国务院印发的《新时代公民道德建设实施纲要》，科学分析了新时代对公民道德建设提出的新要求，为推动全民道德素质和社会文明程度达到新高度指明了方向。推动公民道德建设，要坚持以社会主义核心价值观为引领，一切工作围绕着培养和造就担当民族复兴大任的时代新人这个出发点和落脚点，把社会公德、职业道德、家庭美德、个人品德建设作为着力点。推动践行以文明礼貌、助人为乐、爱护公物、保护环境、遵纪守法为主要内容的社会公德，鼓励人们在社会上做一个好公民；推动践行以爱岗敬业、诚实守信、办事公道、热情服务、奉献社会为主要内容的职业道德，鼓励人们在工作中做一个好建设者；推动践行以尊老爱幼、男女平等、夫妻和睦、勤俭持家、邻里互助为主要内容的家庭美德，鼓励人们在家庭里做一个好成员；推动践行以爱国奉献、明礼遵规、勤劳善良、宽厚正直、自强自律为主要内容的个人品德，鼓励人们在日常生活中养成好品行。

（二）培育文明风尚

“风尚或者说社会风尚，是指一个特定的社会中广大人民群众在思考什么、追求什么以及由此所产生的社会风气或社会时尚”①。社会风尚是社会文明程度的重要标志。群众性精神文明创建活动是人民群众群策群力、共建共享、改造社会、建设美好生活的创举，是提升国民素质和社会文明程度的有效途径之一。做好文明创建工作是提高全社会文明程度的着力点，也是培育文明风尚的抓手。进入新时代，要统筹推动文明培育、文明实践、文明创建，深化文明城市、文明村镇、文明单位、文明家庭、文明校园创建工作，推进城乡精神文明建设融合发展。各类创建活动要突出思想道德内涵，坚持创建为民惠民，不断扩大覆盖面，增强实效性，有力推动社会文

① 任晓伟：《推动形成良好社会风尚》，《学习时报》2019年8月14日。

明进步，提升城乡居民的获得感和幸福感。要推动人们在为家庭谋幸福、为他人送温暖、为社会做贡献的过程中提高精神境界，培育文明风尚。

精神是时代风貌的凝结，也是社会文明的重要体现。要提高全社会文明程度，借助融媒体传播范围广、形式多样等优势，在全社会弘扬劳动精神、奋斗精神、奉献精神、创造精神、勤俭节约精神，真正让这五种精神内化于心、外化于形，培育时代新风新貌。

（三）注重榜样力量

伟大时代呼唤伟大精神，崇高事业需要榜样引领。发挥精神引领、典型示范作用，也是提高全社会文明程度的一条有效途径。在我们党领导人民进行革命、建设、改革的各个历史时期，涌现出一大批视死如归的革命烈士、顽强奋斗的英雄人物、忘我奉献的先进模范，他们的先进事迹和崇高精神教育和激励了一代又一代人不懈奋斗。党的十八大以来，党和国家高规格表彰了一批做出杰出贡献的英雄模范，推出一大批道德模范、时代楷模、最美人物、身边好人，为全社会树立了榜样。2015 年 12 月，全国人大常委会通过《中华人民共和国国家勋章和国家荣誉称号法》，更是以法律制度确立荣誉导向。新时代新征程上，我们要广泛开展先进模范学习宣传活动，弘扬道德模范高尚品格，营造崇尚英雄、学习英雄、捍卫英雄、关爱英雄的浓厚氛围；要完善相关法律法规政策，防止英雄模范被恶意歪曲、亵渎。要发挥党和国家功勋荣誉表彰的精神引领、典型示范作用，坚持以德为先，突出功绩导向，做好评选工作，加大褒奖力度，推动全社会见贤思齐、崇尚英雄、争做先锋，把榜样力量转化为亿万群众的生动实践。

（四）提高科普能力

崇尚科学，才能走向文明。科学知识的普及是人们提高生活品质、社会提高文明程度的必备途径，党的二十大报告就提出加强国家科普能力建设。国家科普能力，是指“一个国家科学技术普及的综合实力，是国家为提升公民科学素质和促进科技创新面向全社会提供科普产品和服务的能力，而国家科普能力建设是一个国家综合运用其科技和社会资源、持续推动高质量科普的系统工程”。① 新时代人们对科普的需求日趋前沿化、精细化、分众化。面对时代之变、人民之需，要形成多元化科普投入机制，构建政府、企业、社会组织和个人等多方共同参与的科普工作格局，扩大科普覆盖面；要强化科普全媒体传播矩阵建设，综合运用传统媒体与新媒体的多种传播手段，让科学更好地融入群众日常生活，提升科普吸引力；要打造高水平科普人才队伍，构建完善的科普人才培养体系，把科学知识、科技成果送到群众身边，强化科普惠民性。

我们必须看到，提高全社会文明程度是一个长期、重大而复杂的工程，必须坚持系统观念，持续推进。从新时代中国特色社会主义事业的整体来看，全社会文明程度的提高始终与社会发展、民族进步密切联系，要深入挖掘、充分运用中华优秀传统文化中的道德教化资源，善于从中华民族传统美德中汲取道德养分，引导人们不断提升道德水准。要切实做好加强国家科普能力建设、深化全民阅读活动、完善志愿服务制度和工作体系、弘扬诚信文化、健全诚信建设长效机制等基础性工作，推动形成适应新时代新征程要求的思想观念、精神面貌、文明风尚、行为规范，为以中国式现代化全面推进中华民族伟大复兴凝聚磅礴力量。

第二节　加强新时代家庭家教家风建设

党的十八大以来，注重和加强家庭家教家风建设已经从党领导

---

①　王唯滢等：《加强国家科普能力建设：时代使命、基本内涵与实践路径》，《科普研究》2024 年第 1 期。

家庭制度变革和建设的实践经验总结，提升为马克思主义家庭观中国化时代化的最新理论成果，成为我们党以中国式现代化全面推进中华民族伟大复兴的中心任务之一。党的二十大更将“加强家庭家教家风建设”首次写入党代会报告，充分体现了党和国家对家庭工作的高度重视，进一步凸显了家庭在国家发展、民族进步、社会和谐中的基石作用，为推动新时代家庭家教家风建设高质量发展提供了根本遵循。

一、新时代加强家庭家教家风建设的重要意义

孟子曰：“天下之本在国，国之本在家，家之本在身。”[①] 重视家庭和家庭建设是中华民族自古以来的优良传统。但近现代以来，由于受到人类工业化、城市化、信息化、经济全球化浪潮的冲击，中国传统家庭家教家风建设面临外部生活方式、工作方式等生存环境变迁和内部价值结构冲突的挑战，因此加强家庭家教家风建设具有重要意义。

（一）有利于促进个人的全面发展

马克思在《关于费尔巴哈的提纲》中说：“人的本质并不是单个人所固有的抽象物，在其现实性上，它是一切社会关系的总和。”[②] 个人的全面发展要在社会劳动和社会实践中获得。当今社会，信息技术、人工智能的发展，在为个人的全面发展创造条件的同时，也使个人的全面发展面临更多新的挑战，人工智能的使用并不能完全代替人类自身的发展。而家是人的生命之所、生活之所、精神之所。个人的生活基本上是指家庭的生活，这种生活对于每个个体成长来说不可复制、无法替代。习近平总书记多次强调：“无论过去、现在

---

① 杨伯峻：《孟子译注》，中华书局2008年版，第125页。

② 《马克思恩格斯选集》（第一卷），人民出版社2012年版，第135页。

还是将来，绝大多数人都生活在家庭之中。”① “家庭教育涉及很多方面，但最重要的是品德教育，是如何做人的教育。”② 家庭对于一个人品德形成、道德养成、价值观的培育都具有不可替代的作用。新时代紧紧围绕落实立德树人根本任务开展家庭教育，强调以社会主义核心价值观引领家庭家教家风建设，把个人发展放在一个立体结构中，既有内在层面的道德人格基础完善，又有家国层面的贯通发展，还有历史传统的价值融会，为个人发展赋予了新的时代内涵。

青少年时期是人生成长的关键时期，这一阶段的教育主要来自家庭。家庭是人生的第一个课堂，父母是孩子的第一任老师。家长特别是父母对子女的影响很大，往往可以影响子女的一生。但随着经济社会的发展和家庭人口结构的变化，家庭教育出现很多新情况和新问题。有的家长重视应试教育，忽视做人教育；有的家长对孩子生而不养、养而不教、教而无方；有的家长自身行为不端或娇惯放任孩子，导致青少年出现不良行为甚至犯罪。新时代加强家庭家教家风建设，呼吁广大家庭重言传、重身教，教知识、育品德，身体力行、耳濡目染，不仅帮助孩子扣好人生的第一粒扣子，迈好人生的第一个台阶，而且让优秀的家庭家教家风转化为青少年的价值追求，引领青少年规范社会行为，养成良好品质，解决其在成长成才过程中遇到的困难和问题，促进其健康成长和全面发展。

（二）有利于维护社会和谐安定

家庭是社会的细胞，家庭和睦则社会安定。良好的家庭氛围和家风家教有利于形成团结邻里、善待他人、乐善好施的和谐氛围和文明风尚，这有利于化解社会矛盾、维护社会稳定。家风聚为民风，民风汇成国风，家庭建设不仅是修身、立家之本，也是整个社会建设的重要根基和支撑。回望历史，中华文明作为世界上唯一没有中

---

① 习近平：《习近平著作选读》（第一卷），人民出版社 2023 年版，第 544 页。

② 习近平：《习近平著作选读》（第一卷），人民出版社 2023 年版，第 545 页。

断过的文明，其中特别重要的一点是非常重视家庭在国家发展、民族进步、社会和谐中的重要基点作用。在中国人的世界观中，只有每一个家庭和谐美满，整个国家才能安定团结，社会才会繁荣富强。进入新时代，随着百年未有之大变局加速演进，世界多极化、经济全球化向纵深发展，文化交流交锋更加频繁，我国的家庭生活从结构、观念、内容、形式上都发生了变化，如家庭规模日趋变小，结婚率回落，出生率下降，离婚率增高等。新时代加强家庭家教家风建设，既是对中华民族重家庭、讲家风优良传统的传承，又是更好地应对家庭建设面临时代挑战的需要，对于促进社会和谐安定大有裨益。

家风是社会风气的重要组成部分。“家庭不只是人们身体的住处，更是人们心灵的归宿。家风好，就能家道兴盛、和顺美满；家风差，难免殃及子孙、贻害社会”①。家风与社会风气相辅相成，家风受社会风气影响的同时，又反作用于社会风气。在社会急剧变革时期，社会风气的兴衰、生灭表现得也更为激烈。一段时间内，我国的社会风气存在一些问题，如奢靡浪费、盲目消费、攀比消费等。新时代加强家庭家教家风建设，一方面可以教育引导家庭成员树立正确的世界观、人生观、价值观，自觉抵制歪风邪气，弘扬清风，以好的家风支撑起好的社会风气。另一方面，良好的家庭建设还能影响和辐射家庭成员之外的人的思想品格和行为方式，追求积极向上、文明高尚的生活，促进形成良好社会风尚。

（三）有利于巩固国家的德治之基

家庭是国家发展、民族进步、社会和谐的重要基点。党的二十大在对社会主义文化建设作出重大部署时，将“加强家庭家教家风建设”作为“推进文化自信自强，铸就社会主义文化新辉煌”的重要内容，凸显了加强家庭家教家风建设对于全面建设社会主义现代

---

① 习近平：《习近平著作选读》（第一卷），人民出版社2023年版，第546页。

化国家的重要作用。中国自古就有“修身、齐家、治国、平天下”的优良传统，有“天下兴亡，匹夫有责”的家国情怀，新时代家庭家教家风建设根植于中华传统文化的深厚土壤，充分吸收其思想道德养分，有利于弘扬我国家庭文化的优良传统，强化中华民族赖以生存和发展的道德根基和价值基础。

家是最小国，国是千万家。家庭的前途命运同国家和民族的前途命运紧密相连。和谐的家庭可以培养出更多优秀公民，稳定的国家能够为家庭带来更多的幸福。我们既要认识到，千家万户都好，国家才能好，民族才能好；也要认识到，国家好，民族好，家庭才能好。家庭家教家风建设既是家事，也是国事，是构成“德治”的重要基础。2022 年 1 月 1 日起，《中华人民共和国家庭教育促进法》正式施行，家庭教育由以家规、家训、家书为载体的传统模式，向以法治为引领和驱动、以社会主义核心价值观为主要内容、以立德树人为根本任务的新模式迭代升级，将家庭教育由传统“家事”上升为新时代的重要“国事”。家庭家教家风建设由个人的“私德”扩展为国家建设的“公德”，实现了与社会主义核心价值观的结合，有利于巩固国家的德治之基。

二、新时代家庭家教家风建设的主要内容

习近平总书记在 2015 年春节团拜会上强调：“不论时代发生多大变化，不论生活格局发生多大变化，我们都要重视家庭建设，注重家庭、注重家教、注重家风，紧密结合培育和弘扬社会主义核心价值观，发扬光大中华民族传统家庭美德，促进家庭和睦，促进亲人相亲相爱，促进下一代健康成长，促进老年人老有所养，使千千万万个家庭成为国家发展、民族进步、社会和谐的重要基点。”① 这

---

① 习近平：《在 2015 年春节团拜会上的讲话》，《中国青年报》2015 年 2 月 18 日。

一论述，深刻地指出家庭建设包括家庭、家教、家风等丰富内容。家庭家教家风建设是一个密不可分的有机整体。家庭是家教家风的承载主体，家教是家风的弘扬手段，家风是家庭道德的基本标识。由于我国社会主要矛盾和家庭领域发生的新变化，新时代家庭家教家风建设的主要内容对传统文化既有继承，也有创新，重点概括为三个方面：

（一）继承中华民族传统家教家风思想的精华

中华民族自古以来就有重视家庭家教家风的传统，形成了周公诫儿、孔鲤过庭闻训、曾子杀猪教子、孟母择邻而居、岳母刺字等家风家教历史典故，留下了《孔子家语》《诫子书》《颜氏家训》等无数脍炙人口的家规、家训和治家格言。内涵丰富的中华优秀传统家风文化，其核心是着眼于化育人，引导家庭成员崇德向善，树立家国天下的情怀，做一个对家庭和社会有用的人。

颜之推在《颜氏家训》中说，读书治学当以“增益德行，敦厉风俗”[①] 为第一要务。曾国藩给弟弟的信中说：“吾人只有进德、修业两事靠得住。”[②] 在传统家教家风中，立德是根本，尤其强调道德教育应尽早，“养正于蒙”[③] “教子婴孩”[④]，要求对个体从小培养他们的道德行为习惯和道德品质。崇德向善、见贤思齐是家教家风内容的价值取向。同时，传统家教家风将国家和民族的需要作为个人价值和家族价值的最高追求，有“天下兴亡，匹夫有责”的责任和担当，有“精忠报国”的决心和壮烈，有“苟利国家生死以，岂因祸福避趋之”的凛然和无畏……继承和弘扬中华优秀传统家风文化，不仅是新时代家庭家教家风建设应有的主要内容，还应结合当前家庭建设的实际需要，对传统家庭家教家风思想进行创造性转化、创

① 颜之推：《颜氏家训》，中华书局 2011 年版，第 98 页。

② 曾国藩：《曾文正公家书》，中国书店出版社 2011 年版，第 59 页。

③ 程颢、程颐：《二程集》，中华书局 1982 年版，第 72 页。

④ 金滢坤：《童蒙文化研究》（第一卷），人民出版社 2016 年版，第 285 页。

新性发展，不断增强其时代性和时效性，使其在与时俱进中绽放异彩。

（二）赓续中国共产党人红色家风传统

重视家风建设，是我们党的优良传统。“红色家风是中国共产党人尤其是无产阶级革命先辈在中国革命、建设和改革实践中所形成的生活作风、理想信念、道德情操、精神风范等的集中体现”①，也是新时代家庭建设的主要内容之一。由于红色文化是以中华优秀传统家风文化为积淀、以马克思主义理论为指导、以革命家庭为载体而形成的，所以在基本内核和表现形式上有别于一般的家风传承和道德教化。

红色家风的第一个鲜明特点是忠党爱国、矢志奉献。这既体现了中国共产党人基本的家庭生活准则、风范和旨向，也彰显了他们先“大家”后“小家”、舍“小家”为“大家”的根本价值追求，体现了他们报效国家、服务人民的深厚家国情怀。2019 年 7 月 9 日，习近平总书记在中央和国家机关党的建设工作会议上强调：“党员领导干部要把对党忠诚纳入家庭家教家风建设，引导亲属子女坚决听党话、跟党走。”②

红色家风的第二个核心因子是正确的价值导向、崇高的目标追求和坚定的理想信念。目标引领的崇高性正是红色家风区别于其他家风的重要之处。无论是在革命实践还是在日常生活中，中国共产党人总是以对马克思主义的坚定信仰和崇高理想来砥砺亲友、教育后辈，使红色家风哺育了一代又一代人，培养了一批又一批马克思主义的坚定信仰者。可见，红色家风不只是个体实践，也影响着党风、政风，关系着社风、民风。习近平总书记提出：“我们着眼于以

① 于安龙：《红色家风与社会主义核心价值观培育：要义、理路与策略》，《社会主义核心价值观研究》2021 年第 3 期。

② 中共中央党史和文献研究院：《习近平关于注重家庭家教家风建设论述摘编》，中央文献出版社 2021 年版，第 40 页。

优良党风带动民风社风，发挥优秀党员、干部、道德模范的作用，把家风建设作为领导干部作风建设重要内容，弘扬真善美、抑制假恶丑，营造崇德向善、见贤思齐的社会氛围，推动社会风气明显好转。”①

红色家风的第三个特征是清正廉洁、公私分明。正确处理好权与钱、权与情的关系，准确把握好公与私、是与非的界限，可谓其核心。忠诚的共产党员热爱家庭但公私分明，儿女情长但不谋私利，孝老爱亲但不搞特权。他们严于律己、坚守底线，始终以国家利益、党的利益为重，严格要求自己的家庭成员，坚决反对自己亲友“搭便车”“捞好处”“送人情”等行为。习近平总书记指出，“每一位领导干部都要把家风建设摆在重要位置，廉洁修身、廉洁齐家，在管好自己的同时，严格要求配偶、子女和身边工作人员。”②

（三）推动形成社会主义家庭文明新风尚

2016 年 12 月 12 日，习近平总书记会见第一届全国文明家庭代表时强调，要动员社会各界广泛参与家庭文明建设，“推动形成爱国爱家、相亲相爱、向上向善、共建共享的社会主义家庭文明新风尚”。③ 习近平总书记提出的“社会主义家庭文明新风尚”这一科学概念集中体现了新时代家庭文明的三大核心内容：一是从爱人、爱家和爱国三个层面体现出来的情感风尚，二是奋发向上、崇德向善的精神风尚，三是人人有责、一起参与、共建共享的体制风尚。这既是家庭文明建设体系的行动指南和最终方向，也是新时代家庭家教家风建设的主要内容。

情感风尚是新时代家庭文明的重要基石。家庭文明建设意味着

---

① 中共中央党史和文献研究院：《习近平关于注重家庭家教家风建设论述摘编》，中央文献出版社 2021 年版，第 34 页。

② 中共中央党史和文献研究院：《习近平关于注重家庭家教家风建设论述摘编》，中央文献出版社 2021 年版，第 34 页。

③ 习近平：《习近平著作选读》（第一卷），人民出版社 2023 年版，第 548 页。

要使新时代家庭越来越充满家庭成员之间的相亲相爱、对家庭的挚爱和对国家的热爱。中华民族自古以来就重视家庭，血脉亲情、家乡意识、家国情怀等。把“爱国爱家、相亲相爱”纳入社会主义家庭文明新风尚，体现出新风尚的历史积淀与民族积累，同时又在此基础上融入新的理解与建构，如“把爱家和爱国统一起来，把实现个人梦、家庭梦融入国家梦、民族梦之中”，[①] 就是对“在家尽孝、为国尽忠”新的诠释与发展。

精神风尚是新时代家庭文明的发展方向。新时代家庭家教家风建设以社会主义核心价值观为统领，这就与封建社会和资本主义社会的家庭文化有所不同。我国传统家庭文化虽有尊老爱幼等美德，但也有等级森严、男尊女卑、缺乏民主等糟粕；西方资本主义家庭提倡平等，但也有极端个人主义等思想意识侵蚀家庭文明。“相亲相爱、向上向善”体现了对封建社会家庭文化和资本主义社会家庭文化的双重超越，在社会主义家庭文明新风尚中充分彰显社会主义的先进理念和核心价值观。

体制风尚是新时代家庭文明的实施路径。“共建共享”揭示了新时代家庭建设的主体多元性和成果共享性。一方面在家庭内部，“共建共享”是一种建立在家庭成员没有等级之分、权势之别的新型地位关系之上的家庭建设机制，强调所有家庭成员均是建设者和享有者。另一方面在家庭外部，“共建共享”强调家庭建设需要来自各级党委和政府，工会、共青团、妇联等群众团体以及社会各方面力量的支持，形成家庭和社会的开放合作、彼此之间的双向互动和利益互惠。

三、新时代家庭家教家风建设的路径与举措

党的十八大以来，以习近平同志为核心的党中央高度重视家庭

① 中共中央党史和文献研究院：《习近平关于注重家庭家教家风建设论述摘编》，中央文献出版社 2021 年版，第 69 页。

工作，把家庭家教家风建设上升到治国理政的新高度，这就决定了新时代家庭家教家风建设可以从两个方面着力：一方面是回归到家庭场域，从重视家庭教育、培植优良家风、建设文明家庭等着手，共同推进家庭家教家风建设走深走实。另一方面是优化社会环境，通过深化教育引导、推动实践养成、强化制度保障等措施，推动家庭家教家风建设高质量发展。具体实践过程中，这两个方面应相互交融、相互促进。

（一）新时代加强家庭家教家风建设的路径

1．重视家庭教育

家庭教育是孩子的第一课堂，父母是孩子的第一任老师。家庭教育承担着启蒙养正、明理成人的重担，但当今许多家长忽视家庭教育，习惯性地将教育推向学校和社会，殊不知学校教育重在知识传授，社会教育重在面向成年劳动者，家庭教育则是人最初智慧启蒙和文化开蒙的第一场所，并纵贯人的一生，持续不断地起作用。新时代加强家庭教育，重点需要注意两个方面：一是要有科学的家庭教育理念。要转变当前许多家庭中存在的重知识轻情感、重分数轻能力等观念，建立科学的、重视培养综合素质的教育理念。家庭教育不仅指孩子需要接受教育，家长也需要学习提升，成员间相互促进，共同成长。二是要优化家庭教育方法。孩子虽小，却也是独立的个体，有着自己的思想和精神世界。家长应尊重孩子身心发展的规律和个体特点，用全面的、发展的、辩证的眼光认识孩子，灵活艺术地运用交谈、表扬、奖励、榜样示范等多种教育方法，培养孩子积极向上向善的道德情操，培育和谐健康的家庭文化。

2．培植优良家风

家风是在一个家庭世代繁衍的过程中逐渐形成的相对稳定的生活作风、道德规范以及待人处事方式，亦即家教在家庭成员内部形成并世代传承的道德风尚。作为一种精神文化现象，家风不仅对家庭中的晚辈具有潜移默化的教化作用，也能制约家庭中长辈的举止行为。培植优良家风，首先要充分发挥家庭的基础作用，在耳濡目染中培育。父母的一言一行、道德品格对子女世界观、人生观和价值观的形成、家风的培育起着导向作用。因此，培育好家风，要立足家庭，处理好家庭关系，提升家庭文明素养。新时代培植优良家风，要切实抓好党员和领导干部这个关键群体，特别是领导干部要始终把个人品德提升和优良家风建设摆在重要位置，“清白做人、勤俭齐家、干净做事、廉洁从政，管好自己和家人，涵养新时代共产党人的良好家风”①。其次，要发挥传统家风文化的滋养作用，在传统与现代的张力中建设。尊老敬老、书香传家、勤俭持家等传统家风，老一辈无产阶级革命家艰苦朴素、廉洁自律、甘愿奉献等红色家风，都是新时代培植优良家风的宝贵资源。今天，应站在现代文明发展的角度，在传统与现代的张力中建设优良家风。

3. 建设文明家庭

新时代建设文明家庭，一方面是社会文明的需要，有助于在全社会形成注重家庭家教家风的良好氛围，推动人们提高精神境界、培育文明风尚；另一方面也是社会进步的表现，有利于提高全民族的综合素质，营造好的社会风气，助力实现中华民族伟大复兴。首先要构建和谐的家庭关系，要坚持以人为本，注重家庭成员的自由参与和民主管理，照顾每位家人的性格和情感，使家庭成员间相亲相爱，既尊敬老人，也爱护幼小，营造温馨和谐的家庭氛围。其次要坚持以社会主义核心价值观为统领，引导家庭成员形成适应新时代要求的思想观念、精神风貌、文明风尚、行为规范。

（二）推动新时代家庭家教家风建设的举措

1. 扎实做好家庭家教家风教育引导工作

一是加强理论武装和研究阐释，将习近平总书记关于注重家庭

① 《深入贯彻新发展理念主动融入新发展格局　在新的征程上奋力谱写四川发展新篇章》，《人民日报》2022 年 6 月 10 日。

家教家风建设重要论述作为党员和领导干部学习教育的重要内容，为实际推进家庭建设奠定坚实的理论基础和知识方法，提升思想自觉和行动自觉。加强对家庭家教家风的理论研究，完善家庭建设理论体系，以便更好地指导家庭家教家风建设实践。二是加强社会宣传和大众传播，在各级党报党刊、电台电视台、新闻网站，在博物馆、图书馆、爱国主义教育基地等文化设施中，开展家庭家教家风主题宣传，讲好家风故事，传播家教理念，营造浓厚的社会氛围。三是强化部门协调联动，各省市县的宣传部门、文明办可协调工青妇部门，联合开展文明家庭、最美家庭、廉洁家庭等的创建活动。通过各类典型示范家庭评选工作，树立起家庭建设鲜明的时代价值取向，形成崇德向善、见贤思齐的浓烈氛围。

2. 推动家庭家教家风建设实践养成

一是将家庭家教家风建设与传统节庆活动相结合。持续开展“我们的节日”活动，抓住春节、元宵、清明、端午、七夕、中秋、重阳等节日契机，组织开展家庭文艺活动、文化讲座、家风故事宣讲、新型婚育文化宣传、时代新风宣传等，吸引群众在参与中传承节日习俗、感悟中国精神、提升文明素养。二是将家庭家教家风建设与深化群众性创建活动相结合。在创建文明城市、文明村镇、文明单位、文明校园的活动中，将家庭家教家风建设作为重要因素纳入考核指标体系，涉及城市、村镇、单位内市民、住户、职工的家庭美德、家教文明、家风传承等。各类创建活动要推动人们在为家庭谋幸福、为他人送温暖、为社会做贡献的过程中提高精神境界、培育文明风尚。三是将家庭家教家风建设与践行绿色生产生活方式相结合。建设美丽中国是全面建设社会主义现代化国家的重要目标，引导每个家庭在日常生活中树立尊重自然、顺应自然、保护自然、与自然和谐共处的生活理念，增强生活用品节约意识、垃圾分类意识、环境保护意识等，倡导简约适度、绿色低碳的生活方式，养成绿色家庭文明，传承绿色家庭风尚。

3. 强化制度保障在家庭家教家风建设中的重要作用

一是建立健全有利于家庭家教家风建设的法律法规政策体系，充分发挥与家庭家教家风建设密切相关的《中华人民共和国民法典》《中华人民共和国婚姻法》《中华人民共和国家庭教育促进法》等各种法律规范的作用，注重保障妇女、儿童、老人和残疾人等弱势群体的权利，促进家庭和谐健康发展。二是大力宣传《中华人民共和国反家庭暴力法》《中华人民共和国未成年人保护法》等法律法规，引导广大家庭成员增强法治意识、坚守道德底线，用法治手段解决家庭家教家风道德建设领域出现的各种问题，促进优良家庭家教家风的形成、巩固和发展。三是彰显公共政策价值导向，把新时代家庭家教家风建设的要求体现到各项经济发展和社会管理政策中，体现到各类制度规范和行为准则中，不断推进家庭矛盾调处的法治化和制度化措施，有效发挥法律法规、公共政策、社会规范对家庭成员的引导约束作用。

第三节　推进城乡精神文明建设融合发展

党的二十大报告指出："统筹推动文明培育、文明实践、文明创建，推进城乡精神文明建设融合发展，在全社会弘扬劳动精神、奋斗精神、奉献精神、创造精神、勤俭节约精神，培育时代新风新貌。"统筹推进城乡精神文明建设融合发展是新时代城乡融合发展的重要议题，是推进物质文明与精神文明协调发展、走中国式现代化之路的题中应有之义。在全面建设社会主义现代化国家的实践中，统筹推进城乡精神文明建设融合发展，不断提高城乡精神文明建设水平，大力培育城乡社会文明新风，有利于全面提高国民素质和全社会文明程度。

一、推进城乡精神文明融合发展的意义

党的二十大报告指出:“全面建设社会主义现代化国家,最艰巨最繁重的任务仍然在农村。”没有农业农村现代化,就没有整个国家现代化。同样,没有农村精神文明建设水平的普遍提高,就没有全社会文明程度的提高。“推动城乡精神文明建设融合发展”,这是对实现城乡精神文明建设协调发展、一体发展提出的新任务新要求,是推进中国式现代化的必然要求,也是促进人的全面发展的重要维度。

(一)推进城乡精神文明建设融合发展是实现中国式现代化的必然要求

党的二十大报告强调,“中国式现代化是全体人民共同富裕的现代化”,“中国式现代化是物质文明和精神文明相协调的现代化”。物质富足、精神富有是社会主义现代化的根本要求。物质生活的共同富裕是前提性和基础性的富裕,精神生活的共同富裕则是更根本和更具决定性意义的富裕。实现社会主义的共同富裕本质,最终要通过人民精神生活的共同富裕来体现。所以,社会主义精神文明是社会主义社会的重要特征,是社会主义现代化建设的重要目标和重要保证,决定着我们建设什么样的国家和社会,培育什么样的公民。当前我国城乡精神文明建设存在诸多差距和发展不平衡的问题,比如城乡居民由于生活环境、自身素质等方面的影响,在生存观、发展观、价值观、道德评价等方面存在差异;在西方拜金主义、享乐主义等不良思想的影响下,城乡居民的思想认同、价值取向等趋于多样化。农村精神文明建设在内容形式、阵地载体、资金保障、人才队伍、基础设施等方面远远落后于城市,也没能激发农村精神文明建设的主体因素。只有进一步推动城乡精神文明融合发展,提升全社会文明程度,才有助于推进中国式现代化建设。

（二）推进城乡精神文明融合发展是加快城乡融合发展的迫切要求

我国社会主要矛盾已转变为人民日益增长的美好生活需要和不平衡不充分的发展之间的矛盾，而最大的不平衡就是城乡发展不平衡，最大的不充分就是乡村发展不充分。城乡发展差距较大是更好建设社会主义现代化国家的重要制约因素。近 20 年来，我国城乡发展政策经历了“城乡统筹——城乡一体化——城乡融合”的演进过程。可见，城乡融合发展是一项长期性的系统工程，也是新时代的一篇大文章。城乡精神文明融合不仅是城乡融合的重要组成部分，而且能够为城乡融合发展提供道德滋养和精神动力。统筹推进城乡精神文明建设融合发展，将有利于在城乡地区形成良好的道德风尚和精神风貌，重建公序良俗，为推进新型城镇化、乡村振兴，建设宜居宜业和美乡村构筑道德屏障。推进城乡精神文明建设融合发展，有利于引导广大人民群众培育和践行社会主义核心价值观，不断锤炼道德品格、提升道德境界，形成全民族奋发向上的精神力量和团结和睦的精神纽带。总之，实现城乡融合发展，离不开精神文明建设这个“魂”。在现实生活中，城乡精神文明建设融合发展过程中也存在不平衡现象。即使在同一个地区，也经常呈现出市区比县域好、经济强县比弱县好、文明村镇比普通村镇好的态势。这也进一步说明，推进城乡精神文明建设融合发展，不仅可以为城乡融合发展提供强大的精神动力、智力支持和思想保证，还有利于解决城乡发展不平衡和乡村发展不充分问题，加速城乡融合发展。

（三）推进城乡精神文明建设融合发展是促进人的全面发展的重要举措

“所谓城乡融合发展，是指在社会生产力充分发展条件下，由制度变革、技术进步、需求增长、文化创新等共同引致，形成新的地域组织结构、均衡化资源要素配置格局、互补型城乡功能形态等，最终实现人的全面发展的动态过程。”[①] 城乡融合发展的核心是实现人的全面发展。1847 年，恩格斯在《共产主义原理》一文中就指出：“通过城乡的融合，使社会全体成员的才能得到全面发展。”[②] 人的全面发展，既包括生理、心理、科学文化、信仰、道德等方面素质，更重要的是思想道德素质和科学文化素质的全面提高。推进城乡精神文明建设融合发展，加强城乡文明交流互鉴。一方面，在现代文明建设与发展方面城市具有领跑的优势。城市精神文明建设内容丰富，形式多样，特色鲜明，可选择一些符合村民欣赏口味又富有时代气息的城市文化资源活动延伸到农村，通过开阔村民的眼界、增加他们的科学知识、丰富他们的情感等来提升村民的素质。另一方面，乡村“看得见山、望得见水，记得住乡愁”的文明的社会生态美学场景，是城市生态文明构造系统中所没有的；乡村民风淳朴、邻里守望相助等优秀传统文化中蕴含着丰富的民族精神、道德规范。可吸引城市市民参加农村精神文明建设活动，通过乡村文化的多样性来扩充市民的人文知识，塑造他们的人文精神，提高市民的整体素质。“因为人的全面发展过程，实质是人根据自然界和社会发展的客观规律全面地改造自己、丰富自己的需要，提高和拓展自己的能力的过程。”[③]

二、推进城乡精神文明融合发展的着力点

城市和乡村是两种不同的文明形态。回顾历史，与欧洲国家城市是在城邦基础上孕育发展起来的不同，传统的中国城市是在乡村

---

① 涂圣伟：《城乡融合发展开启现代化建设新局面》，《经济日报》2019 年 5 月 21 日。

② 梁崇海等：《马克思主义政治经济学经典文选》，武汉理工大学出版社 2001 年版，第 239 页。

③ 江传月：《论社会主义精神文明建设与人的全面发展》，《岭南学刊》2009 年第 3 期。

中孕育发展起来的。农耕文明是中国城市文明和乡村文明的基本属性[①]，内在地奠定了城乡精神文明建设融合发展的基础。同时，伴随着全球化进程，中国的城市在传统的农业文明的基础上逐渐地发展成为比乡村庞大得多、复杂得多的社会文明系统，这就构成了城乡精神文明融合发展的内容。在新征程上，要紧扣城乡文明的同与异，从以下三个方面促进城乡精神文明建设的融合发展：

（一）城乡精神文明建设平台与载体的融合

当前农村精神文明建设严重滞后，基础设施薄弱，公共文化服务水平低。农村精神文明建设的平台相对较少，载体也相对单一，主要是大喇叭、宣传栏等。要促进城乡精神文明建设平台和载体的共享和融合。一要健全普惠共享的公共文化服务平台。建立横向延伸、纵向贯通的城乡公共文化服务网络，加强图书馆、博物馆、文化馆、美术馆、体育馆等公共文化设施梯级建设，基本实现乡镇有综合文化站，行政村有文化活动室，老少边穷等地广人稀地区配备流动文化服务车，健全区县责任主体、镇村管理主体、农民受益主体的“三位一体”长效管护体系。二是搭建富有个性特色的城乡精神文明建设平台。要减少城乡文化建设的同质化，做好“土特产”文章。人文底蕴深厚的乡村，可开发特色书店、剧场戏台、博物馆等，将历史文化资源转化为发展优势；工艺资源丰富的乡村，可打造具有故事内涵、时尚元素和现代科技的工艺文创产品，推动手工艺品牌化；生态秀美的乡村，可深耕艺术研学、运动休闲、婚恋康养、露营野炊等文旅产业链，探索“庭院＋”经济，加快建设宜居宜业和美乡村。三是编织信息科技“全域网”。加速信息基础设施建设，增强服务能力；助推县级融媒体中心建设扩容提质，走稳走好现代传播体系的“最后一公里”；加大人工智能产业园、众创空间、

① 胡惠林：《城乡文明融合互鉴——构建中国乡村文化治理新发展格局》，《治理研究》2021年第5期。

科技企业孵化器等建设力度，促进“数智＋”政务、教育等发展，打造数字化、智能化城乡共建共治新格局。

（二）城乡精神文明建设内涵的交流融合

当前，我国城市精神文明建设较乡村精神文明建设具有基础设施更完善、精神内涵更突出、文化活动形式更丰富等优势，但也存在城市居民思想道德素质参差不齐、个体化特征明显、人情冷漠等现实问题。乡村是中华传统文化的源头和根基，保留着丰富的传统文化，如农耕文化、时令文化、非物质文化遗产等，乡村文化具有群体性、传承性、多样性等特点，但也存在着思想保守、创新不足、传承断代、资金要素不足等现实问题。因此，要探索促进城乡发挥优势、相互促进的城乡精神文明建设交流融合路径。一是促进人才双向流动。人是文化的创造者，也是文化的载体。加快推进由市到村镇乡村人才振兴规划编制，根据人才能力结构、服务内容及业态性质科学分类，采取“体制内、半体制内＋市场化”并行、“长期＋短期、城市＋农村”并重等多种手段加强人才资源配置，建立教育、科技、文化人才定期互派服务制度，让人才“动起来”“活起来”。二是以城带乡，将群众性精神文明创建活动从城市延伸到农村，推动文明城市、文明社区、文明村镇、文明单位、文明校园和文明家庭创建常态化、制度化和长效化，并通过创建文明智慧管理系统平台，持续开展文明城市、社区、单位、行业等城乡结对活动，积极探索共建型、帮扶型、互补型文明创建结对模式。三是以乡促城，充分发挥乡村在传统文化传承、邻里守望相助、自治组织建设、道德评议教化等方面的优势，推动农村地区淳朴民风、文明乡风、良好家风向城市社区延伸。深入挖掘亲帮亲、邻帮邻、邻里互助一家亲的志愿文化，勤俭持家的节俭文化，吃苦耐劳的劳动文化等朴素农耕文化内涵，将其有效融入城乡精神文明建设实践。

（三）城乡精神文明建设政策机制的融合

党的十八大以来，我国在统筹城乡发展、推进新型城镇化方面取得了显著进展，但城乡要素流动不顺畅、公共资源配置不合理等问题依然突出。城市和乡村精神文明建设存在条块分割现象，乡村精神文明建设虽列入文明城市建设评价体系，但占比不高。下一步应在牢牢把握城乡融合发展正确方向、树立城乡一盘棋理念的基础上，构建有利于城乡精神文明建设融合发展的体制机制。一是完善城乡精神文明建设协同机制，推动城乡文化建设从阶段协同向常态协同转变。破除城乡二元结构体制机制障碍，建立市、县、乡镇跨部门、跨行业统筹联动、协同执行的领导、运行、管理、评估激励机制。同时推动基层组织观念现代化、工作体系化、运行法治化、管理扁平化、平台数字化、能力实战化，探索社会动员机制，营造“干部敢为、地方敢闯、企业敢干、群众敢首创”的氛围，以利于城乡精神文明建设协同机制的创新和完善。二是健全城乡精神文明建设资本投资体制机制，科学规划城乡科教文卫资本投入比重，建立资金预算、投放、使用、效果评估监督体系，让中央财政专项资金链、金融机构信贷资金链、社会资本投资链在城乡均衡串联。同时优化城乡文化生产布局、基地建设、项目安排，促进文化产品逐渐形成城乡共生的产业链、价值链、利益链。三是完善城乡公共文化服务体系。完善城乡公共文化服务体系的出发点和落脚点是为人民群众提供内容丰富、优质高效的公共文化产品和服务。要加强统筹衔接，优化资源配置，凝聚各方力量，健全公共文化服务供给机制，推动构建政府、市场、社会共同参与城乡公共文化服务体系建设的格局。推动构建城乡公共文化服务管理体系，完善城乡公共文化服务保障制度，提高城乡公共文化的覆盖率和服务效能。完善志愿服务制度和工作体系，健全城乡志愿服务评价体系，推动志愿服务体系制度化、社会化、专业化，使志愿服务队伍成为推动城乡精神文明建设融合发展的重要力量。

三、城乡精神文明融合发展的方式与举措

城市和农村的精神文明建设融合发展是一个长期而重要、复杂而艰巨的系统工程。新形势、新征程给加强城市精神文明建设提供了新的机会、新的要求，也给推进城乡精神文明融合发展带来了新的挑战。当前，我国文化供给的难点，是较为丰富的城市文化资源尚未能完全打通下沉的“最后一公里”；现有的乡村文化资源挖掘力度不够、特色不足，适应村民特点的载体平台少，精神文明建设效果不佳。充分挖掘城市和乡村精神文明建设的优质资源，实现城乡精神文明建设同向同行、优势互补，是实现城乡精神文明建设融合发展的关键一环。由于各地区城市和乡村的情况千差万别，推进城乡精神文明建设融合发展要立足于各地区城乡精神文明建设的具体实际，充分发挥好基层党组织的领导作用，坚持以社会主义核心价值观为指引，畅通城乡要素流动，助力城乡精神文明建设融合发展，构建城乡文化“和而不同”的理想状态。

（一）充分发挥基层党组织的领导作用

推进城乡精神文明建设融合发展，要加强各级党组织的领导，确保党在推动城乡融合发展中始终总揽全局、协调各方。基层党组织担负着推动地区经济社会发展、服务广大人民群众的重任，是推进城乡精神文明建设融合发展的组织保障。要充分发挥好基层党组织在协调、动员广大群众中的主导作用，不断形成城乡精神文明建设融合发展的优势和合力，更好地推进城乡精神文明建设融合发展。一是基层党组织要深入学习习近平新时代中国特色社会主义思想，大力宣传、宣讲习近平总书记关于社会主义精神文明建设的重要论述，突出其对促进城乡精神文明建设融合发展的根本引领作用，不断夯实团结奋斗的共同思想政治基础。二是基层党组织要坚持以社会主义核心价值观为引领，组织协调各种社会力量、社会团体积极

参与到城乡精神文明建设融合发展中来，推动社会主义核心价值观融入人们日常生活，引导人民群众形成正确的思维方式、行为习惯和信念理念；充分了解和重视城乡居民关注的现实问题，因地、因人、因事、因时开展思想政治工作，把握推动社会主义核心价值观内化于心、外化于行的现实切入点，不断满足城乡群众多样化、多层次、多方面的精神文化需求。三是基层党组织要注意发挥社会主义道德的引导作用，让主旋律、正能量充盈网络和现实空间，时常组织学习时代楷模、道德模范、中国好人、杰出青年、最美少年等先进事迹和高尚精神，营造崇德向善、见贤思齐的良好社会风尚。

（二）夯实城乡精神文明建设融合发展的物质基础

城乡精神文明建设融合发展的短板在农村。农村生产力发展速度相对缓慢，精神文化发展相对滞后。因此，推进城乡精神文明建设融合发展，一要充分激发农村经济发展活力，提高农村经济发展水平。发展农村经济有利于增强农村精神文明建设的物质基础，助力乡风文明建设。二要推进以县城为载体的城镇化建设。城镇化是现代化的必由之路，是解决农业、农村、农民问题的重要途径。县城一头连接城市、一头服务乡村。推进县城建设，不仅能满足农民到县城就业安家的需求，辐射带动乡村发展和农业农村现代化，而且伴随着农村经济高质量发展以及农村居民生产水平和生活水平的不断提高，将有利于促进城乡文化双向认同，构建城乡共同的价值追求。三要重塑新型城乡关系，推进城乡融合发展。习近平总书记指出："要把乡村振兴战略这篇大文章做好，必须走城乡融合发展之路。[①]"通过以工补农、以城带乡，促进城乡要素双向流动和公共资源合理配置，不仅可以推动形成工农互促、城乡互补、协调发展、共同繁荣的新型城乡关系，而且可以让先进的管理经验、生活理念

① 中共中央党史和文献研究院：《习近平关于关于“三农”工作论述摘编》，中央文献出版社 2019 年版，第 45 页。

融入乡村生活，为促进乡村文明建设注入新的生机和活力。

（三）畅通城乡精神文明建设要素流动

党的二十大报告提出，要“坚持城乡融合发展，畅通城乡要素流动”。畅通城乡精神文明建设资源要素流动是化解当前资源匮乏、资源闲置困境的重要手段。一方面，要加强城市在人才、文化基础设施等方面对农村的反哺力度。第一，城市要加强对农村的人才支持。可以采取加大资金扶持、提高福利待遇、畅通晋升渠道等多种措施鼓励优秀青年人才到广阔的农村积极作为，补齐农村精神文明建设短板，推动乡风民风向上向善。第二，要加强城乡教育均衡化发展。党的二十大报告指出，要“加快义务教育优质均衡城乡一体化，优化区域教育资源配置”，要从政策激励、机制保障、人工智能应用等方面下功夫，促进城市教育资源向农村开放和流动，推动义务教育的优质均衡发展，提升农民整体素质。第三，要在保障农民群体利益的基础上，注重引导城市资金、科技、公共文化服务等要素向乡村精神文明建设领域合理、合法流动。采取固定设施、流动服务等方式，推动城市公共文化服务重心下移、资源下沉，提高农民享受公共文化服务的可及性、便利性。

另一方面，要深入挖掘和培植乡土文化根脉，促进乡村文化振兴。第一，要注重培育和发挥新乡贤的积极作用。新乡贤成长于乡土、奉献于乡里，在乡民邻里间威望高、口碑好。要激发新乡贤在推动农村精神文明建设中的积极性和主动性，发挥他们的道德示范引领作用，推动城乡精神文明建设融合发展。第二，要挖掘乡村文化资源的深刻内涵。要深入挖掘凝练出乡村文化中蕴含的优秀思想观念、人文精神、道德规范，并赋予其新的时代内涵和现代表达形式，促进传统乡土文化与现代城市文明融合发展。第三，要注重乡村文化的创造性转化和创新性发展。可以结合城市居民对绿色健康生活与回归自然的需求，创新“农业＋”和“＋农业”模式，延伸农业产业链，促进农业和第二产业、第三产业、自然教育、生命产业、历史传承的结合，对农耕文化进行创造性转化。要大力奏响乡村文化旅游交响曲，通过挖掘乡村田园风光、古建筑文化、地方风俗、特色美食，民房变客房、农事变体验、农园变景点、农产品变纪念品，对乡村文化进行创新性发展，吸引城里人下乡旅游，体悟勤俭持家、邻里互助、诚实守信等传统美德。

本章小结

文明是现代化国家的重要标志，提高全社会文明程度是建设社会主义文化强国的重要任务，也是以中国式现代化全面推进中华民族伟大复兴的基础与前提。要着重从加强道德建设、培育文明风尚、注重榜样力量等方面，推动全社会文明程度不断提高。

新时代的家庭家教家风建设已由个人的“私德”扩展到国家建设的“公德”，其建设的内容，既要继承中华民族传统家教家风思想的精华，赓续中国共产党人红色家风传统，也要推动形成社会主义家庭文明新风尚。因此，一方面可以从重视家庭教育、培植优良家风、建设文明家庭着手，从家庭角度推进家庭家教家风建设走深走实走心；另一方面可以通过深化教育引导、推动实践养成、强化制度保障等措施，从优化社会环境的角度推动家庭家教家风建设高质量发展。

统筹推进城乡精神文明建设融合发展是新时代城乡融合发展的重要议题，是推进物质文明与精神文明协调发展、走中国式现代化之路的题中应有之义。在新征程上，要紧扣城乡文明的同与异，抓住平台与载体、内涵交流、政策机制三个着力点，从充分发挥基层党组织的领导作用、夯实城乡精神文明建设融合发展的物质基础、畅通城乡精神文明建设要素流动等方面推动城乡精神文明建设的融合发展。

思考题

1. 怎么理解文明是现代化国家的显著标志?
2. 如何加强新时代家庭家教家风建设?
3. 为什么要推进城乡精神文明建设融合发展?

第四章　繁荣发展文化事业和文化产业

文化事业和文化产业既有联系也有区别。文化事业以满足社会公共文化需求、提供公共文化服务为主要目的，注重社会效益，目标是提升国民的文化素养，丰富人民的精神生活，传承和弘扬民族文化，主要在艺术馆、图书馆、博物馆、科教馆等场所开展。文化产业以文化产品或服务为对象，以市场为导向，通过市场机制来实现文化产品和服务的商业价值，包括电影、电视、音乐、出版、游戏、动漫等多种经营形式。文化事业往往由政府主导，通过公共财政支持，以非营利的方式运作。文化产业则以企业为主体，通过市场竞争来实现资源的配置和产品的流通。文化事业和文化产业之间存在相互促进的关系。文化产业的发展可以为文化事业提供更多的资源和技术支持，而文化事业的繁荣也可以为文化产业提供丰富的内容和人才基础，两者相辅相成，共同推动社会文化的进步和繁荣。

繁荣发展文化事业和文化产业，是满足人民多样化、高品位文化需求的重要基础，也是弘扬社会主义核心价值观、激发文化创造活力、建设社会主义文化强国的重大任务。

第一节　着力提升公共文化服务水平

公共文化服务是在改革开放不断深入的过程中，伴随着政府职能的转变，努力建设服务型政府而提出的，它是实现好、维护好、发展好人民群众基本文化权益的主要途径。党的十八大以来，我国把现代公共文化服务体系建设作为一项民心工程，坚持政府主导、社会参与、共建共享，统筹城乡和区域文化均等化发展，覆盖城乡、便捷高效、保基本、促公平的现代公共文化服务体系加快形成。党的二十大报告指出："健全现代公共文化服务体系，创新实施文化惠民工程"，"着力解决好人民群众急难愁盼问题，健全基本公共服务体系，提高公共服务水平，增强均衡性和可及性，扎实推进共同富裕"。推进文化自信自强，铸就社会主义文化新辉煌，离不开公共文化服务体系的健全与普及。

一、探索有中国特色的公共文化服务治理新模式

新形势下，构建现代公共文化服务体系，是保障和改善民生的重要举措，是全面深化文化体制改革、促进文化事业繁荣发展的必然要求，是弘扬社会主义核心价值观、建设社会主义文化强国的重大任务。

（一）公共文化服务体系建设有了法治保障

公共文化服务政策的演进是推动公共文化服务理论创新和实践创新的重要动力，它在现代公共文化服务体系建立和不断健全的过程中有着重要的引导和调节作用。[①]《中华人民共和国公共文化服务保障法》规定：公共文化服务"是指由政府主导、社会力量参与，以满足公民基本文化需求为主要目的而提供的公共文化设施、文化产品、文化活动以及其他相关服务"。文化体制改革进一步明确了公益性文化事业的性质，政府不断加大对文化基础设施的投入，使公益性文化事业实现了快速发展，公共文化服务体系框架基本建立，广大人民群众基本文化权益得到进一步实现。近十几年来，在文化改革和公共文化服务体系建设方面出台了一系列文件。2005 年，党的十六届五中全会通过的《中共中央关于制定国民经济和社会发展

---

① 刘辉、陈相谭：《中国公共文化服务政策的演进及其趋势——基于 159 份政策文本（2006—2022 年）的分析》，《治理现代化研究》2023 年第 6 期。

第十一个五年规划的建议》，首次要求“逐步形成覆盖全社会的比较完备的公共文化服务体系”。党的十六届六中全会进一步提出“加快建立覆盖社会的公共文化服务体系”。2006年，我国出台了第一个专门部署文化建设的中长期规划——《国家“十一五”时期文化发展规划纲要》，专列“公共文化服务”篇，就“完善公共文化服务网络”“加强农村文化建设”“普及文化知识”“建立健全文化援助机制”和“鼓励社会力量捐助和兴办公益性文化事业”提出专门要求。2007年6月16日，中共中央政治局召开会议，研究加强公共文化服务体系建设。2011年党的十七届六中全会通过《中共中央关于深化文化体制改革　推动社会主义文化大发展大繁荣若干重大问题的决定》，指出“加强公共文化服务体系是实现人民基本文化权益的主要途径”，强调要以公共财政为支撑，以公益性文化单位为骨干，以全体人民为服务对象，以保障人民群众看电视、听广播、读书看报、进行公共文化鉴赏、参与公共文化活动等文化权益为主要内容，完善覆盖城乡、结构合理、功能健全、实用高效的公共文化服务体系。之后又出台了《国家“十二五”时期文化改革发展规划纲要》《文化部“十二五”时期文化改革发展规划》《关于推进全国美术馆公共图书馆文化馆（站）免费开放工作的意见》《文化部财政部关于开展国家公共文化服务体系示范区（项目）创建工作的通知》。2013年1月发布的《文化部“十二五”时期公共文化服务体系建设实施纲要》明确提出要“建立和完善公共文化服务领域的政策法规保障”，以有效促进公共文化服务政策保障体系的建设。加强公共文化立法与文化体制改革重大政策的衔接，加快制定地方性公共文化服务法律规范，提高公共文化服务领域法治化水平。2017年3月，我国文化领域第一部基础性的重要法律《中华人民共和国公共文化服务保障法》正式实施，构建起覆盖城乡的六级公共文化服务体系，推动公共文化服务均等化程度快速提升，多元化供给形式层出不穷。《关于加快构建现代公共文化服务体系的意见》《中华人民共和国公共图书馆法》《关于推动公共文化服务高质量发展的意见》等系列政策和法律相继出台实施，有效加快了城乡公共文化服务体系建设的步伐。2022年12月，中共中央办公厅、国务院办公厅印发的《“十四五”文化发展规划》，提出提高公共文化服务覆盖面和实效性的要求。公共文化服务均等化成为满足居民文化需求、引领居民精神文化生活的重要载体。我国出台各级法律法规和政策，就是为了建立健全坚持社会主义先进文化前进方向、遵循文化发展规律、激发文化创造力、保障人民基本文化权益的文化法律制度，依法保障公民的文化权利。公共文化服务体系建设的系列政策体现出公共文化服务标准化、均等化、社会化、数字化等特征。

（二）公共文化服务建设得到重视

党的十八大以来，党中央高度重视公共文化服务体系建设，作出了一系列重要决策部署。2018年8月21日，习近平总书记在全国宣传思想工作会议上指出，要以高质量文化供给增强人们的文化获得感、幸福感。2020年9月22日，习近平总书记在教育文化卫生体育领域专家代表座谈会上强调，要着力提升公共文化服务水平，让人民享有更加充实、更为丰富、更高质量的精神文化生活。党的十九届五中全会明确指出，“十四五”时期经济社会发展要以推动高质量发展为主题，强调要繁荣发展文化事业和文化产业，提高国家文化软实力，提升公共文化服务水平。全会还明确提出了要推进城乡公共文化服务体系一体建设、创新实施文化惠民工程、广泛开展群众性文化活动、推动公共数字文化建设等重要任务。2023年7月，习近平总书记在江苏考察时强调，要繁荣发展文化事业和文化产业，持续推进城乡公共文化服务标准化、均等化。

（三）公共文化服务发展驶入快车道

目前，我国现代公共文化服务体系基本建立。现代公共文化服务体系建设“四梁八柱”的制度框架基本建立，公共文化服务法治建设取得突破性进展，体制机制改革不断深化，基本公共文化服务标准化均等化建设全面推进，覆盖城乡的公共文化设施网络更加健全，优质公共文化产品和服务日趋丰富，服务能力和水平明显提高。例如，浙江作为共同富裕示范区，在健全基本公共服务体系、提高公共服务水平、增强均衡性和可及性、扎实推进共同富裕方面已经开展了新探索。目前，浙江省、市级公共图书馆、文化馆、博物馆、非物质文化遗产馆、剧院等已基本配置齐全，农村文化礼堂逐步实现500人以上行政村全覆盖，面向城乡基层的公共文化服务供给体系全面建立，基本公共文化服务标准化已率先实现。党的十八大以来，在广西壮族自治区，自治区本级补助31.24亿元，拉动地方投入近200亿元建设村级综合文化中心，全区覆盖率达99.56%，有效提升了基层公共文化服务能力。① 全国各地广大农村、社区已建起基层综合性文化服务中心超过57万个，基本实现全覆盖，服务数量和质量也在持续提升，城乡公共文化服务差距逐步缩小。各地推进县级文化馆、图书馆总分馆制建设，让分散、独立的资源形成组织体系，县级文化馆、图书馆的优质资源不断输送到街道（乡镇）、社区（村）。北京、天津等地发行"文化惠民卡"，将优惠文化产品打包，让群众自主选择；山东青岛、四川成都等地通过打造文化超市，采取个性化、订单式服务，满足多元需求。为丰富人民群众多样化、多层次、多方面的精神文化生活，各地有针对性地拓展服务内容，创新服务形式，提升服务品质，让群众自主"点菜"。多地公共文化服务机构加强错时开放、延时开放，并开展"图书馆之夜""博物馆之夜""美术馆之夜"等形式多样的夜间服务，赢得广泛赞誉。②

---

① 《文化圆桌：提高公共文化服务水平　扎实推进精神共同富裕》，《中国文化报》2023年2月14日。

② 刘阳、郑海鸥：《文化事业和文化产业繁荣发展》，《人民日报》2023年9月13日。

二、公共文化服务体系高质量发展的内涵和原则

（一）公共文化服务高质量发展的理念

高质量发展，就是能够很好满足人民日益增长的美好生活需要的发展，是体现新发展理念的发展。公共文化服务的高质量发展主要包括四个方面：一是品质发展，就是要牢牢把握社会主义先进文化前进方向，强化政治引领，提升人民文明素质，切实承担起举旗帜、聚民心、育新人、兴文化、展形象的使命任务。二是均衡发展，就是要加强城乡公共文化服务体系一体建设，促进区域协调发展，健全人民文化权益保障制度，推动基本公共文化服务均等化。三是开放发展，就是要深化公共文化体制机制改革，创新管理方式，扩大社会参与，形成开放多元、充满活力的公共文化服务供给体系。四是融合发展，就是要在把握各自特点和规律的基础上，促进公共文化服务与科技、旅游相融合，文化事业、产业相融合，建立协同共进的文化发展格局。

（二）公共文化服务高质量发展的内涵

加强公共文化服务治理，是顺应我国公共文化服务理论与实践发展、推动传统文化事业管理迈向现代公共文化服务体系建设的必然要求，也是实现公共文化服务高质量发展的必然要求，有利于政府正确处理公共文化公益性与市场化的关系，从制度上更好地发挥市场在资源配置中的积极作用。探索中国特色的公共文化服务治理新模式，要坚持以人民为中心，以社会主义核心价值观为引领，坚持正确导向，坚持政府主导、社会参与、共建共享、改革创新。公共文化服务既强调文化部门的方向引导与规划设计，也关注社会组织的资本优势、市场主体的客户导向以及人民群众的价值偏好。应充分释放多元主体在现代公共文化服务体系建设中的动能，逐步形

成政府、市场、社会组织、公众共同参与、协商和对话的“交互理性”的制度框架。

中国特色社会主义进入新时代，文化已经成为衡量人民幸福指数的重要尺度，成为提高人民生活质量的关键因素。推动文化产业高质量发展，需要着眼不断实现人民对美好生活的向往，努力提供更多优质公共文化产品和服务，更好满足人民多样化、多层次、多方面文化需求。统筹推进公共文化服务“硬件”和“软件”建设，不断扩大覆盖面、增强实效性，加快建立现代公共文化服务体系。努力推出更多反映新时代新气象、讴歌人民新创造的文艺精品，创新实施文化惠民工程，加强重要文化和自然遗产系统性保护，不断扩大优质文化产品供给，让人民群众享有更加充实、更为丰富、更高质量的精神文化生活。①

党的十八大以来，我国大步跨入现代公共文化服务体系建设新阶段，公共文化基础设施网络建设突飞猛进，与人民美好生活相适应的公共文化产品生产供给日趋丰富，城乡人民群众对公共文化服务的满意度显著提升。作为公共文化场馆设施的博物馆、美术馆、纪念馆、科技馆等等，也在不同程度上向游客免费开放。同时，也应该看到，随着经济社会发展水平的提高，人民对美好生活的需要更加强烈，享有更丰富、高品位文化生活的期盼日益高涨，这使得文化需求和供给之间的结构性矛盾更加突出，“缺不缺、够不够”问题总体上得到解决，“优质化、均等化”问题凸显，“好不好、精不精”问题越来越凸显，高水平、高品质的公共文化供给相对还比较缺乏。②

① 曹洪滔：《把社会效益放在首位　推动文化产业高质量发展》，《人民日报》2021 年 5 月 31 日。

② 刘淼：《贯彻新发展理念，推动公共文化服务高质量发展：文化和旅游部公共服务司负责同志就〈关于推动公共文化服务高质量发展的意见〉答记者问》，《中国文化报》2021 年 3 月 23 日。

三、全方位推动公共文化服务体系建设

在新发展阶段，如何进一步提升公共文化服务水平，为人民群众提供更高质量、更有效率、更加公平、更可持续的公共文化服务，是摆在我们面前的重要任务。

（一）完善公共文化服务供给机制

文化政策的制定既要彰显地方特色，又要与普惠发展相适宜，在总结实践经验的基础上，立足本地实际，体现公共文化服务的一般性和特殊性，这是满足广大人民群众对高质量公共文化产品和服务需求的基础。一方面，经济落后地区以及农村地区因为财政吃紧而无法保证公共文化产品和服务的基本供给，普遍面临着文化基础设施形同虚设的尴尬局面；另一方面，政府在提供公共文化产品和服务时没有充分考虑不同层次、不同群体公民的需求，导致出现了严重的同质化现象。主管部门在公共服务的提供和分配上应该从文化背景、人口结构、学历水平、经济水平等方面准确把握地区差异，提炼出不同区域人民的多元精神文化诉求，通过统筹分析，构建合理的供给机制，保证政府主体所提供的文化服务是百姓真正需要的文化服务。① 与此同时，还应该建立公共文化服务与其他公共服务领域（如民政、科普、教育、卫生等）的联系，进一步提升公共文化服务的有效性，尽快对现有公共文化资源重新进行合理配置，使公共文化资源的供给质量能够随着公共服务跨界融合的推进而不断提升，从治理层面整合政府各职能部门的力量，打破其资源壁垒，更好地服务政策目标。② 随着文化和旅游系统内公共文化服务场馆、活

① 胡惠林：《新中国 70 年文化政策发展的历史逻辑与基本特征》，《上海文化》2019 年第 12 期。

② 王凤荣、夏红玉、李雪：《中国文化产业政策变迁及其有效性实证研究》，《山东大学学报》（哲社版）2016 年第 3 期。

动融合程度的提升，文化和旅游系统将形成一种资源共享的局面，这种融合模式同样适用于文化和旅游系统与其他惠民项目的融合，使得民众随时都能便捷地享受到公共文化服务，有效满足精神文化需求。①

（二）创新拓展城乡公共文化空间

公共文化空间提档升级，是公共文化服务实现高质量发展的重要着力点。《关于推动公共文化服务高质量发展的意见》提出，要通过补短板、强网络、促融合等方式统筹完善公共文化设施网络布局，提高服务效率，特别强调以县级图书馆、文化馆为抓手，优化布局服务网络，将工作基础好的乡镇文化站建设为覆盖周边的区域分中心。立足城乡特点，打造有特色、有品位的公共文化空间，扩大公共文化服务覆盖面，增强实效性。适应城乡居民对高品质文化生活的期待，对公共图书馆、文化馆（站）功能布局进行创意性改造，实现设施空间的美化、舒适化。支持各地加强对具有历史意义的公共图书馆、文化馆的保护利用。鼓励在都市商圈、文化园区等区域，引入社会力量，按照规模适当、布局科学、业态多元、特色鲜明的要求，创新打造一批融合图书阅读、艺术展览、文化沙龙、轻食餐饮等服务的“城市书房”“文化驿站”等新型文化业态，营造小而美的公共阅读和艺术空间。着眼于乡村优秀传统文化的活化利用和创新发展，因地制宜建设文化礼堂、乡村戏台、文化广场、非遗传习场所等主题功能空间。鼓励将符合条件的新型公共文化空间作为公共图书馆、文化馆分馆。积极推进社区文化“嵌入式”服务，将文化创意融入社区生活场景，提高环境的美观度和服务的便捷性。鼓励社区养老、文化等公共服务设施共建共享。有的城市打造城市书房、文化驿站等融合图书阅读、艺术展览、文化沙龙等服务的新型

① 范周、侯雪彤：《中国式现代化视角下文化政策新趋势》，《治理现代化研究》2023年第1期。

文化业态，营造公共阅读和艺术空间。有的乡村以挖掘革命文化、民俗文化、历史文化等资源为基础，改造或建设小书屋、小礼堂、小戏台等主题功能空间。一些文化馆、文化站积极开展全民艺术普及，用美育涵养美丽心灵。一些非遗传习所开展非遗研学、手作体验、文创产品开发等活动，助力中华优秀传统文化活起来、火起来。这些特色鲜明的公共文化空间，充分发挥了以文促教、以文促旅等重要功能。①

（三）促进公共文化服务提质增效

切实提升公共文化服务效能是新时代公共文化服务高质量发展必须回应和解决的问题。近年来，在国家和各级政府的大力推动下，我国公共文化服务体系建设取得了巨大成就。但不可否认，公共文化服务尚难以满足广大人民群众日益增长的精神文化需求，也不能完全顺应社会主要矛盾转化后的现代社会转型要求，这使得现有文化产品和服务供需之间的结构性矛盾更加突出，低端供给和无效供给的问题也日益暴露。因此，推动公共文化服务高质量发展，应精准识别群众基本公共文化服务需求，根据社会经济发展水平动态调整基本公共文化服务标准，提升公共文化服务品质，不断满足人民群众多样化、多层次、多方面的精神文化需求，切实提高群众对公共文化服务的知晓度、参与度和满意度。②

《关于推动公共文化服务高质量发展的意见》提出，推动基本公共文化服务融入城乡居民生活，提高群众知晓率、参与率和满意率。继续实施公共文化设施免费开放，拓展服务内容，创新服务形式，提升服务品质。进一步加强错时开放、延时开放，鼓励开展夜间服务。推动公共图书馆、文化馆拓展阵地服务功能，面向不同群体，开展经典诵读、阅读分享、大师课、公益音乐会、艺术沙龙、手工

① 郑海鸥：《以公共文化服务点亮美好生活》，《人民日报》2023 年 3 月 14 日。

② 李少惠：《推动公共文化服务高质量发展》，《中国社会科学报》2022 年 12 月 20 日。

艺作坊等体验式、互动式的公共阅读和艺术普及活动；鼓励“走出去”，创新开展创意市集、街区展览、音乐角、嘉年华等文化活动。各级公共图书馆、文化馆（站）可发挥平台作用，通过与社会力量合作、公益众筹等方式，面向不同文化社群，开展形式多样的个性化差异化服务。鼓励有条件的公共图书馆、文化馆提炼开发文化IP，加强文创产品体系建设。加强公共文化服务品牌建设，在全国遴选推介公共图书馆优秀阅读品牌、文化馆（站）优秀艺术普及活动品牌。面向不同年龄段群体开展特色文化服务。鼓励各地根据实际，推动公共文化服务与教育融合发展，面向中小学生设立课外教育基地。鼓励有条件的文化馆将说唱、街舞、小剧场话剧等文化形式纳入服务范围。积极适应老龄化社会发展趋势，提供更多适合老年人的文化产品和服务，让老年人享有更优质的晚年文化生活。加强面向残疾人的文化服务。

增强公共文化服务的精准性，才能让更多人就近享受、积极参与。近年来，篮球赛、山歌大赛、广场舞大赛等具有浓郁地方特色的文化活动，在许多乡村社区如火如荼开展。在这些活动中，群众不只是文化观赏者，还能从台下走到台上，从观众成为主角。目前，全国有登记在册的群众文艺团队超过45万个，比2012年增加50%，越来越多群众期待登上灯光绚丽的舞台。在继续办好乡村“村晚”、广场舞展演、大家唱群众歌咏等品牌活动的基础上，为群众展示自我、沟通交流和文化娱乐创造更多便利条件，公共文化服务才能更好地融入人们的日常生活。①

（四）推动城乡一体化建设

公共文化服务高质量发展是城乡公共文化服务一体化、均衡化的发展。建立多层次、广覆盖的公共文化服务体系，应努力破除城乡二元结构壁垒，优化文化资源配置，突破社会内部不同程度的文

---

① 郑海鸥：《以公共文化服务点亮美好生活》，《人民日报》2023年3月14日。

化区隔。积极推进基本公共文化服务均等化，建立统一合理的城乡公共文化服务标准体系，以标准化促进均等化、普惠化与便捷化，使城乡居民都有权获得程序公平、机会均等的基本公共文化服务。加强乡村文化治理，紧紧围绕乡村振兴战略，将乡村文化建设融入城乡经济社会发展全局，尤其是乡村治理体系，立足城乡特点，创新拓展城乡公共文化空间。建立公共文化服务城乡联动机制，加快城乡间文化要素双向流动，引导城市优质文化资源向农村地区延伸，使农民能够以免费或优惠的价格享受与城市居民均等的公共文化产品与服务，从而切实保障农民文化权益，不断增强农民在文化发展中的获得感。① 三部委发布的《关于推动公共文化服务高质量发展的意见》中提出：紧紧围绕乡村振兴战略，将乡村文化建设融入城乡经济社会发展全局，融入乡村治理体系。深入开展乡镇综合文化站专项治理。结合实际，适当拓展乡村基层综合性文化服务中心旅游、电商、就业辅导等功能。坚持“见人见物见生活”，加强乡村地区非物质文化遗产保护和利用。开展乡村艺术普及活动，依托中国民间文化艺术之乡，推进“艺术乡村”建设，提升乡村文化建设品质。建立艺术家、策展人等专业人士与民间文化艺术之乡的对接机制，挖掘乡土底蕴，传承乡村文脉。开展“村晚”等富有文化特色的农村节庆活动，形成具有区域影响力的乡村名片，打造节庆新民俗。整合优质资源与力量，持续开展“戏曲进乡村”等送文化下基层活动。结合全国乡村旅游重点村镇建设，打造特色乡村文化和旅游品牌，拓展乡村文化和旅游发展新模式。坚持平等、参与、共享的原则，加强对城市新生代外来务工人员的文化帮扶，推动他们更好地融入城市，成为城乡文化交流的重要力量。例如，安徽省安庆市基本实现了普惠均等的市、县、乡、村四级公共文化服务网络，2022年顺利通过国家公共文化服务体系示范区复核。各级文化部门积极

---

① 李少惠：《推动公共文化服务高质量发展》，《中国社会科学报》2022 年 12 月 20 日。

创新群众文化活动做法，将“送文化”“种文化”和“育文化”相结合，把群众从文化活动的看客变为主角，让城乡居民共享文化发展成果。文化振兴是乡村振兴工作的重要内容，完善工作机制、加强乡村文化建设，对营造健康向上的发展氛围、助力乡村振兴有着重要意义。以文化馆联盟、图书馆总分馆制为抓手，以农村、社区基层为重点，协调推进市、县、乡、村公共文化服务四级联动，推进城乡公共文化资源均衡配置、城乡设施一体互通、服务一体联动、人才一体培养，积极谋求公共文化服务体系示范区创新发展、科学发展和可持续发展。①

近年来，各地各级各类公共文化设施建设逐步升级，以新时代文明实践中心、农家书屋、文化大院等为代表的基层公共文化设施不断完善，极大地拓展了新型城乡公共文化空间。但客观来看，基层社会特别是偏远乡村公共文化资源占有不足，资金、场地、设备投入不够，专业人才匮乏，基层公共文化服务社会化发展、专业化运营程度不高，都是制约公共美育开展的突出因素。一些地方不能充分结合当地特色资源和文化传统开展公共美育活动，而是简单复制、照猫画虎，难以调动基层群众的参与积极性，以致活动成效大打折扣。因此，要想开展好公共美育工作、切实提高全民的审美素养，就要在进一步提高基层公共文化资源配置的同时，下大力气推进其与地方特色艺术资源的有效性整合，提高运行效率，激发激活基层群众参与公共美育活动的热情，让公共文化服务的实效性得到充分释放。②

（五）推动公共文化服务数字化建设

当前，我国公共文化数字资源建设步入快车道，数字资源库群

① 《安徽安庆：创新推动公共文化服务高质量发展》，《中国文化报》2023 年 3 月 21 日。

② 屈健：《提高公共文化服务水平关键在打通“最后一公里”》，《中国美术报》2022 年 11 月 23 日。

初步形成，我国公共文化服务数字化发展在大数据资源建设、网络平台建设以及智慧应用场景搭建等方面取得了显著进步。以往，公共文化服务受到时空限制，覆盖面有限。随着数字技术的发展，公共文化服务群众的“最后一公里”被逐渐打通。借助国家公共文化云平台、智慧图书馆、“云端博物馆”和“云上村晚”等各类数字化服务，城乡群众能同步分享公共数字文化产品。[①] 中共中央办公厅、国务院办公厅印发的《“十四五”文化发展规划》提出要“建设国家文化大数据体系”，只有促进该体系不断完善，使原有分散于行业、地区的公共文化数字资源实现联通，以“国家文化专网”的形式呈现，才能让更广泛的人民群众共享公共文化发展红利，让身居都市的博物馆、美术馆、剧院、影院、音乐厅走进“寻常百姓家”，逐步缩小城乡之间的“数字鸿沟”，全面实现公共文化在“云端”与“指尖”的对接。具体到美术数字资源库建设与美育资源共享上，要充分考虑到基层群众，特别要兼顾到老年人、农村留守妇女儿童、残疾人等特殊群体的审美提升需求，将其纳入艺术赋能乡村振兴和人的全面发展的整体构想中。尽管公共文化数字资源以开放性、共有性、及时性为特征，但由于乡村普遍存在“有网络、缺人才”的现象，导致优质数字文化资源无法实现全覆盖，时效性也相对滞后，城乡之间的“数字鸿沟”一时难以弥合，仍然面临数字化的供给和需求不匹配、新兴业态发展方向不明晰等突出问题。因而，着力提升我国公共文化数字化服务水平，既能解决因经济、社会、地域等客观因素造成的文化资源分配不平衡不充分的问题，也是中国特色社会主义文化的“人民性”的充分彰显。要让优质公共文化数字平台惠及更广泛人群，让全民共享文化数字化成果。[②]

加强智慧图书馆体系建设，建立覆盖全国的图书馆智慧服务和管理架构。提升数字文化馆网络化、智能化服务水平。进一步完善

① 郑海鸥：《以公共文化服务点亮美好生活》，《人民日报》2023 年 3 月 14 日。

② 屈健：《提高公共文化服务水平关键在打通“最后一公里”》，《中国美术报》2022 年 11 月 23 日。

国家公共文化云等平台的大数据管理和服务功能。推动国家云和地方云、地方云和当地智慧城市平台的对接。整合利用全国群众文化活动资源，打造分级分布式数字文化资源库群，优化资源结构，提升资源质量。加大微视频、艺术慕课等数字资源建设力度。推动将相关文化资源纳入国家文化大数据体系建设。鼓励公共文化机构与数字文化企业对接合作，大力发展基于5G等新技术应用的数字服务类型，拓宽数字文化服务应用场景。探索发展数字文化大众化实体体验空间，加强数字艺术、沉浸式体验等新型文化业态在公共文化场馆的应用。推广群众文化活动高清网络直播，形成“云上群星奖”等群众文化网上集成展示平台。培育线上文化服务品牌。鼓励公共文化机构打造有影响力的公众号，培养具有高黏性的“粉丝”文化社群。推动在互联网视频平台开设全民艺术普及专题。鼓励与企业合作，探索有声图书馆、文化馆互动体验等新型文化服务方式。

公共文化服务数字化发展既包括技术层面文化数据的智能化，也涉及公共文化数字资源的分析、决策以及治理层面的内容。未来，深入推进公共文化服务数字化发展，应重点关注以下三个方面：一是打造公共文化服务数字化的新基建，打通各层级公共文化数字平台，打造公共文化数字资源库群，实现公共文化服务数据资源、技术资源和平台资源的有机融合。二是统筹公共文化服务的大数据，一方面要有效搜集和利用需求侧的大数据信息，精准把握公众的需求，另一方面要提高数据采集、数据存储、数据关联、数据解构、数据重构等供给侧的技术能力，实现公共文化服务数字化的有效供给。三是聚焦公共文化服务数字化的“两新”，做好公共文化服务数字化场景的新体验，防止把线下内容简单地平移到线上，采用虚拟现实、增强现实等技术增进公众体验感；创新公共文化服务数字化新业态，提高公共文化服务数字化服务效能。① 还需统筹利用文化领

① 李少惠：《推动公共文化服务高质量发展》，《中国社会科学报》2022年12月20日。

域已建或在建数字化工程和数据库，解决好资源孤岛、数据孤岛等问题；依托新一代信息技术，推动数字公共文化场馆建设。在优化新增和改造存量两端同时发力，不断拓展智慧公共文化服务应用，数字化将使公共文化服务更加精准、更加精彩。①

第二节　推动文化产业的高质量发展

发展文化产业是满足人民多样化、高品位文化需求的重要基础，也是激发文化创造活力、推进文化强国建设的必然要求。党的十八大以来，习近平总书记高度重视文化产业发展，强调要推动文化产业高质量发展，健全现代文化产业体系和市场体系，推动各类文化市场主体发展壮大，培育新型文化业态和文化消费模式，以高质量文化供给增强人们的文化获得感、幸福感。推动文化产业高质量发展，是不断满足人民精神文化生活新期待的重要途径，对于提高国家文化软实力、建设社会主义文化强国具有重要意义。

一、文化产业发展的几个阶段

人类文明经历了农业社会和工业社会，自 20 世纪中后期进入后工业社会，也称知识社会、信息社会等。如今，物质形态的农产品和工业品消费占比下降，以知识、信息等为核心的文化服务和产品的消费占比迅速提升，由此催生了一种新型产业形态：文化产业。按照世界银行关于经济体的分类标准和数据统计，结合中国国民经济和社会发展五年计划，21 世纪以来中国文化产业发展有四个重要时间节点，分别是 2001 年、2011 年、2021 年和 2035 年。2001 年中国人均 GDP 突破 1000 美元，从低收入国家成为中等偏下收入国家，

① 郑海鸥：《以公共文化服务点亮美好生活》，《人民日报》2023 年 3 月 14 日。

居民消费结构发生变化，吃穿用等物质消费比例下降，精神文化消费占比提升，文化产业发展开始起步，产业规划、法规政策、市场规则等各种规范逐步建立。2011 年中国人均 GDP 突破 5000 美元，根据世界银行的标准，属于中等偏上收入国家，中等收入群体迅速壮大，文化消费快速提升，文化产业高速发展。2021 年中国人均 GDP 超过 12000 美元，基本达到高收入国家水平，文化产业进入高质量发展阶段。到 2035 年中国人均 GDP 将达到中等发达国家水平，建成完善的现代文化产业体系，基本建成社会主义现代化文化强国。①

按照上述节点，可以将中国文化产业分为三个阶段：规范发展阶段（2001—2010 年）、高速发展阶段（2011—2020 年）和高质量发展阶段（2021—2035 年）。规范发展阶段确定了文化产业的边界，构建了文化产业发展的规范体系；高速发展阶段实现了数据高速增长、文化业态迅速变化、政府支持力度快速提升；高质量发展阶段主要是从重数量、速度转向重质量，从粗放式、行政式转向法治化、人文化，从解决文化产业生产力落后的问题转向解决文化产业发展不平衡、不充分的问题。深圳市在设置文产办、创办文博会、设立专项资金、发展文化产业园区、制定产业规划和地方性法规、鼓励非公有资本进入文化经营领域、发布文化产业高质量发展规划等方面具有创新性、试验性和推广意义，在一定程度上可被视为 21 世纪以来中国文化产业发展道路的缩影。在前两个发展阶段，文化产业发展较快，但是体量不大，文化科技融合度较低、文化业态偏传统，政府主要负责市场准入和规则制定，政策实际支持力度有限。在高速发展阶段出现了三大转变。一是尺度上，从重数量、速度转向重质量。前两个阶段主要解决文化产品缺乏、文化产业发展慢的问题，因而通过文化体制改革扩大市场准入、构建文化产业规范体系、加

① 吕光明、陈欣悦：《2035 年共同富裕阶段目标实现指数监测研究》，《统计研究》2022 年第 4 期。

快文化产业发展速度、快速提升产值及增加值总量等方式来满足数量需求，量变必然引发质变，数量达到一定程度之后就进入第三个阶段，以质量来衡量文化产业发展情况。二是方式上，从粗放式、行政式转向法治化、人文化。前两个阶段带有办文化、管文化的行政色彩，构建了粗放式的文化市场体系，第三个阶段需要在国家层面的文化产业促进法和各地文化产业法规共同作用下，推动文化产业法治化发展，同时避免粗放式的经济效益考量，提高社会效益、文化价值、审美追求等以人为本的质量要素比重。三是属性上，从满足基本的物质文化需要转向满足美好生活需要。前者是社会主义初级阶段解决文化产业生产力落后的问题，后者是新时代中国特色社会主义阶段追求美好生活，在共同富裕、更加公平公正的社会文化背景下解决文化产业发展不平衡、不充分的问题，促使文化产业以人民为中心、为人民服务进入一个新的阶段。[①]

二、文化产业规范体系的构建

目前，我国已经初步建立了国家规范、地方规范、文化行业规范、文化企业规范、文化产业园区规范、文化产业平台规范等，在规范体系的构建过程中，文化产业从边界模糊、准入壁垒高、无章可循的状态走向规范发展。早在 1998 年，文化部设立文化产业司，首次从政府层面推动一个新型产业形态发展。2000 年，“十五”计划首次将文化产业纳入国民经济和社会发展计划，2002 年，党的十六大报告提出“发展文化产业是市场经济条件下繁荣社会主义文化、满足人民群众精神文化需求的重要途径”，“完善文化产业政策，支持文化产业发展，增强我国文化产业的整体实力和竞争力”，正式确立了文化产业的地位。同年，由中国社会科学院领衔主编的中国第

① 胡鹏林：《文化产业发展的中国道路与深圳经验》，《特区实践与理论》2023 年第 3 期。

一部文化产业发展报告出版，也提出“文化产业在中国合法化过程的完成，仅仅标志着真正发展的开始。我国的文化市场规模巨大，产业发展还刚刚起步，存在大量的问题，只有从各方面对其加紧进行合理化设计与规范才能使其健康发展”①，还对国家规范提出了规划、法规及政策建议。之后，国家出台两份文件：一份是国家统计局首次发布的《文化及相关产业分类》（2004年），对文化产业的边界、类别、行业代码等进行了清晰的界定，这份文件是中央和各地政府至今仍在执行的文化产业标准。另一份是国务院审议通过的《文化产业振兴规划》（2009年），首次确认了文化产业的战略地位，明确提出发展文化创意、影视制作、出版发行、印刷复制、广告、演艺娱乐、文化会展、数字内容和动漫等重点文化业态，对新兴文化业态、重大文化项目、骨干文化企业、文化产业园区和基地、文化消费、文化市场、文化贸易等方面作出了方向性指引，并对管理组织、体制改革、人才、立法等工作提出具体要求。至此，国家初步完成了文化产业规范建设，各级政府、文化产业界和学术界等，在文化产业的地位、内涵、业态、统计、管理等方面都有了标准规范。

此后，中央和地方政府对文化产业的支持力度持续提升。国家层面，2011年《中共中央关于深化文化体制改革　推动社会主义文化大发展大繁荣若干重大问题的决定》，首次从国家产业布局角度提出到2020年“文化产业成为国民经济支柱性产业”的发展目标，确立了2011—2020年的文化产业总体发展思路。这一思路在《文化部“十二五”时期文化产业倍增计划》（2012年）和《文化部“十三五”时期文化产业发展规划》（2017年）两份国家规划中也得到体现。最后，在国家层面支持最大的是《中华人民共和国文化产业促进法》，这部法律对文化生产、文化企业、文化市场以及人才、科

---

①　张晓明、胡惠林、章建刚：《迎接中国文化产业发展的新时代》，载江蓝生、谢绳武主编：《2001—2002年中国文化产业发展报告》，社会科学文献出版社2002年版，第19—20页。

技、金融财税、法律等七个方面作出规定。可见，从党中央的文化体制改革和文化发展专项文件到国家文化产业专项规划，再到法规法律，不仅全面确认了文化产业的合法性，还提出了具体支持领域和实施举措。

一些地方也设置了文化产业发展办公室等机构，在文化产业发展规划的制定、重大文化产业项目的推进、文化产业园区和基地的建设、文化企业的培育和引进、文化产业政策的制定和执行等方面做出了重要贡献。如深圳市于2006年设立了市政府直属的文化产业发展办公室，各区参照市政府设立区政府直属的区文化产业发展办公室。深圳市及各区设立的文化产业发展办公室，发布了文化产业规范发展的相关文件，如《关于大力促进文化产业发展的决定》(2005年)、《深圳市文化产业发展“十一五”规划（2006—2010）》等，首次把文化产业当作支柱产业纳入深圳市国民经济和社会发展“十一五”规划。2008年，深圳市人大行使特区立法权，审议通过了《深圳市文化产业促进条例》《关于加快文化产业发展若干规定》等政策和资金管理办法。①

文博会是中国唯一一个国家级、国际化、综合性的文化产业博览交易会，是中国文化产业领域规格最高、规模最大、最具实效和影响力的展会，是中国文化产业发展的年度检阅平台。自2004年在深圳正式创办以来，文博会的展会规模、观众数量、国际化程度等不断攀升，已经成为推动中国文化产业发展的重要引擎、中华文化“走出去”的重要平台和扩大文化对外开放的重要窗口。每年文博会都会重点组织全国文化产业龙头企业、中国优秀文化产业园区和示范基地、文化产品出口重点企业参展，带来数千个文化产业投融资项目进行展示与交易，其内容也都代表了文化产业的发展现状和最新成果。文博会20年发展历程折射出中国文化企业转型升级的清晰

① 胡鹏林：《文化产业发展的中国道路与深圳经验》，《特区实践与理论》2023年第3期。

轨迹，勾勒出中国文化产业蓬勃发展的景象。而在文博会的影响与带动下，越来越多的中华优秀传统文化被重新发掘、走向世界，中国文化产业也实现快速发展、高质量发展。2023 年 6 月，第十九届中国（深圳）国际文化产业博览交易会隆重开幕，全国 31 个省份及港澳台地区全部参展，全球 50 个国家和地区、超 300 家海外展商参展，集中展示中国文化产业发展的最新技术、最新创意和最新成果，展现中外文化产业交流的盛大图景。①

三、文化产业的发展现状

近些年来，我国文化产业快速发展，总量规模稳步增长，产业结构优化升级，市场主体发展壮大，线上演播、网络直播、沉浸式体验等新业态快速崛起，文化市场更加繁荣、规范、有序，在促进社会经济结构转型升级和提质增效、满足人民精神文化生活新期待、巩固和坚定文化自信、增强中华文化影响力等方面发挥了重要作用。②

（一）文化产业快速发展

文化产业呈现高速增长态势，这可以从 2011 年至 2022 年的文化及相关产业的企业数量、从业人员数、资产和营业收入等方面得到反映。第二次经济普查与第一次经济普查相比，以上各项数据年均增速约 10%，2011 年之后的第三次和第四次经济普查的各项数据年均增速超过 20%，在国家 11 个振兴产业中位居前列，显然进入了高速增长期。2011 年至 2020 年，全国文化产业增加值从 1.3 万亿元增长到 4.5 万亿元，占 GDP 比重从 2.75%增长到 4.43%，在中国 GDP 实现高速增长的背景下超过同期 GDP 增速。2021 年全国规模

① 《搭台聚力，推动文化产业高质量发展》，《南方日报》2023 年 6 月 7 日。

② 《搭台聚力，推动文化产业高质量发展》，《南方日报》2023 年 6 月 7 日。

以上文化企业6.5万家，营业收入11.9万亿元，全口径文化企业营业收入超15万亿元，文化产业增加值及GDP占比分别超过4万亿元和4%。[①] 国家统计局发布数据显示，2021年全国文化及相关产业增加值为52385亿元，比上年增长16.6%，占GDP的比重为4.56%。2022年全国文化及相关产业增加值为53782亿元，比上年增长2.7%，占GDP的比重为4.46%。2022年全国规模以上文化及相关产业企业6.9万家，实现营业收入突破12万亿元大关，按可比口径计算，比上年增长0.9%。[②] 国家统计局发布的《2022年全国文化及相关产业发展情况报告》显示，2022年各地区各部门认真贯彻落实党中央、国务院决策部署，推动促进文化产业各项政策显效发力，文化及相关产业发展总体平稳，生产经营规模持续扩大，新业态带动作用进一步增强，资产总量、利润总额、投资规模保持增长。从资产总量看，2022年末，中国文化产业资产总计为315945亿元，比上年末增加18451亿元，增长6.2%。文化产业规模持续扩大，营业收入超过16.5万亿元。文化产业实现利润总额12707亿元，比上年增加341亿元，增长2.8%。其中，规模以上文化企业实现利润总额9370亿元，比上年增长2.8%；规模以下文化企业实现利润总额3337亿元，比上年增长2.7%。全国文化产业保持平稳增长态势，文化新业态行业发展韧性持续增强。

文化业态高速变化，主要有三方面原因。一是2011年中国人均GDP超过5000美元，达到中等收入国家水平，居民的文化消费全面提升，文化需求多元化，从需求端倒逼生产端的文化业态创新。二是2011年是3G网络及智能手机普及的元年，移动互联网改变了中国居民的文化消费模式，各种围绕3G网络和智能手机的新媒体、文化软件、手机游戏、移动广告、网络视听等新型文化业态不断涌现。

---

① 胡鹏林：《文化产业发展的中国道路与深圳经验》，《特区实践与理论》2023年第3期。

② 刘阳、郑海鸥：《文化事业和文化产业繁荣发展》，《人民日报》2023年9月13日。

此后的 4G 和 5G 时代也在持续创新文化业态。三是国家统计局在此阶段两次修订《文化及相关产业分类》，第一次修订时将文化产业从 80 个小类拓展到 120 个小类，增加了创意设计、工艺美术品生产等大类，第二次修订时将小类拓展到 146 个，增加了文化传播渠道、文化投资运营、文化消费终端生产等大类，既适应了文化业态高速变化的产业格局，也为全国各地文化业态继续高速发展提供了标准和依据。国家统计局还在《文化及相关产业分类（2018）》中规定文化及相关产业包括新闻信息服务、内容创作生产、创意设计服务、文化传播渠道、文化投资运营、文化娱乐休闲服务、文化辅助生产和中介服务、文化装备生产、文化消费终端生产 9 个大类。其中单列了新业态特征明显的 16 个行业小类，并首次发布《新产业新业态新商业模式统计分类（2018）》，其中有 12 个中类直接与文化新业态相关，可见业态高速变化也推动了国家业态标准不断更新。中国文化产业基础数据已经保持较高的总量和占比，这是高质量发展的重要基础。但与此同时，我们也应该看到，发达国家文化产业增加值占 GDP 的比重普遍超过 10%，最高达到 25%以上，而且中国在文化品牌影响力、文化企业竞争力、文化内容创意力、文化人才创造力等方面与发达国家依然存在一定的差距，发展质量有待提升。①

（二）各类文化经营主体发展壮大

我国不断推动文化产业高质量发展，健全现代文化产业体系和市场体系，推动各类文化经营主体发展壮大。2023 年 6 月，第十五届“全国文化企业 30 强”名单发布。纵观名单，上榜企业既取得了亮眼的经济效益，也在履行社会责任方面做了大量工作，在践行把社会效益放在首位、坚持社会效益和经济效益相统一方面始终走在前列。培育新型文化业态和文化消费模式，文化企业顺应时代发展

① 胡鹏林：《文化产业发展的中国道路与深圳经验》，《特区实践与理论》2023 年第 3 期。

大潮，在深耕主业的同时，纷纷探索多元发展路径，多措并举巩固拓展市场、发力新兴渠道，作出新突破、取得新成绩。①

2020年，习近平总书记在湖南考察调研马栏山视频文创产业园时指出，文化和科技融合，既催生了新的文化业态、延伸了文化产业链，又集聚了大量创新人才，是朝阳产业，大有前途。2023年7月，文化和旅游部印发通知，把马栏山视频文创产业园、深圳龙岗数字创意产业走廊、贵州正安吉他文化产业园等15家园区定为“国家级文化产业示范园区”。目前，全国示范园区数量达到34家。在国家级文化产业示范园区的示范带动下，多年来，文化产业园区已成为培育壮大文化市场主体、丰富优质文化产品供给、推动区域文化产业发展的重要载体，在提升地区文化形象、服务经济社会发展、满足人民群众精神文化生活新期待等方面发挥了积极作用。②

（三）数字文化产业蓬勃发展

实施国家文化数字化战略是加快发展新型文化业态、改造提升传统文化业态、提高质量效益和核心竞争力的重要战略部署。习近平总书记强调，要顺应数字产业化和产业数字化发展趋势，加快发展新型文化业态，改造提升传统文化业态，提高质量效益和核心竞争力。党的十九届五中全会明确提出实施文化产业数字化战略，加快发展新型文化企业、文化业态、文化消费模式。近年来，数字文化产业蓬勃发展。国家统计局数据显示，2022年，文化新业态特征较为明显的规模以上文化企业实现营业收入43860亿元，比上年增长5.3%，快于全部规模以上文化企业4.4%，占全部规模以上文化企业营业收入比重为36.0%，占比较2019年提高了13.1个百分点。2022年5月，中共中央办公厅、国务院办公厅印发《关于推进实施

① 刘阳、郑海鸥：《文化事业和文化产业繁荣发展》，《人民日报》2023年9月13日。

② 陈希琳：《推动文化产业高质量发展　满足人民精神文化生活新期待》，《经济》2023年第7期。

国家文化数字化战略的意见》，与2017年文化部《关于推动数字文化产业创新发展的指导意见》相衔接，向社会和行业发出支持数字文化产业高质量发展的明确信号，引导产业发展方向，起到“稳预期”“稳投资”作用。《关于推进实施国家文化数字化战略的意见》将文化数字化上升到国家战略高度进行总体部署，为数字经济时代我国文化高质量发展指明了方向。对于文化数字基础设施建设，《关于推进实施国家文化数字化战略的意见》明确要求“依托现有有线电视网络设施、广电5G网络和互联互通平台，形成国家文化专网”。当前，文化产业以创新驱动推进供给侧结构性改革，与数字技术协同推进、融合发展，新型业态蓬勃兴起，为产业高质量发展注入新动能，数字文化产业成为优化供给、满足人民美好生活需要的有效途径和文化产业转型升级的重要引擎。目前我国网民规模超过10亿，互联网普及率超过76%，超大规模市场优势为数字文化产业发展提供了广阔空间。数字文化产品具有传播网络化、消费个性化等特点，符合年轻消费者消费习惯，随着互联网和数字技术的广泛普及以及网民付费习惯的养成，数字文化产品的消费潜力和市场价值将得到进一步释放。5G、大数据、AR/VR、人工智能、超高清等数字技术在文化产业广泛应用。线上演播、数字艺术、沉浸式体验等新业态发展迅速，《人鱼海棠》《舞上春》等一批具有鲜明中华文化特色的数字文化精品不断涌现。腾讯、京东等一批具有较强创新能力的企业不断发展壮大。文化资源数字化进程不断加快，中华文化借助新技术、新应用、新载体更好走进群众、走进生活。很多博物馆、图书馆、美术馆通过场景数字化改造，成为旅游目的地和网红打卡地。数字文化产业持续成为投资的重点、消费的热点、开放的亮点，为文化产业提质升级注入强劲的动力。

（四）文化产业投融资体系不断完善

近年来，文化产业投融资体系不断完善，投资主体日益多元，投资规模持续扩大，政策性、开发性金融支持力度持续加大。地方政府专项债券等政策工具在各地得到有效推广和应用。文化和旅游部会同相关部门持续加大重点文化和旅游项目建设支持力度，引导各地分类施策，丰富项目业态，提升项目品质，推动盘活闲置低效项目。2022 年以来，在全国遴选 82 个开发性金融支持项目，涉及数字文化、乡村文化、旅游演艺、文旅装备、动漫游戏等多个行业。2022 年，国家将文化和旅游项目纳入设备购置和更新改造新增贷款贴息政策支持范围，共有 1237 个项目列入备选名单。其中，国家开发银行深圳分行向中山华侨城投放 3300 万元，为社会领域首个完成贷款投放的项目。

（五）文化产业赋能乡村振兴

2022 年 3 月，文化和旅游部等六部门制定出台了《关于推动文化产业赋能乡村振兴的意见》，通过人才、资金、项目、用地等一系列政策举措，激发乡村文化创新创造活力，发挥文化和旅游产业对乡村经济社会发展的综合带动作用。2023 年，文化和旅游部会同相关部门启动了文化产业赋能乡村振兴试点工作，计划在全国遴选 100 个试点县，推动重点任务和政策举措在试点地区率先落地，形成可复制的文化产业赋能乡村振兴典型经验并在全国推广，通过发展特色文化和旅游产业，切实调动起农民的积极性、主动性、创造性，共同建设宜居宜业宜游和美乡村。①

四、促进文化产业高质量发展

（一）健全现代文化产业体系和市场体系

健全现代文化产业体系和市场体系是推动社会主义文化繁荣发

① 陈希琳：《推动文化产业高质量发展　满足人民精神文化生活新期待》，《经济》2023 年第 7 期。

展、更好满足人民精神文化生活需求的有效途径，是推动经济体系优化升级、实现文化产业高质量发展的重要环节。必须坚持把社会效益放在首位，使社会效益和经济效益相统一。习近平总书记指出，要把握好意识形态属性和产业属性、社会效益和经济效益的关系，坚持社会主义先进文化前进方向，把社会效益放在首位。这为推动文化产业高质量发展，不断满足人民日益增长的美好生活需要指明了方向和路径。

深化文化领域供给侧结构性改革，持续创新生产经营机制，更好释放文化产业潜能。加强文化产品和要素市场建设，发挥我国超大规模市场优势和内需潜力，实施文化产业数字化战略，壮大数字创意、网络视听、数字出版等产业，有序发展文化产权、版权、人才等要素市场。开发文化创意产品，扩大中高端文化供给，推动现代服务业发展，不断扩大优质文化产品供给，更好满足人民多样化、多层次、多方面文化需求。加强文化行业组织建设，发展文化中介服务，构建以信用为基础的文化市场新型监督机制，完善以高质量发展为导向的文化经济政策。①

文化产业是满足人民群众精神文化需要的重要载体。要更好发挥文化产业的作用，更好满足人民群众精神文化需求，必须不断深化文化体制改革，完善文化管理体制，加快构建把社会效益放在首位、社会效益和经济效益相统一的体制机制，推动文化产业高质量发展。一方面，推动基本公共文化服务标准化、均等化，坚持政府主导、社会参与、重心下移、共建共享，完善公共文化服务体系，提高基本公共文化服务的覆盖面和适用性，切实保障人民群众基本文化权益。另一方面，大力推进文化领域供给侧结构性改革，健全现代文化产业体系和市场体系，推动各类文化市场主体发展壮大，培育新型文化业态和文化消费模式，增强文化整体实力和竞争力，努力推动文化事业全面繁荣、文化产业快速发展，不断丰富人民精

① 赵海英：《推动文化产业高质量发展》，《人民日报》2021 年 9 月 16 日。

神世界、增强人民精神力量。[①]

（二）优化文化产业布局

习近平总书记指出，衡量文化产业发展质量和水平，最重要的不是看经济效益，而是看能不能提供更多既能满足人民文化需求、又能增强人民精神力量的文化产品。在推进文化体制改革、繁荣发展文化事业和文化产业的过程中，要坚持把社会效益放在首位，社会效益和经济效益相统一，把握文化产业发展特点规律和资源要素条件，完善文化产业规划和政策，优化产业布局，提高文化产业规模化、集约化、专业化水平。深化“放管服”改革，完善文化市场准入和退出机制，针对不同类型、不同发展阶段的文化企业，提供全生命周期服务，使人才、资本、技术、信息等文化生产要素合理流动，激发各类文化市场主体活力。

完善文化市场法规体系，加强文化市场监督管理，健全基础管理、内容管理、行业管理以及网络管理等工作联动机制。推动文化产业知识产权保护工作，进一步规范文化市场秩序，营造良好市场环境。[②]

（三）壮大各类文化市场主体

文化产业高质量发展离不开文化市场主体的发展壮大。要突出企业在文化产业发展中的主体地位，加强分类指导，促进协同创新，推动市场主体规模持续扩大、整体实力不断提升。毫不动摇巩固和发展公有制经济，毫不动摇鼓励、支持、引导非公有制经济发展，深化“放管服”改革，优化营商环境，鼓励各种文化市场主体公平竞争、优胜劣汰，推动多种所有制文化企业共同发展。[③] 深化国有文

---

① 曹洪滔：《把社会效益放在首位　推动文化产业高质量发展》，《人民日报》2021 年 5 月 31 日。

② 李月、廖义军：《推动文化产业高质量发展》，《人民日报》2022 年 8 月 31 日。

③ 赵海英：《推动文化产业高质量发展》，《人民日报》2021 年 9 月 16 日。

化企业改革，推进国有文化企业建立健全现代企业制度，完善法人治理结构，进一步提高国有文化资产使用效率。引导民营文化企业健康发展，依法保障民营文化企业合法权益。坚持创新驱动，大力弘扬企业家精神，引导文化企业突出文化内涵，推进内容创新，推出具有自主知识产权、较高市场占有率的产品，打造知名文化品牌。培育骨干文化企业，鼓励大型文化企业通过资源整合、并购重组等方式做优做强，形成一批具有核心竞争力和国际影响力的文化产业集团。

加强梯度培育，既鼓励大型文化企业带动创新链、产业链上下游中小微文化企业协同发展，又引导社会资本以多种形式投资文化企业，支持“专、精、特、新”中小微文化企业发展。发挥聚合优势，把握文化产业发展特点、规律和资源要素条件，盘活老城存量空间，规范发展文化产业园区，促进形成多点支撑、各具特色、优势互补、协调发展的文化产业园区，推动园区由要素集聚空间向创新发展平台转变。①

（四）培育新型文化业态

当前，文化与科技、文化与金融、文化与旅游跨界融合持续深化，文化引领赋能作用日益凸显。要更好将文化资源优势转化为产业和市场优势，需要持续促进供需两端结构优化升级。当前，新一代信息技术多点突破、快速发展，广泛渗透到经济社会各个领域，数字化、网络化、智能化发展势头日益强劲，互联网普及率和用户规模大幅攀升。要抓住这一重要机遇，全面推进文化产业转型升级，加快发展新型文化企业、文化业态、文化消费模式，壮大数字创意、网络视听、数字出版、数字娱乐、线上演播等产业，推进公共文化服务模式创新，努力形成线上线下融合互动、立体覆盖的文化服务

---

① 赵海英：《推动文化产业高质量发展》，《人民日报》2021 年 9 月 16 日。

供给体系。①

推动文化产业高质量发展，要顺应数字产业化和产业数字化发展趋势，促进文化产业“上云用数赋智”，以新技术、新手段、新模式激活文化资源，创新文化业态，培育新动能、打造新优势，不断拓展文化发展空间。推动文化产业与互联网、大数据、人工智能等融合发展，培育数字出版、数字艺术、数字创意等新型文化业态，不断扩大优质文化产品供给，提高质量效益和核心竞争力。文化产业和旅游产业联系密切，要坚持以文塑旅、以旅彰文，推动文化和旅游融合发展，建设一批富有文化底蕴的世界级旅游景区和度假区，打造一批文化特色鲜明的国家级旅游休闲城市和街区，发展红色旅游和乡村旅游，让人们在领略自然之美中感悟文化、陶冶心灵。

习近平总书记强调，要围绕国家重大区域发展战略，把握文化产业发展特点规律和资源要素条件，促进形成文化产业发展新格局。大力推动文化产业创新，增加先进文化产品和服务供给，实现社会效益和经济效益有机统一。打造文化产业发展新的增长点，注重以文化产业新业态、新形式催生文化消费新模式。当前文化消费呈现可视化、交互性、沉浸式的新趋势，要积极拓展文化产业重点场景应用边界，推动“互联网＋”向传统消费领域渗透，发展“文化＋”消费新场景，发展平台经济、共享经济等新业态，鼓励把文化消费嵌入各类消费场所，培育网络消费、定制消费、体验消费等新型消费，建设汇集文创商店、博物馆、美术馆等多种文化场所的文化和旅游消费集聚区，鼓励发展个性化品质消费、柔性定制消费，不断提高文化消费的便捷性、丰富性、体验性。

---

① 曹洪滔：《把社会效益放在首位　推动文化产业高质量发展》，《人民日报》2021年5月31日。

第三节 加强文物和文化遗产的保护

在五千多年的发展历程中，我国各族人民共同创造了源远流长、博大精深的中华文化。以物质和非物质形态存在的文化遗产是中华民族优秀文化的集中体现，体现了中华民族自强不息的精神追求，是中华民族历久弥新的宝贵精神财富，是发展社会主义先进文化的深厚基础，是建设中华民族共有精神家园的重要支撑。我们党历来高度重视文化遗产保护传承工作。党的二十大报告指出："加大文物和文化遗产保护力度，加强城乡建设中历史文化保护传承，建好用好国家文化公园。"文物与文化遗产作为历史的见证，承载着一个民族的精神和文化，因此，加强对文物和文化遗产的保护，既是对社会共同记忆和利益的保护，也是对优秀传统文化的传承与发展。

一、文化遗产保护的探索历程

（一）从文物保护到文化遗产保护

中国文化遗产保护理论经历了从启蒙到多元化探索，如今逐渐走向成熟的几个发展阶段。首先是从文物保护到文化遗产保护的跨越。20 世纪 80 年代，国际文化遗产保护运动的思潮伴随我国的改革开放进入国内，并在国内文物保护领域引起广泛关注和探讨。1985 年，中国加入了联合国教科文组织的《世界遗产公约》，以《威尼斯宪章》为代表的一系列国际文化遗产保护原则被正式介绍到中国。人们开始反思探讨"复原"后的建筑究竟是具有文物价值的"真古董"，还是经过建筑师理想化设计的"假古董"。这时人们对文物建筑的关注内容已不再是建筑初建时的风格和形态，而是文物建筑的多维度价值体现，和其在全生命周期中所承担过的历史角色、经历的历史事件和因此被划刻上的痕迹。①

以《威尼斯宪章》为代表的国际文化遗产保护原则与以“恢复原状”为修复目标的中国文物保护观念发生了碰撞，在一定程度上促进了中国文物建筑保护与国际文化遗产保护接轨。这种观念的碰撞推动了21世纪中国文物保护原则的调整和形成，确定了一系列以《威尼斯宪章》为基础的中国文化遗产保护原则，标志着从关注客体价值的“考古式”文物建筑保护，到文化遗产保护的跨越式发展。21世纪，我国的文化遗产保护实践所获得的经验和总结，使其突破了保护观念在哲学层面上的思辨，逐渐形成了反映中国建筑自身文化特征的保护方法，并进一步强调对历史信息和文物形态的真实性保护，以及对文化传统这类非物质文化遗产的保护。这标志着中国的文化遗产保护思路逐渐趋向清晰和成熟。

（二）从固有价值保护到活态遗产保护

20世纪末，文化遗产保护理念已经完成了从“以物质为中心”到“以价值为中心”的转变。人们对文化遗产的关注不再局限于它的固有价值，而是延伸至它在社会、文化、群体感知等各方面的价值。这些价值既是人们保护遗产的出发点，又反过来影响了人们采取何种遗产保护措施。这种随着社会年代、地域背景、哲学思潮和群体认知等因素变化而产生的对遗产价值认知的变迁，最终体现在文化遗产保护的理论与实践中，文化遗产保护也因此具有了明显的时代、地域、人文等“活态”特征。也是在这个时期，联合国教科文组织开始关注“活态遗产”。“活态遗产”这一概念受启发于20世纪八九十年代的文化人类学中的“活历史”概念，指“今日还发生着功能的传统”，类似于中国世代传承的传统文化习俗。人类学学者认为处于当下的人是一切研究的出发点，历史是理解现在的途径，而现在是对过去的阐释。“活态遗产”概念的产生使建筑遗产保护跳

① 吕舟：《中国文化遗产保护三十年》，《建筑学报》2008年第12期。

出了建筑史学的框架，促使遗产保护学者不再以固有的思维和术语去理解建筑连续的时代风格。遗产的延续性、文化意义和群体认知价值开始受到人们的关注。

2001 年联合国教科文组织大会第十三届会议通过《世界文化多样性宣言》。为进一步保护文化遗产多样性，国际文化财产修复与保护研究中心（ICCROM）于 2002 年至 2003 年组织了“活态遗产地项目”，并提出了强调核心社区重要性的“活态遗产保护方法”，赋予了文化遗产所在地核心社区主要决策权。2011 年，该组织将活态遗产项目改名为“活态遗产——促进以人为中心的保护方法”，更突出对遗产核心社区的充分理解和尊重。

在中国，与活态保护相关的研究正处于起步阶段。随着遗产保护实践的开展和人们生活水平的提升，文化遗产的活态保护越来越受到学者和公众的重视，城市更新议题也将关注点聚焦在遗产活态保护方法的探索和创新上。

（三）从以西方为主导到尊重文化多样性

18 世纪 60 年代的英国工业革命开启了西方世界现代化和工业化进程，拉大了西方与第三世界国家间的差距，西方因此在文化遗产保护领域占有极大的话语权。随着世界各地区发展与文化交流，第三世界的民族意识逐渐觉醒，非西方学者开始质疑以西方为主导的现代保护理论的普适性，并尝试从非西方社会的角度理解并揭示本土文化。1999 年《奈良真实性文件》将东方保护传统作为遗产保护理论的扩充，尊重不同群体对文化遗产在认知上的差异。《奈良真实性文件》的发布在某种程度上为打破西方主导的遗产保护话语权奠定了基础，向世界文化多样性迈进。在中国遗产保护本土化过程中，也同样经历了被动接受西方主导的遗产保护观点和体系的时期。随着民族文化意识开始觉醒，在批判性反思中，地域文化迈向复兴，中国遗产保护在改革开放后迎来了新的发展机遇。中国从 20 世纪末至今，开展了一系列重大遗产保护工程实践，如三峡工程淹没区的文物抢救、西藏三大保护工程以及对丝绸之路的申遗、保护工作等。此外，中国本土的建筑师也越来越多地参与到一般性历史文化遗产的保护与活化实践中，做出了很多有意义的实践探索，为丰富遗产保护理论提供了新的思路和实践支撑。①

二、文化遗产保护的价值和意义

（一）文化遗产传续中华民族的精神命脉

中华优秀传统文化是中华民族的精神命脉，是我们在世界文化激荡中站稳脚跟的坚实根基。从福建万寿岩古人类遗址抢救性保护到浙江良渚古城申遗，从大运河综合保护利用到河北正定古城修旧如故……习近平总书记始终牵挂着历史文化遗产保护传承。2022 年 5 月 27 日，习近平总书记在主持十九届中央政治局第三十九次集体学习时强调，要积极推进文物保护利用和文化遗产保护传承，挖掘文物和文化遗产的多重价值，传播更多承载中华文化、中国精神的价值符号和文化产品。文化的创新、文明的开创，离不开对物质和精神财富的传承。我国历史文化遗产凝结着中华文明的精神特质，不仅为当下人们的日常生活实践提供了强大的智慧启示与情感动力，也是新时代建设中华民族现代文明的宝贵资源。② 2023 年 6 月 2 日，习近平总书记考察中国历史研究院，在文化发展传承座谈会上指出：“在新的起点上继续推动文化繁荣、建设文化强国、建设中华民族现代文明，是我们在新时代新的文化使命。要坚定文化自信、担当使命、奋发有为，共同努力创造属于我们这个时代的新文化，建设中

---

① 蒋琳晔、郑少鹏：《浅析我国文化遗产保护理念的发展及其本土化实践》，《建筑与文化》2023 年第 8 期。

② 杜晓帆：《展现文化遗产保护新气象》，《人民日报》2023 年 6 月 9 日。

华民族现代文明。”[①] 这是继党的二十大对文化自信自强作出战略安排之后的一次极为重要的会议，与党的十八大以来习近平总书记关于文物工作重要论述和重要指示批示精神一脉相承，为在新的历史起点上继续做好文物工作指明了方向。

（二）文化遗产保护工作稳步推进

目前，全国有可移动文物 1.08 亿件（套）、不可移动文物 76.7 万处，全国重点文物保护单位 5058 个，备案博物馆 6183 家。设立了 23 个国家级文化生态保护区。列入国家珍贵古籍名录 13026 部，全国古籍重点保护单位 203 家；列入联合国教科文组织非遗名录 43 项，位列世界第一；流失海外文物追索返还 1800 余件（套）。[②] 2021 年在福州召开的第 44 届世界遗产委员会会议上，“泉州：宋元中国的世界海洋商贸中心”被列入《世界遗产名录》，成为我国第 38 项世界文化遗产。我国世界遗产的总数量居世界第二位。2023 年 5 月 24 日，中国文化遗产研究院与社会科学文献出版社联合发布了《文化遗产蓝皮书：中国世界文化遗产保护状况报告（2021～2022）》。蓝皮书指出，党和国家空前重视遗产保护与考古工作，我国申遗与预备名单培育工作稳步推进。

在大力发掘非遗资源的同时，中国积极探索非遗保护的理念方法，形成了具有中国特色的经验。以非遗减贫实践为例，立足国情，发挥传统工艺居家就业的独特优势，调动广大贫困群众的积极性、主动性和创造性，促进社区、群体和个人实现生产性就业、创收和可持续发展，为人类利用文化资源开展减贫探索了新的路径。目前，我国支持各地建设非遗工坊 2500 余家，覆盖 450 余个脱贫县和 85 个国家乡村振兴重点帮扶县，并打通从生产到销售的“最后

① 《担负起新的文化使命　努力建设中华民族现代文明》，《人民日报》2023 年 6 月 3 日。

② 李长平：《抓好新时代文化遗产保护传承工作》，《创造》2023 年第 8 期。

一公里”。[①]

树立整体研究和整体保护的全局视野，促进文化遗产学科的发展，设立文化遗产保护管理机构尤为重要。《上海文化遗产发展报告（2023）》认为，为了推动文化遗产保护的整体发展，需相应设立从整体上进行文化遗产保护和管理的机构。2021 年 8 月，深圳市文化遗产保护中心成立，该中心整合了原文物考古鉴定所和原非遗保护中心的职能。在上海市金山区，非物质文化遗产保护中心改设于金山区博物馆，这也是文化遗产整体保护观念影响下的结果。[②]

科技在激发文化遗产保护利用的活力方面发挥了重要作用。党的二十大报告提出，实施国家文化数字化战略。70 多年的文物保护历程见证了科技进步对文物保护和利用的关键推动和引领作用，文物科技使文保工作更贴近人们的生活。2019 年以来，在科技部的大力支持下，国家重点研发计划“文化遗产保护利用”专题任务先后启动了 36 个项目。来自全国文博机构、高校、科研院所的 200 多个科研团队，在中华文明探源研究、文化遗产风险监测与防控体系构建、石窟寺及墓葬壁画保护关键技术研究、馆藏文物一体化防震及深海考古技术装备研发等领域取得了多项成果和技术突破，推动了我国文物领域科技进步。我国文明探源和考古工作深入推进，二里头、陶寺、石峁、良渚、三星堆等中华文明探源工程取得重要成果，中华文明探源工程实证了中华五千多年文明史，对增强民族自信和文化自信有重要意义。科技为文物保驾护航，敦煌研究院的墓葬壁画原位保护关键技术研究，有效解决墓葬壁画保存难度大等问题。数字化技术让文化遗产“长久活下去，生动活起来”，重点面向不可移动文物（以石窟壁画为代表）和可移动文物（以青铜器为代表）的数字化表示，构建起“加工—保存—增强—利用”四个环节的技

① 李婷：《保护文化多样性，加强国际合作势在必行》，《文汇报》2023 年 6 月 9 日。

② 刘壮：《构建中国特色文化遗产保护传承体系》，《人民日报》2012 年 7 月 26 日。

术体系，盘活数字文化遗产，实现安全共享。遥感技术作为科技手段，可以借助其开展文物认知、价值挖掘、监测、防灾减灾、展示利用等研究。2023 年 6 月，第三届文物科技创新论坛在四川成都召开。论坛以文物保护与价值阐释科技创新成果及应用为主题，以国家重点研发计划“文化遗产保护利用”专题任务的阶段性研究成果为主要内容，聚焦考古与文化遗产价值认知、文物病害评估与保护修复、文化遗产风险监测与防控、文化遗产传承利用关键技术 4 个重点方向，分享最新研究成果。[①] 数字化技术让文化遗产历久弥新。不可再生文物时时刻刻承受着自然条件的考验，通过三维激光扫描技术、近景摄影测量技术等手段实现数字化采集，可以减少对文物本体的接触频次，降低文物保护风险；借助单体渲染、后期修复等数字加工方式，可以重现文物最初的色彩、样貌。数字化技术可以在中华文明基因库永久存档，还原文物风华、再现历史原貌。数字化传播，让文化遗产便捷共享。借助 3D 打印技术，原本不可移动的文化遗产成为跨地域展览的“移动宝藏”。利用 VR、AR 等交互式、沉浸式展陈技术，观众可以“一键放大”，细致入微地赏析传统参观方式难以“触摸”的细节；还可以通过 360 度全景漫游，穿越时空、身临其境，体会“与文物同在”的历史场景。文化遗产与技术结伴、同创意碰撞，成为共享的“数字宝藏”。[②]

（三）文化遗产保护利用的原则

中国是统一的多民族国家，文化遗产维系着中华文明的根脉。面对源远流长、博大精深、多元融合的独特的中华民族文化遗产，把我们的精神标识和文化根脉保护好、维系好，是一项长期而又艰巨的重大任务。要依照《中华人民共和国文物保护法》等法律法规和《国务院关于加强文化遗产保护的通知》的要求，坚持“保护第

① 张影：《科技激发文化遗产保护利用活力》，《中国文化报》2023 年 6 月 19 日。
② 李忱阳：《科技赋能文化遗产保护》，《人民日报》2023 年 6 月 7 日。

一、加强管理、挖掘价值、有效利用、让文物活起来”的新时代文物工作方针，全面提升文化遗产保护利用水平。既要注重有效保护、夯实基础，又要注意合理利用、发挥效益，在保护利用中实现传承发展。

在文物保护方面，要强化系统保护、整体保护、科学保护，实施好石窟寺保护利用等重大工程项目，加强革命文物保护，做好大中小不同级别的不可移动文物保护管理，筑牢文物安全底线。在古籍保护方面，要完善古籍工作体系，提升古籍工作质量。在非物质文化遗产保护方面，要贯彻落实好相关法律法规，以代表性项目和代表性传承人为抓手，坚持保护为先、合理利用相结合，聚焦保护、研究、传承、发展、传播保护制度体系，做到应保尽保，做到空间全覆盖、要素全囊括。① 文物利用应遵循四个原则：第一，一切利用都要以保护为前提；第二，文物利用都要坚持文化价值优先；第三，一切利用要以服务公众为目的；第四，一切利用都要尊重科学精神、遵守社会公德。②

（四）文化遗产保护法律体系的建立

文化遗产的法律保护体系是现代国家法治体系的一部分，也是法治中国建设的重要方面。文化遗产涉及方方面面的法律，我国颁布了《中华人民共和国文物保护法》《中华人民共和国非物质文化遗产法》《中华人民共和国民法典》《中华人民共和国商标法》《中华人民共和国专利法》《中华人民共和国著作权法》《传统工艺美术保护条例》等法律法规，全国 31 个省（区、市）出台了非遗保护条例。③ 许多有立法权的市、县也出台了文化遗产保护地方性法规和细则，确保国家层面的法律在地方得到具体贯彻执行。在文化遗产保护的

---

① 李长平：《抓好新时代文化遗产保护传承工作》，《创造》2023 年第 8 期。

② 李佳霖：《加强合理利用让文物活起来》，《中国文汇报》2014 年 7 月 22 日。

③ 妥学进：《以党的二十大精神引领文化遗产保护方向》，《文化遗产》2023 年第 1 期。

实践中，形成了比较完善的以公法为主私法为辅的法律保护体系。

党的十八大以来，中办、国办印发《关于实施中华优秀传统文化传承发展工程的意见》，首次以中央文件形式专题阐述中华优秀传统文化传承发展工作；《关于进一步加强非物质文化遗产保护工作的意见》明确提出当前和今后一段时期非遗保护的总体目标和主要任务；《关于实施革命文物保护利用工程（2018—2022 年）的意见》要求充分发挥革命文物在培育社会主义核心价值观方面的重要作用。[①] 2023 年 9 月，最高检、住房城乡建设部联合印发了《关于在检察公益诉讼中加强协作配合依法做好城乡历史文化保护传承工作的意见》，强化城乡历史文化保护传承领域执法司法衔接，推动形成行政执法与检察监督保护合力，全方位筑牢城乡历史文化遗产保护法治屏障。文化遗产保护工作的“四梁八柱”不断完善。“十四五”文物保护和科技创新规划首次上升为国家级专项规划，文物工作政策支撑更加有力。

三、实现文化遗产的系统性保护利用

党的十八大以来，我国文化遗产保护工作取得了显著成效，形成了具有中国特色的文化遗产保护传承利用体系，但在文化遗产保护中仍存在制度不完善、功利性凸显、同质化加剧、文化空间保护不足等问题。党的二十大赋予了文化遗产保护新的时代任务，为文化遗产制度体系建设指明了方向，构成了新时期推进文化遗产保护的重要目标和任务。

（一）完善文化遗产保护的理论体系建构

我国文化遗产保护事业在变化中创新进取，积累了一套具有中

① 田川：《文化遗产保护：传承中华灿烂文明》，《社会科学报》2023 年 6 月 29 日。

国特色与中国经验的保护观念、管理体系和工作模式，但也存在保护理论体系构建相对滞后、管理体系顶层设计联动不足、学科体系建设有待完善等问题。我们需要总结摸索出一套立足中国国情、兼具国际视野的文化遗产保护理论体系与实践路径，在中国式现代化进程和中华民族现代文明的建设中凸显作用。

第一，深化文化遗产理论研究，建立中国特色文化遗产学科体系，服务新时代文化建设需求。必须站位于大历史观的宏观视野，以文化遗产价值研究为重点，让中国经验和中国知识助力国际文化遗产理论的发展。文化遗产保护是20世纪中期兴起的国际潮流，一些发达国家在话语体系、研究范式等方面占据先行发展的有利地位，在国际公约制定、国际文件起草等方面具有较大的话语权。我国作为文化遗产大国，应将理论研究优势与文化资源优势有机结合起来，建设富有中国特色的文化遗产学科体系，不断增强在文化遗产保护传承领域的国际话语权。还要加强应用研究，促进理论研究成果服务文化遗产保护传承实践。服务国家和社会需求、服务文化发展的现实需要，是文化遗产理论研究的价值所在。文化遗产研究既应注重理论上的创新和突破，又应重视将理论成果转化为实践成果，着力解决文化遗产保护传承中的实际问题，为中国特色文化遗产保护传承体系的构建做出积极贡献。①

第二，加快完善文化遗产管理的顶层设计，推动城乡文化融合发展。要建立起文化遗产保护管理的统筹协调平台和机制，促进文化遗产保护传承的一体化；同时进一步完善系统性的文化遗产保护理论，建构起文化遗产社会功能性分级分类管理体系，解决好文化遗产活化利用的难题；探索文化遗产保护与可持续发展的平衡机制，在城乡建设中加强历史文化保护传承。②

---

① 刘壮：《构建中国特色文化遗产保护传承体系》，《人民日报》2012年7月26日。

② 杜晓帆：《展现文化遗产保护新气象》，《人民日报》2023年6月9日。

（二）建立文化遗产保护传承机制

文化遗产保护传承机制主要有七个方面：一是要有较为完善的法律法规保障机制。党的十八大以来，党中央关于文化遗产保护传承的顶层设计已经展开并深化，成效十分显著，但有的地方在贯彻执行和结合地方文化遗产实际卓有成效开展工作方面还有差距。二是要有普查调查、记录建档的工作机制。文化遗产由于体量大、种类多，"非遗"作为活态存在又难以把握，要摸清家底，就要把阶段性普查和重点项目调查结合起来，不断更新有关记录，让每个项目档案翔实可靠。三是要有稳定的各级财政资金投入和重大项目及时报告追加专款机制。四是要有一套行之有效的行业管理人才队伍建设和项目传承人（单位）认定管理制度，让从事文化遗产管理的人员变成行家和专家，让传承人的技能得到进一步提升，拓宽人才培养渠道，不断壮大传承队伍。五是要有一个文化遗产保护传承的规划。传承项目与基础配套相结合，区域性整体保护与传承体验设施相结合，使文旅项目与理论研究相结合，突出短期目标，明确中期工作重点，部署长期工作任务。六是要营造一个文化遗产传播普及的良好环境和交流互鉴的良好平台，加大文化遗产传播普及交流交融力度。七是要有一个文化遗产保护传承的责任落实和追责问责机制。

（三）促进文化遗产的活化利用

让文化遗产"活"起来，是文化遗产保护传承的重大课题和核心任务。抓好融入促"活化"，要做到以下几点。

首先，要实现"见人见物见生活"。对可移动的文化遗产，要充分应用信息技术再现其空间状态，并将其转化为人们视觉可知可感的现场实践；对于不可移动的文化遗产，可以使用 VR 和 AR 等技术手段让人们感受身临其境的妙趣，用这种无损利用方式来实现文化遗产与"时代共进"、与"人民共享"。

其次，要讲好文化遗产中国故事。新时代，让文化遗产融入现代生活、体现当代价值、涵养文明乡风，凝聚民族精神，讲好中国故事，是文化遗产保护传承的重要使命。2022 年 11 月 29 日，“中国传统制茶技艺及其相关习俗”被列入联合国教科文组织人类非物质文化遗产代表名录。一杯“中国茶”，清静和雅、和而不同、谦和礼敬。品茶香不仅品其味，而且品中国文化，以茶会友。要抓好茶文化传播、茶产品出口，进一步提升茶产业规模和质量。① 2017 年，中国传统村落保护工程被列为中华优秀传统文化传承发展工程。传统村落保护与可持续发展的探索，要以村民需求为主体、以传统文化基因延续为脉络、使自然与人文学科结合，开展传统村落活态保护利用，开展乡村振兴与村落保护利用相结合的探索。要更加科学系统地做好中华文明起源的研究和阐释，通过考古发现让人民群众更好地了解古代的中国，认识现在的中国，理解未来的中国。我们坚持守正创新，就要善于化厚重为灵巧，把文物所承载的厚重文化底蕴，用通俗化、生动化的灵巧方式阐释好；让更多文物和文化遗产从专业圈走向人民大众，增强人民精神力量，彰显中华优秀传统文化的时代价值。②

最后，要促进文化遗产与文旅产业的有机融合，坚持以文塑旅、以旅彰文，培育新型文旅产业体系和市场体系，从业态、产品、市场、服务、交流交融、消费等方面不断创新，以文旅产业的新引擎带动中国式现代化的新发展。③

（四）健全文化遗产保护的教育体系

教育肩负着提高全社会的整体认识、增强文化遗产保护传承意识、培养文化遗产保护传承人才、推进文化传承创新的重大使命。

---

① 李长平：《抓好新时代文化遗产保护传承工作》，《创造》2023 年第 8 期。

② 刘壮：《构建中国特色文化遗产保护传承体系》，《人民日报》2012 年 7 月 26 日。

③ 李长平：《抓好新时代文化遗产保护传承工作》，《创造》2023 年第 8 期。

健全文化遗产保护传承教育体系，不仅是文化遗产保护传承的迫切需要，也是推动我国教育自身发展的内在要求。

推进覆盖教育各领域、各阶段的文化遗产保护传承普及教育。全社会对文化遗产保护传承认识的提高和自觉性的增强，关键在于教育。无论基础教育、职业教育、高等教育还是社会教育，都应积极推动文化遗产保护传承相关内容进校园、进课堂、进教材，将文化遗产保护传承教育与学生思想品德教育相结合，使其成为深入推进素质教育的重要抓手。应利用课堂教学、课外活动、社会实践等多种方式和手段，使广大学生成为文化遗产保护传承的生力军。突破现有专业目录限制，培养文化遗产保护传承专业人才。目前，人才不足已成为制约我国文化遗产保护传承深入推进的瓶颈。为此，应扩大高校在专业设置、人才培养等领域的办学自主权，允许具备条件的高校设立文化遗产保护传承相关专业，加大文化遗产保护传承专业人才的培养力度。从学科建设上，建构我国文化遗产学学科体系，培养新时代文化遗产事业的复合型人才。

打破传统教育边界，实现文化遗产保护传承协同创新。文化遗产保护传承的普及教育和专业教育，应以各级各类学校为主要依托。同时应看到，不论教育资源组织、教育内容遴选、教育过程设计还是教育效果评估等，都离不开文化遗产保护传承相关职能部门的配合与参与。因此，在健全文化遗产保护传承教育体系的过程中，各类教育部门和相关职能部门应打破传统边界，密切配合，建立健全“文化遗产进校园、学生培养出校园”等合作机制，实现协同创新。①

（五）加强文化遗产的国际传播和国际化合作

2023 年 9 月 14 日，国家主席习近平向 2023 北京文化论坛致贺信指出，中国将更好发挥北京作为历史古都和全国文化中心的优势，

---

① 刘壮：《构建中国特色文化遗产保护传承体系》，《人民日报》2012 年 7 月 26 日。

加强同全球各地的文化交流，共同推动文化繁荣发展、文化遗产保护、文明交流互鉴，践行全球文明倡议，为推动构建人类命运共同体注入深厚持久的文化力量。

要向世界阐释推介更多具有中国特色、体现中国精神、蕴藏中国智慧的优秀文化，让“活起来”的非遗讲好中华优秀传统文化故事，推动中华文化更好走向世界。[①] 要进一步整理和发扬中国历史长河中被埋没和隐藏的精神文化财富。中华优秀传统文化不仅体现为大量的文字文献及其思想，也体现为我国历史上广大劳动人民创造的非文字文化和物质文化，其中独具中国风格的生活文化中蕴含着中华民族的人生观、价值观、自然观，积累了数不胜数的生存智慧和精湛的造物技艺，这是更少受外来文化影响，而具有本土特色、本国特色和历史连续性的文化。这正是我们立足当下、面向未来所要借助的资源，是我们历史自信和文化自信的源泉。应加强对此的研究，挖掘其中隐藏的价值，充分彰显中华文化对人类文明的贡献。[②]

要充分利用“一带一路”建设契机，充分阐释古代丝绸之路，利用文化交流年等方式把传统戏曲等中华优秀传统文化展现给沿线世界人民，促进世界文明交流互鉴，深挖文化遗产价值中的独特创造、理念追求、鲜明特色、文化精神、文化情怀和文化自信，增强中华文明传播力、影响力。[③] 如今，中国与其他国家的跨学科、跨领域合作不断深化，古代壁画保护、陶质彩绘文物保护、饱水漆木器保护等方面的技术解决方案已进入国际第一梯队。围绕人类文明重大主题与使命，广泛开展文化遗产的多形式对话，共同推进文化遗产展示、传播和交流，为联合申报世界遗产提供智力支撑。在国际

① 张烁、王昊男、王珏、施芳、郑海鸥：《共同推动文化繁荣发展、文化遗产保护、文明交流互鉴》，《人民日报》2023年9月15日。

② 刘壮：《构建中国特色文化遗产保护传承体系》，《人民日报》2012年7月26日。

③ 李长平：《抓好新时代文化遗产保护传承工作》，《创造》2023年第8期。

组织、政府机构和高等院校的合作中，形成全球文明的对话网络和情谊纽带。①

非遗并不是古老、陈旧的文化，而是存在于我们日常生活中的多样化的文化艺术表现形式。它能有效提升社会活力、韧性和凝聚力，甚至弥合分歧、促进和谐，为新出现的全球性挑战提供解决方案。我们既要保护好中华优秀传统文化的基因，也要吸收外来好的做法。比如，日本的造纸、建筑技艺是从中国传入的，但是他们在实践中有许多值得我们学习借鉴的经验。法国的针对文化遗产和非遗的整体性、系统性保护方式，以及其基金会等社会组织全面参与文化遗产保护的机制也值得学习。在跨区域合作方面，上海努力作出了一系列有益的尝试，以上海艺术品博物馆举办的“国际传统艺术邀请展”为全球各国间开展非遗保护交流与合作搭建桥梁。

文化是民族的血脉，是人民的精神家园。文化遗产是凝聚民族认同、厚植爱国情怀的重要载体。站在新的历史起点，要以高度的历史自觉和文化自信推进文化遗产的系统性保护，同时还要挖掘古老遗产的时代价值，让中华文化遗产保护有效推动社会主义文化强国建设，为建设中华民族现代文明提供更加强大的精神力量。

第四节　推进文化旅游深度融合发展

文化是旅游的灵魂，旅游是文化的重要载体，文化产业和旅游产业密不可分，文化和旅游融合发展是文化建设和旅游发展的内在要求和必然结果。党的十八大以来，党中央在推进全面深化改革进程中组建文化和旅游部，有力推动文化事业、文化产业和旅游业融合发展。党的十九届五中全会通过的《中共中央关于制定国民经济和社会发展第十四个五年规划和二〇三五年远景目标的建议》中明

① 杜晓帆：《展现文化遗产保护新气象》，《人民日报》2023 年 6 月 9 日。

确提出，“推动文化和旅游融合发展，建设一批富有文化底蕴的世界级旅游景区和度假区，打造一批文化特色鲜明的国家级旅游休闲城市和街区，发展红色旅游和乡村旅游。”要让人们在领略自然之美中感悟文化之美、陶冶心灵之美。党的二十大报告指出，坚持以文塑旅、以旅彰文，推进文化和旅游深度融合发展，进一步明确了文化和旅游融合发展要求，为“十四五”时期文化和旅游改革发展指明了方向，对促进文化和旅游进一步在深度和广度上融合，实现文旅良性互动、双赢发展具有重要的现实指导意义。

一、文化和旅游融合发展的重大意义

（一）推动文化和旅游融合发展是提升旅游品质的重要手段

文化和旅游相生共荣，文旅融合是文化产业和旅游产业融合发展的产物，文化与旅游融合是指文化、旅游产业及相关要素之间相互渗透、交叉汇合或整合重组，逐步突破原有的产业边界或要素领域，彼此交融而形成新的共生体的现象与过程。人文资源是旅游发展的基础，旅游讲特色、创精品，一个重要的方面就是要十分注意对文化内涵的发掘。发展旅游，最重要的资源无非两大类。一类是自然资源，主要是自然形成的壮丽河山、优美风景；一类是人文资源，主要包括几千年中华文明留下的文化遗产遗迹、历史文化传统、各民族各地方风土人情，以及我们党领导人民在革命、建设、改革中取得的伟大成就等。因此，文化资源本就是最重要的旅游资源。即使是自然资源，很多也富含人文要素、打上文化烙印，正所谓“山不在高，有仙则名；水不在深，有龙则灵”，人文色彩越浓厚的旅游资源就越有魅力。随着经济社会发展和人民生活水平提高，我国进入大众旅游新时代，单纯以观光看景为主的旅游已经不能满足游客“求新、求奇、求知、求乐”的旅游愿望。这就需要以优秀人文资源为主干，用文化提升旅游品位，把历史文化与现代文明融入旅游经济发展，大力弘扬优秀民族文化和民族精神，精心打造更多体现文化内涵、人文精神的旅游精品，让自然景观更富神韵、文化体验尽显魅力。[①] 要在发展中突出强化文化的地位，凸显出文旅深度融合发展的必要性。“坚持以文塑旅”，就是要把文化注入旅游的魂，让文化融入旅游过程；“以旅彰文”，就是要把旅游融入文化产业，使人们在旅游过程当中，感受文化的魅力，增强文化自信。这既是文化和旅游融合长久以来形成的共识，也是在实践当中探索出的有效方法和途径，其最终目标就是要“推进文化和旅游深度融合发展”。[②]

近年来，文化产业和旅游产业在业态、产品、市场方面呈现发展趋势，旅游演艺、红色旅游、乡村旅游、文化遗产旅游等融合业态蓬勃兴起。2022 年 12 月，文化和旅游部联合自然资源部、住房和城乡建设部启动了国家文化产业和旅游产业融合发展示范区申报创建工作。各地旅游演艺、冰雪旅游、康养旅游、主题公园等文旅融合产品越来越受到游客青睐。2023 年春节期间，陕西华清宫“长恨歌”“长安十二时辰”体验街区的表演活动因其独特的文化魅力和丰富多样的体验内容受到游客广泛喜爱。

2023 年以来，文化和旅游市场有序复苏，文化和旅游消费快速回暖，群众出游热情高涨，线下的娱乐、演出、展览、电影等方面优质的文化产品受到群众喜爱，定制旅游、康养度假等个性化消费需求不断增多，线上演播、沉浸式演艺等新型消费模式层出不穷。文化和旅游部以“促进文旅消费，共享美好生活”为主题，组织启动了 2023 年文化和旅游消费促进活动，通过策划实施一批丰富多彩的文化和旅游消费惠民活动，推动改善消费条件，创新消费场景，优化消费环境，营造良好消费氛围，激发群众文化和旅游消费热情。各地也举办了亮点纷呈的特色消费促进活动，通过出台发放消费券、

---

① 雒树刚：《推动文化和旅游融合发展》，《光明日报》2020 年 12 月 14 日。

② 厉新建等：《学习二十大精神，推动中国式旅游现代化》，《旅游导刊》2023 年第 4 期。

门票减免、优惠折扣等系列促进消费政策措施，激发文化和旅游消费活力。2023年节假日期间，从北京、上海，到成都、南京、海口，再到南宁、济南，甚至河北阿那亚、河南云台山等众多景点，共有50多场大型音乐节、戏剧节落地举办，成为“行走的消费集聚区”，对文化和旅游产业及相关产业形成综合带动效应，打造出新的经济增长点。①

（二）推动文化和旅游融合发展是传播弘扬中华文化的有效路径

旅游业发展与精神文明建设密切相关，发展旅游经济，对弘扬我国优秀文化传统及增强中华民族的凝聚力，都具有十分重要的意义。旅游本质上是人们认识世界、感悟人生的一种精神文化活动，参与度高、覆盖面广、体验感强。中华民族自古崇尚“读万卷书，行万里路”。人们在旅途中增加知识、拓展视野、感知文化、涤荡灵魂，其所见所闻、所思所悟，也为文化创作提供了丰富素材和无尽灵感。同时，旅游也是不同国家、不同文化交流互鉴的重要渠道，是传播文明、交流文化、增进友谊的桥梁。像古丝绸之路，既是一条商旅之路，也是一条文化交往之路，每一名商旅游人都是文化使者，每一次旅行活动都促进文化相通。这就要求我们充分发挥旅游在传播中华文化、培育社会主义核心价值观方面的特殊优势，使旅游成为宣传灿烂文明和现代化建设成就的重要窗口，成为传播科学知识和先进文化的重要阵地，成为促进民心相通、展示中国形象的重要桥梁。

（三）推动文化和旅游融合发展是满足人民美好生活需要的必然要求

丰富健康的文化生活是衡量人们生活质量的重要标志，旅游是

① 陈希琳：《推动文化产业高质量发展　满足人民精神文化生活新期待》，《经济》2023年第7期。

人们生活水平提高的一个重要指标，旅游业是提高人民生活水平的重要产业。在满足人民美好生活新期待、提高人民获得感和幸福感的目标上，文化建设和旅游事业的目标是一致的。作为生活性服务业的重要组成部分，作为典型的综合性产业，文化产业、旅游产业又是天然相通的，关联度、融合度越来越高。据联合国教科文组织和世界旅游组织测算，全球近40%的旅游业是由文化驱动的，可见文化和旅游产业融合发展的巨大潜力。这就要求我们立足文化和旅游发展内在要求，顺应融合发展趋势，找准最佳切入点、最大公约数，推动文化和旅游相互支撑、优势互补、协同共进，拓展新的发展空间、形成新的发展优势，努力开创文化创造活力持续迸发、旅游发展质量持续提升的新局面，让人们在享受高品质文化、旅游产品和服务过程中，实现精神文化需求极大满足、美好生活指数全面提升。①

（四）处理好文化旅游和旅游文化的关系

从旅游学的角度来讲，文化旅游是指以特定地域的文化内容或活动为目的或者吸引力的旅游。它是大众旅游中的“小众”市场，这一类市场“消费者人数少，要求高，并且知识丰富，经济宽松”。根据文化旅游发展现状及趋势，这一“小众”市场不可小觑。二是以历史古迹、文博场馆、民族风情等为旅游对象的旅游始终是世界各国旅游业的重要内容或支撑。即便旅游者的目的不仅仅是文化旅游，但文化旅游已经在他们的旅游中占据了一定比例。三是文化旅游作为“小众”市场，相比大众旅游市场而言，其实际规模不小，形态也不少。以文化艺术节为例，西班牙的斗牛节和西红柿节、巴西的狂欢节、爱丁堡的音乐节等，都已经形成典型的节庆文化旅游世界级品牌。另外，出于学习、了解历史文化知识的目的，文化旅游特别是文化旅游的亲子游也呈增长趋势。而旅游文化是以一般文

① 雒树刚：《推动文化和旅游融合发展》，《光明日报》2020年12月14日。

化的内在价值因素为依据，以旅游诸要素为依托，作用于旅游生活过程中的一种特殊文化形态，是人类在旅游过程中精神文明和物质文明的总和。“文明旅游”是旅游文化的建设内容，“厕所革命”也是旅游文化的建设内容。旅游文化建设的载体、路径都是依托于旅游的。目前，我国旅游文化建设的最重要的问题就是文明旅游问题。

推进文化和旅游融合发展，要在把握文化旅游和旅游文化内涵的基础上，既推进文化旅游，也推进旅游文化建设。二者的侧重点有所不同：推进文化旅游发展，重点是推进传统文化产品的现代活化，传承发展中华优秀传统文化；推进旅游文化建设，重点是提升游客的文明素质。同时，也能够实现文化旅游和旅游文化建设的乘数效应。①

（五）健全文化和旅游融合发展需要制度保障

健全文化和旅游融合发展的体制机制，为文化和旅游深度融合、创新发展提供制度保障。强化政策法规引领，研究制定有关扶持政策和举措，特别是在财政、金融、用地和人才保障等方面拿出真招实招，为文化和旅游融合发展提供政策支撑。文化部与国家旅游局早在 2009 年 8 月就下发了推动二者深度联动发展的《关于促进文化与旅游结合发展的指导意见》。随着融合发展的日渐深入，2018 年党中央立足党和国家事业全局，做出了组建文化和旅游部的重大决策，这对于推进文化和旅游领域治理体系和治理能力现代化，推动文化事业、文化产业和旅游产业融合发展，满足人民美好生活需要，具有重要现实意义和深远历史意义。国务院办公厅于 2018 年 3 月发布了《关于促进全域旅游发展的指导意见》，为全域旅游发展指明了方向，提出有规划、有目的地实现旅游资源向动漫、游乐、演艺、剧场等产业渗透，并在组织旅游活动时充分利用文物遗迹、传统村

① 毕绪龙：《推进文化和旅游融合发展要把握六大关系》，《人文天下》2018 年第 11 期。

落以及艺术馆、纪念馆、博物馆、美术馆、非物质文化遗产和世界文化遗产展示馆等文化场所。2019 年 8 月，国务院办公厅印发《关于进一步激发文化和旅游消费潜力的意见》，提出促进产业融合发展，建设国家文化产业和旅游产业融合发展示范区。国务院于 2021 年 12 月出台了《“十四五”旅游业发展规划》，要求尽快针对现有旅游产业进行深入梳理，实现文化资源向旅游领域的全面赋能，同时就文旅产业的发展提出了相应的工作方针，即“生态优先、筑牢防线、旅游带动、科学利用、优质发展、旅游为民、以文塑旅、优质发展、创新驱动”。2023 年 10 月，国务院办公厅印发的《关于释放旅游消费潜力　推动旅游业高质量发展的若干措施》从加大优质旅游产品和服务供给、激发旅游消费需求、加强入境旅游工作、提升行业综合能力、保障措施 5 个方面提出 30 条工作措施，为旅游业高质量发展提供指引。该文件将“推进文化和旅游深度融合发展”作为第一部分“加大优质旅游产品和服务供给”的首条措施，彰显了推动文旅深度融合发展对于加大优质旅游产品和服务供给的重要性。①

二、文化和旅游融合发展的基本原则

习近平总书记关于文化和旅游融合发展重要论述是在正确认识文化和旅游发展规律基础上的重大理论创新，必须准确理解核心要义、落实工作要求、形成基本思路，坚持宜融则融、能融尽融，推动文化和旅游深度融合，为文化建设和旅游发展提供新引擎新动力。

（一）坚持以人民为中心的发展思想

习近平总书记关于文化和旅游融合发展重要论述蕴含的一个基

① 祁述裕、邓雨龙：《推进文旅深度融合　更好满足消费新需求》，《中国旅游报》2023 年 10 月 19 日。

本观点，就是必须坚持把更好满足人民群众精神文化需求作为工作的出发点和落脚点。中国特色社会主义进入新时代，社会主要矛盾发生变化，从“人民日益增长的物质文化需要”到“人民日益增长的美好生活需要”，体现出人民的需要已经从保基本的“有没有”“缺不缺”向求品质的“好不好”“精不精”转变，由“生存需求”型向“精神需求”型转变，可以说美好生活需求更强、要求更高。推动文化和旅游融合发展，必须紧扣社会主要矛盾变化，为广大人民群众提供更多的优秀文化产品和优质旅游产品，丰富人民精神世界，增强人民精神力量，满足人民精神需求，提升人民获得感、幸福感。

（二）坚持高质量发展的工作导向

习近平总书记关于文化和旅游融合发展的重要论述深刻阐述了文化和旅游的相互促进作用。推动文化和旅游融合发展，不只是文化和旅游的简单相加，而是要充分发挥文化和旅游的各自优势，促成化学反应、形成发展动能，实现文化和旅游相互促进、相辅相成，提高发展质量和效益。以文化和旅游工作体制机制改革为契机，加大资源整合利用力度，优化政策环境、法规环境、工作环境，以体制机制创新为事业发展提供不竭动力。要以文化和旅游领域供给侧结构性改革为主线，加快产业转型升级，以深度融合促进理念创新、机制创新、业态创新、模式创新，努力实现更高质量、更有效率、更可持续的发展。

（三）坚持增强国家文化软实力的战略目标

增强国家文化软实力和中华文化影响力，是党和国家工作的一项重大战略任务，关系到“两个一百年”奋斗目标和中华民族伟大复兴中国梦的实现。文化和旅游都是促进文明交流、民心相通的重要桥梁，是讲好中国故事、传播中国声音、展示中国形象的重要渠道，是增强国家文化软实力和中华文化影响力的重要源泉。推动文化和旅游融合发展，必须对标对表党和国家工作大局、服从服务国家整体战略，既要用好文化渠道，也要用好旅游途径，更要以文化和旅游之合力，全方位、多领域推进文化和旅游国际交流合作，传播和弘扬中华文化的当代价值、世界价值，塑造负责任、现代化的大国形象，夯实构建人类命运共同体的民意基础。

（四）坚持实事求是的基本原则

推动文化和旅游融合发展，既是时代大课题，又是发展新任务，必须坚持实事求是、从实际出发，做到科学融合、有序融合。尊重客观规律，既看到文化和旅游有能够融合的一面，又看到它们各自相对独立的一面；既努力做到你中有我、我中有你，又做到你还是你、我还是我，坚持宜融则融、能融尽融原则，避免片面强调特殊性和抹杀特殊性两种错误倾向。坚持因地制宜，立足区位特点、依据资源禀赋，走特色化、差异化发展道路，不搞“一刀切”、不能“一窝蜂”，防止照搬照抄、简单模仿。坚持稳中求进，做到稳扎稳打、久久为功，既不能一味观望等待，又不能指望一蹴而就；既反对保守、不作为，又防止冒进、乱作为。①

三、扎实推进文化旅游深度融合发展

学习贯彻习近平总书记关于文化和旅游融合发展重要论述精神，推动文化和旅游融合发展要求落地落实、取得实效，助力社会主义文化强国和旅游强国建设。

（一）整合优势资源，推进业态融合

实施“文化＋”“旅游＋”战略，找准产业结合点，推动文化和旅游产业与相关产业融合发展，特别是文化和旅游产业深度融合，

① 雒树刚：《推动文化和旅游融合发展》，《光明日报》2020年12月14日。

打造兼具文化和旅游特色的新业态、新主体、新模式。推进红色旅游、旅游演艺、文化遗产旅游、主题公园等已有融合发展业态提质升级，支持开发集文化创意、度假休闲等主题于一体的文化旅游综合体。依托文化资源、突出文化元素，大力发展研学旅游、展演旅游、康养旅游等新型文化旅游业态。推进长城、大运河、长征、黄河等国家文化公园建设，创立一批文化主题鲜明、文化要素完备的特色旅游目的地。[①] 进一步找准文旅融合的切入点、发力点，以更好满足人民日益增长的美好生活需要为目标导向，不断创新项目开发运营模式，培育更多新型业态、融合产品，打造一批具有国际影响力的文旅产品，持续提升消费者的体验感、获得感和自豪感。国务院办公厅印发的《关于释放旅游消费潜力推动旅游业高质量发展的若干措施》提出“引导戏剧节、音乐节、艺术节、动漫节、演唱会、艺术展览、文旅展会等业态健康发展，丰富‘音乐＋旅游’‘演出＋旅游’‘展览＋旅游’‘赛事＋旅游’等业态”。宜融则融、能融尽融是文旅深度融合的基本理念，旅游与演出、艺术、会展、体育等其他产业的跨界融合，催生了一批参与式、体验式、沉浸式新型文旅业态，是提升旅游产业附加值的关键举措。将节庆赛事、艺术展览等文化活动作为文旅融合的重要领域，增强旅游的文化属性和精神体验，为创新文旅深度融合发展模式、营造新型文旅消费场景提供新思路。[②]

促进“文化＋”融合发展，彰显文化和旅游融合魅力，提升文化与商业融合品质。如北京市发展和改革委员会 2021 年印发的《北京市“十四五”时期现代服务业发展规划》提出，开展文化产业繁荣发展行动。以“一城三带”为核心，依托老城、三山五园、永定河、大运河等文化资源密集区，建设一批富有文化底蕴的世界级旅游景区。加强核心区老厂区、城市副中心老旧厂房、新首钢地区、

① 雒树刚：《推动文化和旅游融合发展》，《光明日报》2020 年 12 月 14 日。

② 祁述裕、邓雨龙：《推进文旅深度融合　更好满足消费新需求》，《中国旅游报》2023 年 10 月 19 日。

门头沟“一线四矿”等工业遗址的保护利用，发展一批工业博物馆、工业遗址公园，建设工业主题精品酒店、工业场景体验地。①

（二）突出创新创意，推进产品融合

一是发挥文化产业创新创意优势，推动更多文化资源转化为高品质旅游产品，扩大产品和服务有效供给，满足人民群众多样化多层次需求。在加强保护基础上，盘活用好各类文物资源，推动有条件的文博场馆改扩建、提高展陈水平，推动将更多文物资源纳入旅游线路、融入景区景点发掘乡村人文资源，提供更具文化内涵的乡村旅游产品，提升乡村旅游智慧供给和服务水平，推动高质量发展。深入挖掘地域文化特色，把更多文化内容注入景区景点，使文化成为景区景点金字招牌。②

二是加大文化资源和旅游资源普查、梳理、挖掘、阐发力度，推出一批文化旅游精品线路和项目，丰富文化创意产品和旅游商品市场，加强产品宣传展示。主题游径建设可以统筹分散在各地的不可移动文化遗产与各类无形优质文化资源，有利于推进文化和旅游融合，形成主题性、特色化旅游产品。《关于释放旅游消费潜力　推动旅游业高质量发展的若干措施》提出开展中国文物主题游径建设和“读万卷书，行万里路”文化主题旅游推广活动。其中，中国文物主题游路径是以不可移动文物为主干，以特定主题为主线，有机关联、串珠成链，集中展示专题历史文化的文化遗产旅游线路。其建设工作由国家文物局、文化和旅游部及国家发展改革委共同推进，是将文物保护利用与旅游发展有机结合的创新之举。“读万卷书行万里路”文化主题旅游推广活动，旨在深入挖掘中华优秀传统文化的内涵和时代价值，通过整合历史名人、文学典籍、非物质文化遗产等文化资源，塑造新的主题线路，让人们在游历山水、寻访古迹的

① 沈啸：《北京促进文化和旅游融合发展》，《中国旅游报》2021 年 11 月 22 日。

② 雒树刚：《推动文化和旅游融合发展》，《光明日报》2020 年 12 月 14 日。

过程中进一步感悟文化之美、陶冶心灵之美。例如，文化和旅游部宣传推介的“读李白·游神州”文化主题旅游线路，围绕李白的诗篇足迹设计了 3 条主题线路，可以有效满足不同群体的旅游休闲偏好。①

三是加强革命文物保护利用，推出一批承载革命文化内涵、群众喜闻乐见的红色旅游产品，活化红色资源，赓续红色血脉。有序发展红色旅游，保护好、管理好、运用好红色资源。红色文化与旅游产业的融合具有内在统一性，红色文化增强旅游产业的吸引力，通过经济效益和社会效益双效统一的产品和服务，为旅游产业创造新的增长点；旅游产业则扩大了红色文化的影响力，使旅游目的地成为开展爱国主义教育和革命传统教育的生动课堂。有序发展红色旅游，核心目标是用旅游发展来彰显红色文化，应聚焦于让红色资源“活”起来，以守正创新为原则，以认同构建为重要抓手，以数字赋能、创意赋能红色资源表现形式为重点举措，通过革命旧址、名人旧居等红色文化遗址和沉浸式红色演艺、数字化红色文化体验馆等新型场景，让人们在红色旅游中见人、见物、见精神，沉浸式感悟中华民族共同的历史记忆和宝贵的精神财富。②

（三）优化资源配置，推进市场融合

深入推进“放管服”改革，优化营商环境，促进各类资源要素合理流动、高效配置，积极培育文化和旅游市场主体、提升活力竞争力。鼓励文化机构和旅游企业对接合作，推动形成一批以文化和旅游为主业、以融合发展为特色、具有较强竞争力的领军企业、骨干企业。促进文化和旅游市场监管融合，加强对新主体新业态新群体的引导、管理和服务，更新监管理念，建设信用体系，推进行业

---

① 祁述裕、邓雨龙：《推进文旅深度融合　更好满足消费新需求》，《中国旅游报》2023 年 10 月 19 日。

② 祁述裕、邓雨龙：《推进文旅深度融合　更好满足消费新需求》，《中国旅游报》2023 年 10 月 19 日。

标准建设和行风建设。坚持把社会效益放在首位，弘扬正确的历史观、民族观、国家观、文化观，加强对旅游场所、项目、活动监管，加强对旅行社和导游规范管理，确保旅游市场高扬主旋律、充满正能量。① 抓好文旅深度融合发展的典型示范。为积极发挥榜样引领作用，我国已启动了一批文化和旅游融合发展典型示范建设工作。例如，国务院《“十四五”旅游业发展规划》中提出打造一批红色旅游融合发展示范区，文化和旅游部办公厅于 2022 年 12 月公布了首批 10 个试点单位名单。此外，2022 年 12 月，文化和旅游部、自然资源部、住房和城乡建设部联合发布《关于开展国家文化产业和旅游产业融合发展示范区建设工作的通知》，提出“十四五”期间将建设 30 个左右文化禀赋和旅游资源丰富、产业链深度融合和协同互补、发展机制健全的国家文化产业和旅游产业融合发展示范区。文化和旅游部还将推出乡村旅游集聚区建设试点指南，推进以乡村为主体、以乡村文化生态为依托、以文旅深度融合为核心的乡村旅游高质量发展，为夯实乡村现代文明根基、提升旅游核心竞争力探寻新路径。②

（四）发挥综合效益，推进服务融合

协同推进公共文化服务和旅游公共服务、为居民服务和为游客服务，形成宜居宜业宜游的服务网络。统筹公共服务设施建设、管理、使用，建设、改造一批文化和旅游综合服务设施，提高公共服务覆盖面和适用性。统筹公共服务机构功能设置，在旅游公共服务设施修建、改造中，增加文化内涵，彰显中国特色、中华元素、地方特点，充满文化味。推动文化和旅游惠民工程整合资源、转型升级、创新机制，精准对接需求，提高服务效能，为百姓提供更精准、更有效的服务。推动公共文化服务进入旅游景区、旅游度假区，在

① 雒树刚：《推动文化和旅游融合发展》，《光明日报》2020 年 12 月 14 日。

② 祁述裕、邓雨龙：《推进文旅深度融合　更好满足消费新需求》，《中国旅游报》2023 年 10 月 19 日。

游客聚集区积极引入影院、剧场、书店等文化设施，构建主客共享的文化和旅游新空间。

（五）统筹文旅渠道，推进交流融合

整合对外和对港澳台文化和旅游交流工作力量，发挥海外文化和旅游工作机构合力，用好各类文化和旅游双边、多边交流机制，统筹安排“欢乐春节”“美丽中国”等文化和旅游交流活动，同步推进文化交流和旅游推广。① 综合发挥文化和旅游各自优势，推动更多优秀文化产品、优质旅游产品走向海外，进入主流市场、影响主流人群，把中华优秀传统文化精神标识展示好，把当代中国的发展进步和中国人的精彩生活表达好。把握入境游客旅游需求和接受习惯，设计有针对性的文化旅游线路和项目，展示好真实、立体、全面的中国。引导出境游客文明旅游，引导游客遵守境外法律法规、尊重当地风俗习惯，使亿万游客成为中国形象体现者、中国故事讲述者和中华文明传播者。

本章小结

繁荣发展文化事业和文化产业，主要包括四个方面内容。一是实施国家文化数字化战略，健全现代公共文化服务体系，创新实施文化惠民工程。必须完善公共文化服务供给机制，创新拓展城乡公共文化空间，促进公共文化服务提质增效，推动城乡一体化建设。二是健全现代文化产业体系和市场体系，实施重大文化产业项目带动战略。必须不断培育新型文化业态和文化消费模式，以高质量文化供给增强人们的文化获得感、幸福感。三是加大文物和文化遗产保护力度，加强城乡建设中历史文化保护传承，建好用好国家文化

① 雒树刚：《推动文化和旅游融合发展》，《光明日报》2020 年 12 月 14 日。

公园。必须稳步推进文化遗产保护工作，建构文化遗产保护的法律体系和理论体系，促进文化遗产的活化利用，健全文化遗产保护的教育体系，加强文化遗产的国际传播和国际化合作。四是坚持以文塑旅、以旅彰文，推进文化和旅游深度融合发展。必须整合优势资源，突出创新创意，发挥综合效益，推进业态融合、产品融合、服务融合、市场融合和交流融合。这些都是保障和改善民生的重要举措，是全面深化文化体制改革、促进文化事业繁荣发展的必然要求，是满足人民多样化、高品位文化需求的重要基础，也是弘扬社会主义核心价值观，激发文化创造活力，建设社会主义文化强国的重大任务。

思考题

1. 如何进一步推动公共文化服务体系建设？
2. 我国文化产业如何高质量发展？
3. 怎样实现文化遗产的系统性保护与利用？
4. 如何推进文化和旅游融合发展？

第五章　增强中华文明传播力影响力

党的二十大报告提出“增强中华文明传播力影响力”的明确要求，并以整段文字展开阐述：“坚守中华文化立场，提炼展示中华文明的精神标识和文化精髓，加快构建中国话语和中国叙事体系，讲好中国故事、传播好中国声音，展现可信、可爱、可敬的中国形象。加强国际传播能力建设，全面提升国际传播效能，形成同我国综合国力和国际地位相匹配的国际话语权。深化文明交流互鉴，推动中华文化更好走向世界”。“增强中华文明传播力影响力”是首次出现于党代会报告的论断，这一论断不能仅从战术性、策略性的层面来看待，还要从战略性、根本性的维度来考量，才能切实认识增强中华文明传播力影响力的紧迫性与全局性。

第一节　加快构建中国话语叙事体系

习近平总书记深刻指出：“要加快构建中国话语和中国叙事体系，用中国理论阐释中国实践，用中国实践升华中国理论，打造融通中外的新概念、新范畴、新表述，更加充分、更加鲜明地展现中国故事及其背后的思想力量和精神力量。”[①] 我们必须加快构建中国话语和中国叙事体系。只有站在构建中国话语和中国叙事体系成功的基础上，才能真正做到中国实践用中国理论阐释，把中国实践升华为中国理论，让中外传播的沟通壁垒得以消解，进而将可信、可爱、可敬的中国形象讲清楚、说明白，让全世界真切感受和体验到

① 习近平：《习近平谈治国理政》（第四卷），外文出版社 2022 年版，第 317 页。

中国的成就、发展和未来。

一、加快构建中国话语体系和叙事体系的逻辑理据

（一）加快构建中国话语体系和叙事体系的理论逻辑

为中国人民谋幸福、为中华民族谋复兴，是中国共产党诞生以来的初心和使命，同样是中国话语体系和叙事体系的恢宏持久的根本主题，也是构建中国话语体系和叙事体系最深层次的理论逻辑。人类拥有伟大的梦想，与之匹配的历史进程波澜壮阔。拥有百年历史的中国共产党成长历程波澜壮阔，习近平总书记在党史学习教育动员大会上指出："一百年来，在应对各种困难挑战中，我们党锤炼了不畏强敌、不惧风险、敢于斗争、勇于胜利的风骨和品质。这是我们党最鲜明的特质和特点。在一百年的非凡奋斗历程中，一代又一代中国共产党人顽强拼搏、不懈奋斗，涌现了一大批视死如归的革命烈士、一大批顽强奋斗的英雄人物、一大批忘我奉献的先进模范，形成了井冈山精神、长征精神、遵义会议精神、延安精神、西柏坡精神、红岩精神、抗美援朝精神、'两弹一星'精神、特区精神、抗洪精神、抗震救灾精神、抗疫精神等伟大精神，构筑起了中国共产党人的精神谱系。我们党之所以历经百年而风华正茂、饱经磨难而生生不息，就是凭着那么一股革命加拼命的强大精神。这些宝贵精神财富跨越时空、历久弥新，集中体现了党的坚定信念、根本宗旨、优良作风，凝聚着中国共产党人艰苦奋斗、牺牲奉献、开拓进取的伟大品格，深深融入我们党、国家、民族、人民的血脉之中，为我们立党兴党强党提供了丰厚滋养。"① 中国共产党百年历史中，延安革命时期和当今新时代在对外宣传和历史发展上具有特别

---

① 习近平：《党的伟大精神永远是党和国家的宝贵精神财富》，《理论导报》2021年第9期。

重要的意义。

以毛泽东为代表的老一辈无产阶级革命家将马克思列宁主义普遍原理和中国革命具体实际相结合，指导中国人民取得了土地革命战争、抗日战争、解放战争的胜利，建立了中华人民共和国。毛泽东以其独特的人格魅力，通过凝练幽默的言辞和深入浅出的表达，向世界讲述伟大的中国革命。“中国的革命应该而且必须为世人所了解”，毛泽东率先垂范，利用所能利用、所能开发的渠道和形式，突破国民党的重重新闻封锁，将延安故事讲给全世界听，洗清政治污蔑，赢得世界爱好和平者的友谊和国际力量的支持，为革命的成功奠定了坚实的国际基础。延安革命时期，120 多个国际媒体到访延安，友好人士和团体发出客观的声音，“中国未来是红星照耀中国”“中国的人心掌握在共产党人手中”的国际舆论形成，中国共产党领导的革命话语体系和叙事体系的构建卓有成效。这是我党对外宣传工作、国际形象塑造与传播的宝贵经验和重要成就，对于今天的外宣和话语体系构建工作具有重要指导意义。

党的十八大以来，习近平总书记从把握人类历史发展规律、推动人类社会发展进步的高度，提出了“世界百年未有之大变局”的重大论断。作为当今中国最大、最根本的时代背景、国际背景，我们所身处的新时代是世界百年未有之大变局的新时代，是中国话语体系和叙事体系构建的理论逻辑坐标。习近平新时代中国特色社会主义思想是新时代中国共产党的思想旗帜，是国家政治生活和社会生活的根本指针，是当代中国马克思主义、21 世纪马克思主义。作为新时代中国稳步发展的指南针、解决问题的金钥匙，习近平新时代中国特色社会主义思想在世界范围内构建了按既定目标努力实现中国共产党领导的高质量发展的中国话语体系和叙事体系，习近平总书记担当起“中国故事第一讲解人”的角色，在世界百年未有之大变局加速演进、中美博弈在更广泛领域更深层次展开的环境中，无惧敌对势力的污名化和舆论围攻，率先垂范指挥我们打起反污名化和反围攻的持久战、攻坚战。习近平总书记在多个场合通过科学、智慧的话语和表达，向世界讲述中国共产党为人民谋幸福、为民族谋复兴、为世界谋大同的初心使命，讲述中国道路、中国制度和中国实践，讲述建党百年来开辟的伟大道路、创造的伟大事业、取得的伟大成就。在习近平总书记的引领下，全民积极参与讲好中国故事，中国方案、中国智慧更多地被世界知晓，国际舞台上中国声音更加洪亮。构建人类命运共同体，构建相互尊重、公平正义、合作共赢的新型国际关系，强调创新、协调、绿色、开放、共享的新发展理念，坚持共商共建共享的全球治理观等一系列中国理念和中国主张走向世界，为实现中华民族伟大复兴第二个百年奋斗目标，在世界范围内构建中国话语体系和叙事体系起了至关重要的作用。

（二）加快构建中国话语体系和叙事体系的实践逻辑

新中国成立70多年以来，取得了世所罕见的伟大成就，其中经济的快速发展和社会的长期稳定堪称两大奇迹，这也是构建中国话语体系和叙事体系最生动的实践逻辑，极具说服力。新中国成立后特别是改革开放新时期和党的十八大以来，我国用几十年时间走完了发达国家几百年走过的工业化进程，社会生产力得到极大解放和发展，经济实力和综合国力显著增强。我国成为世界第二大经济体，人均国内生产总值不断提高，财政实力显著增强，外汇储备大幅增长，城镇化稳步推进。基础产业实现跨越式发展，农业基础地位不断强化，工业生产能力不断提升，交通运输建设成效突出，邮电通信业快速发展。全方位开放新格局逐步形成，贸易规模稳步扩张，外商投资规模和领域不断扩大，对外投资合作快速发展。科技实力逐步增强，科研投入不断增加，科技队伍发展壮大。人民生活水平提高，就业人数增加，就业规模扩大，城乡居民收入涨幅高，居民生活环境不断改善，竞技体育和群众体育共同发展。党的十八大以来，中国特色社会主义发展进入新时代，中华民族从站起来、富起来到强起来，实现了历史性飞跃，党领导人民开创了中国特色社会主义事业新局面。所有的成就和奇迹都是我们党的执政成就和国家治理成效，是我国国家制度优势和治理体系优势的实践体现，同时也是中国话语体系和叙事体系的重要内容。构建中国话语体系和中国叙事体系必须植根于两大奇迹和一系列伟大成就。“中国之治”对比“西方之乱”，“中国之治”彰显“西方之乱”，鲜明和强烈的对比是挖掘、设计、传播融通中外的新概念、新范畴、新表述的基础。

（三）加快构建中国话语体系和叙事体系的文明逻辑

为人类谋大同，为世界谋进步，为国际谋和平发展，归根结底是共同促进和推动世界文明发展，这是构建中国话语体系和叙事体系必须遵循的文明逻辑。文明是多彩的，人类文明因多样才有交流互鉴的价值。文明是平等的，人类文明因平等才有交流互鉴的前提。文明是包容的，人类文明因包容才有交流互鉴的动力。文明因交流而多彩，文明因互鉴而丰富。文明交流互鉴，是推动人类文明进步和世界和平发展的重要动力。中华文明从来不是一个放在博物馆供人观察和消费的文明，它起始于华夏大地以及炎黄子孙，现在依存于中华人民共和国，是一个有中心但无边界的文明。中华文明是世界上唯一一个延续至今且没有中断的文明，与世界其他文明交流互鉴是其本能和属性。各个国家和民族之间联系的加强并不会消解文明的多样性，只会互动发展，以文明交流超越文明冲突。关于推动文明交流互鉴，我们需要从习近平总书记的一系列重要论述中学些新理念、新思想、新论断，站位要高，从构建人类命运共同体的层面，强调促进文明之间的相互尊重、和谐共处，以文明交流互鉴为沟通的桥梁，增进各国人民之间的友谊、推动人类社会进步、维护世界和平；放眼世界文明，从中寻求智慧、汲取营养，慰藉人们的精神和心灵，携手应对人类共同面临的各种挑战。“一花独放不是春，百花齐放春满园”，世界从来都不是一面，文明也从来都不是一种，一枝独秀是傲慢与偏见，“文明冲突”“文明优越”更是极端谬误。2019 年 5 月，习近平总书记在亚洲文明对话大会开幕式主旨演讲中提出“坚持相互尊重、平等相待”“坚持美人之美、美美与共”

“坚持开放包容、互学互鉴”“坚持与时俱进、创新发展”[①] 的主张，深刻揭示了人类文明孕育、发展、交流、对话、互鉴的规律，深刻洞察了面向未来人类文明发展的规律与趋势，深刻剖析了世界百年未有之大变局背景下各国文明的相处之道。这为世界文明观提供了中国智慧，也是构建中国话语体系和叙事体系的文明交流发展逻辑。

（四）加快构建中国话语体系和叙事体系的福建逻辑

习近平同志在福建工作期间，提出建设“生态福建”的主张，亲自推进集体林权制度改革，推动长汀水土流失治理；提出并实施“数字福建”建设，抢占信息化战略制高点；六年七下晋江，调研总结“晋江经验”，推动县域经济持续健康发展；推动省级机关效能建设，教育党员、干部牢记政府前面的“人民”两个字，在全国率先推进服务型政府建设，在全省推行县级政务公开；强调把人民健康放在首位，推动以“餐桌污染”治理为抓手，建立从田头到餐桌的全程监管体系；坚决贯彻党中央决策部署，积极推动闽台直航，扩大闽台各项交流，使两岸经济人文交往发生重大积极变化。这些工作具有前瞻性和创造性，生动反映了习近平同志对党中央精神的深刻理解和对福建省情的科学把握，有力推动八闽大地改革发展领风气之先、走在时代前列。

福建省是习近平中国特色社会主义思想的重要孕育地，以全球视野、国家站位，着眼于福建省发展新阶段、新方位、新要求，主动服务国家外交外宣战略，突出了习近平同志在闽工作期间大刀阔斧、精心谋划、锐意创新的领导风范，展现了他率先带头、亲身示范、勇于担当的工作作风，体现了他心系基层、心系群众、心系民生的赤诚情怀。讲好具有福建特色的中国故事，塑造可信可爱可敬的中国形象，以福建实践阐释中国理论，构建中国叙事体系和中国

---

① 习近平：《习近平外交演讲集》（第二卷），中央文献出版社 2022 年版，第 196、197 页。

话语体系，这是构建有福建特色和福建贡献的中国话语体系和叙事体系必须遵循和突出的福建逻辑。

二、加快构建中国话语体系和叙事体系的实践路径

作为文化传播和表达的重要工具，话语体系和叙事体系在侧重点和表达方式上存在区别。话语体系通过语言符号和修辞手法表达思想、情感和观点，关注语言的准确性、逻辑性和表达的清晰度，强调用词恰当、语句流畅，以及如何通过语言技巧来传递信息、影响他人，侧重于话语空间；叙事体系通过故事情节、人物形象、环境描写等手段构建虚构的世界，传达某种价值观念或情感状态，注重通过情节安排、人物塑造和环境渲染等手段，生动地展现故事的主题和情感，让读者或观众产生共鸣和情感体验，侧重于叙述空间。话语体系主要是通过论证、说服和宣传等方式，传达某种观点、信仰或思想，旨在影响他人的态度和行为；而叙事体系则主要是通过讲述故事的方式，吸引读者或观众的注意力，激发他们的情感共鸣，从而传达某种情感、价值和审美观念。因此，话语体系和叙事体系在传播方式和目的上有所区别。话语体系和叙事体系紧密相连、互相成就，两者共同反映一个国家在国际社会中的地位和影响力。在全面推进中华民族伟大复兴进程中，需要加快构建与之匹配的中国话语和中国叙事体系。

（一）明确话语体系和叙事体系的内涵、定位和功能

作为信息的载体，话语，无论是文字表达、口头表达抑或肢体、动作等其他形式表达，都是要表达一定的情绪、观点、理论、思想等内容，可以说话语体系是思想理论体系和知识体系的外在表达形式。而思想理论体系和知识体系制约着话语体系，有什么样的思想理论体系和知识体系，就有相应的话语体系。话语体系伴随思想理论体系和知识体系的形成而形成，所以丰富和完善思想理论体系和

知识体系至关重要。同时，作为形式的话语体系也制约着思想理论体系和知识体系的外显，不同水平话语表达的吸引力、感染力、传播力、影响力也不一样，思想理论体系和知识体系的表达效果也就不一样。因此，构建话语体系不仅要创造、丰富和发展思想理论体系和知识体系，也要加强和优化话语表达方式。

（二）强调话语体系和叙事体系构建目的是增强话语权

2021年5月，习近平总书记在政治局集体学习中指出："我国国际话语权和影响力显著提升，同时也面临着新的形势和任务。"[①] 话语权在过去20多年里已经成为一种流行语，被我国政治和经济评论员频繁使用。因为"权"可解释为"权利"或"权力"，"话语权"被通俗理解为发表和被听取意见的权利，即与权威进行对话的权利，话语权也是一种资格，即说话和发言的资格和权利。对事态的解释权、对自身权益维护利益要求的申诉权、对非法行为的举报权、对政治观点和主张的阐释权、对错误现象和观点的批判权等，都属于话语权。话语权的强弱与话语表达密切相关。适当的话语有利于增强话语权。由于西方不断炒作所谓的"中国威胁论"，以增强话语权为目的进行话语体系和叙事体系构建的任务尤显紧迫。具有感染力、说服力、渗透力的话语有助于增强话语权。话语权不同于经济和军事资源等权力的物质表现，往往被理解为一种软实力，但是话语权与软实力在某些方面有质的区别。在实际操作中，软实力概念通常被量化为与硬实力类似或起补充作用的国家能力，而国家话语权的大小与国家的硬实力和软实力都密切相关，实力强大的国家话语权大，实力弱小的国家话语权小。因此构建话语体系要跳出话语体系自身的局限，从国家硬实力和软实力的角度来思考问题。

话语权对国际关系的影响更具基础性意义。随着近些年来我国经济的快速发展、综合国力的提升、国际地位的不断提高，中国文

① 习近平：《习近平谈治国理政》（第四卷），外文出版社2022年版，第316页。

化在世界上的影响力也逐步增强，学习中文在许多国家成为热潮，“中国奇迹”“人类命运共同体”越来越成为国际社会的热门话题。因此，在丰富和发展中国特色社会主义理论体系的基础上，深度结合我国发展的实践和经验，中国话语体系构建的基础也会不断得到夯实。如2022年《联合国气候变化框架公约》第26次缔约方大会（COP26）上中国成功利用话语权设定了某些议程，“生态文明”这一理念已成为很多气候问题对话的议题，“生态文明”以“地球生命共同体”的形式被庄严载入100多个国家签署的《昆明宣言》中。而在这次大会的首日，英国提出的“清洁绿色”倡议明显受到了中国“一带一路”倡议的启发。通过在国际领域创造通用词汇，可将中国提升至更有利的地位。

（三）坚持以我为主构建中国话语体系和叙事体系

构建话语体系和叙事体系，要在继承中创新，在以我为主的同时开放包容。中国共产党成立的历史是不断将马克思主义基本原理同我国实际和时代特征相结合的历史。党的十八大以来，以习近平同志为核心的党中央领导全党全军全国各族人民砥砺前行，全面建成小康社会目标如期实现，党和国家事业取得历史性成就、发生历史性变革，彰显了中国特色社会主义的强大生机活力，党心军心民心空前凝聚振奋，我们已经初步形成了具有中国特色的话语体系。在具有充分的自信的同时，我们还应该重视当今世界多极化和经济全球化深度发展趋势，伴随着科技进步的日新月异，不同的思想和文化之间在频繁交流的同时，交锋也愈加频繁。因此，构建中国话语体系，就必须强调初心，在拥有兼收并蓄、海纳百川的胸襟的同时，坚持以我为主，将维护国家文化安全落到实处，切实服务于国家发展。

第二节　着力加强国际传播能力建设

党的二十大报告提出，加强国际传播能力建设，全面提升国际传播效能，形成同我国综合国力和国际地位相匹配的国际话语权。“加强国际传播能力建设”体现了从文明视角对中国道路的坚持与解读，彰显了中国特色的鲜明特征，也是当代中国的文化传播、国际传播的战略任务。加强国际传播能力建设既关乎文化强国的建设，也关乎中国道路的坚持，既体现了文化自信，也体现了道路自信。

一、加强国际传播能力建设的必要性

（一）有助于改变西方国家对中国的“刻板印象”

2013 年 8 月 19 日，习近平总书记在全国宣传思想工作会议上的讲话指出，随着我国经济社会发展和国际地位提高，国际社会对中国发展道路和发展模式的理性认识逐步加深，同时对我们的误解也还不少，“中国威胁论”“中国崩溃论”等论调不绝于耳。同欧美一些国家受困于金融危机、债务危机相比，同一些发展中国家陷入“发展陷阱”相比，同西亚北非一些国家政治动荡、社会混乱相比，中国发展可以说是“风景这边独好”。但是，西方国家仍然在“唱衰”中国。国际舆论格局是西强我弱，西方主要媒体左右着世界舆论，我们往往有理说不出，或者说了传不开。这个问题要下大气力加以解决。

“刻板印象”指的是人们对某一类人或事物所持的固定化、简单化、笼统化的看法。对事物的价值评价和情感好恶通常与刻板印象相关。在对于具有许多共同之处的某类人在一定范围内进行判断时，凭“刻板印象”无需探索信息，按照已形成的固定印象即可直接得出结论，认知过程迅速，不耗费精力，这种判断方式在应对周围的复杂环境的时候是有利的，但同时值得注意的是，“刻板印象”会使人在认知事物时忽视个体差异、前后差异，先入为主，从而导致知觉上的错误，妨碍对事物作出正确的判断。“中国威胁论”“中国崩溃论”等误解都与西方国家看待中国国家形象的“刻板印象”相关。

“国家形象”话语在中国的出现，源于传媒领域学者的学术敏感，首先兴起于国际关系领域，当其进入中国政治家的视野，又促进了学界关于国家形象的专题研究。由于在语义上具有宏大叙事的特性，国家形象一词可以向各个领域延展，特别是当这一话语在现实世界具有了内在的重要性时。西方话语场域对中国形象的认知是建立在“异域形象作为文化他者”的理论假设之上的，按照萨义德的观点，中国只是在学院里被研究，在博物馆里被展览，在各种关于人类和宇宙的学术著作中被理论表述出来的一个想象的“中国”。总体而言，西方国家的中国形象反复但并非无常，它在乌托邦和意识形态两极之间摇摆，超越颠覆或整合巩固，意义都在西方文化本身。①

加强国际传播能力建设、讲好中国故事是改变西方国家对中国“刻板印象”的最佳方式。面对西强我弱的国际舆论格局，如何在西方主要媒体操控世界舆论的情况下，改变我们有理说不出、说了传不开的局面，是一个大工程。强大的国际传播能力胜过万千大道理。在复杂的国际背景下，我们必须积极主动加强国际传播能力建设，加强向世界展现一个真实的中国、立体的中国、全面的中国的能力。

（二）有助于解决中国强起来的安全问题

落后就要挨打，贫穷就要挨饿，失语就要挨骂。形象地说，长期以来我们党带领人民就是要不断解决“挨打”“挨饿”“挨骂”这

---

① 周宁：《乌托邦与意识形态之间——七百年来西方中国观的两个极端》，《学术月刊》2005年第8期。

三大问题。2015 年 12 月，习近平总书记在全国党校工作会议上指出："经过几代人不懈奋斗，前两个问题基本得到解决，但'挨骂'问题还没有得到根本解决。"①

雷默（Joshua Cooper Ramo）是与以往的"华盛顿共识"不同的"北京共识"的提出者之一，他在其《淡色中国》一书里说，"国家形象"是当前中国的最大威胁。在如今的全球化时代，中国如何看待自己和其他国家如何看待中国，将在很大程度上决定中国的发展和未来。他认为，中国在国家形象上的难题，与其说在于国家形象的好坏，不如说在于中国人自身的国家想象与国际社会对中国的想象差距甚大。如果不仅从国际关系的角度，而从更广的文化角度看问题的话，那么，可以说，对当下的中国来说，国家形象可以成为中国重思自己和重思世界的一个契机。② 经过 40 多年的改革开放，特别是 30 多年连续的经济快速增长，中国从一个孤立封闭的国家变成一个广泛参与国际事务并在国际上影响日增的国家，且拥有联合国安理会常任理事席位；从一个穷国变成了世界第二大经济体；从一个经济上自力更生、自给自足的国家，变成了其制造的商品遍布世界各国而又对世界上的能源有着巨大需求的国家。40 多年来中国发生了翻天覆地的变化，不仅世界各国一时难以适应，连中国人自身也很难较好地适应认识上和观念上的变迁。最重要的是，西方国家用来解释中国的理论不断地失效，中国自身用来解释中国的理论也往往落后于中国的现实发展。这时，中国是什么？中国何以会有如是的演化？中国会是什么？中国将给世界带来什么？如此等等一系列的问题不时地在中国人及全球相关者的心中叩问。解决"挨骂"问题不仅是一个国际问题，而且是一个连通着国内与国外的问题，既是世界不断地认识中国的问题，也是中国不断地认识自我的问题。

实事求是地说，很大程度上中国在世界上的形象仍是"他塑"，

① 习近平：《论党的宣传思想工作》，中央文献出版社 2020 年版，第 159 页。

② 张法：《国家形象概论》，《文艺争鸣》2008 年第 7 期。

而不是“自塑”，西强我弱的国际舆论格局依旧没有变化。继续加强国际传播能力建设，参与国际传媒市场竞争，是改变、扭转这个格局的契机和方式，只有这样，中国才会被国际理性客观地看待，才会有越来越多的人为中国点赞。

（三）是领导干部能力提升的必然要求

2021年5月31日，中共中央政治局就加强我国国际传播能力建设进行了第三十次集体学习。习近平总书记强调，各级党委（党组）要把加强国际传播能力建设纳入党委（党组）意识形态工作责任制，加强组织领导，加大财政投入，帮助推动实际工作、解决具体困难。各级领导干部要主动做国际传播工作，主要负责同志既要亲自抓，也要亲自做。要加强对领导干部的国际传播知识培训，发挥各级党组织作用，形成自觉维护党和国家尊严形象的良好氛围。各级党校（行政学院）要把国际传播能力培养作为重要内容。要加强高校学科建设和后备人才培养，提升国际传播理论研究水平。要深刻认识新形势下加强和改进国际传播工作的重要性和必要性，下大气力加强国际传播能力建设，形成同我国综合国力和国际地位相匹配的国际话语权，为我国改革发展稳定营造有利外部舆论环境，为推动构建人类命运共同体做出积极贡献。

我们党历来高度重视对外传播工作。党的十八大以来，我们大力推动国际传播守正创新，理顺内宣外宣体制，打造具有国际影响力的媒体集群，积极推动中华文化“走出去”，有效开展国际舆论引导和舆论斗争，初步构建起多主体、立体式的大外宣格局，我国国际话语权和影响力显著提升，同时也面临着新的形势和任务。

身处当今复杂的国际环境，面对艰巨的发展任务，高素质专业化干部队伍的建设势在必行。广大党员干部特别是领导干部除了完善知识结构、增长实践才干、强化专业思维、提升专业素养，还要加强国际传播能力建设，提高政策水平、强化专业能力、进一步丰富实践经验。

二、加强国际传播能力建设的策略探索

（一）强化国际传播观念，培养专业人才

新时代层出不穷的新传播新技术、新话语新表达、新形式新内容、新载体新体裁，适应了媒体的新生态，满足了人们的新需求。培养适应新时代要求的具备国际传播能力的人才是加强国际传播能力建设的根本。专门人才队伍的建设有利于提升国际传播效能。

第一，以新闻传播学的学科发展为抓手，在高校培养复合型国际传播人才。高校的教师队伍专业水平高、外语技能优秀、学术视野广阔，拥有突出的人才优势。可以在热爱祖国、拥有远大抱负、极富创造力的青年学生群体中培养一批善于从大处思考、跨文化传播的人才。

第二，在党和政府各级宣传部门中设置新闻传播工作的岗位，负责本级党和政府对外传播工作的理论建构和策略制定，强调适应国际舆论生态和媒体传播格局的新特点、新需要，为增强国家传播能力提供知识和组织保障，进而强化党和政府的“新闻执政”能力和国际传播能力。

第三，在国家级智库平台强调理论新闻传播学的建设，为不断优化对外传播方式，完善国际传播流程，锻造国际传播队伍，重塑国际传播格局，提供充分智力支持、战略规划和实务指导。

（二）针对核心敏感问题，实施系统应对

一些敏感问题如新冠病毒疫情，无论是其自身的状况还是其引发的次生舆情，都容易成为国际传媒关注的焦点，容易被部分境外媒体借机炒作，进行系统的、集中的诋毁和污蔑，给我国国际传播体系建设带来严峻的挑战，对我国初见成效的国际传播能力建设相当不利。因此，针对核心敏感问题，我们应该主动出击，对一些核

心概念做出解释和界定，在一些核心概念和敏感问题上形成共识，这种共识必须是认识和标准上的双重共识，通过将敏感问题纳入我们的叙事框架的方式应对西方媒体的双重话语和国际社会的固有偏见。

在国际传播中，民主形式话语权之争（竞争性选举民主与合作性协商民主）、政党制度话语权之争（竞争轮换政党制与多党合作一党执政制）、民族宗教话语权之争（有神论信仰与无神论信仰）、经济制度话语权之争（私有制与混合所有制）、国家结构话语权之争（联邦制与一国两制）、国际关系话语权之争（结盟与结伴）都是核心敏感问题，需要聚焦于此，建立具有中国特色、国际表达的中国共产党执政合法性理论体系和达到理论自洽的中国国际政治话语体系。

（三）抓准核心概念表达，为党发声代言

习近平总书记指出，要加快构建中国话语和中国叙事体系，用中国理论阐释中国实践，用中国实践升华中国理论，打造融通中外的新概念、新范畴、新表述，更加充分、更加鲜明地展现中国故事及其背后的思想力量和精神力量。要加强对中国共产党的宣传阐释，帮助国外民众认识到中国共产党真正为中国人民谋幸福而奋斗，了解中国共产党为什么能、马克思主义为什么行、中国特色社会主义为什么好。要围绕中国精神、中国价值、中国力量，从政治、经济、文化、社会、生态文明等多个视角进行深入研究，为开展国际传播工作提供学理支撑。

塑造可信、可爱、可敬的中国形象，关键要将中国共产党的形象传播出去。中国进行的国际传播需要站在本国和全世界最大多数人民的立场，在世界范围内传播中国共产党的光辉形象，才能真正具有世界意义。中国共产党国际形象可以用“成熟稳健、开放创新、无私奉献”三个客观且中性的关键词来概括。“成熟稳健”指的是中国共产党具有百年党史，这个百年大党从幼稚走向成熟却依旧保持

自身先进性和纯洁性，不忘初心使命，坚持全心全意为人民服务的宗旨，从严治党。“开放创新”指的是中国共产党在治国理政方面实行多党合作与政治协商制度，坚持统一战线，坚持改革开放；坚持自我革命，围绕党的领导机制、组织机制、学习机制、重大突发事件应对机制等进行了一系列科学的突破，在执政过程中持续不断地进行理论和实践创新。“无私奉献”靠的是无数个中国共产党员的马克思主义信仰故事、以人民为中心的初心故事、“立党为公，执政为民”的执政理念故事、“冲锋在前，享乐在后”的党风故事在支撑。

在国际传播中，为党发声就是牵住了叙事话语的牛鼻子，建立中共对外话语体系，真正缩小中国共产党真实形象和西方国家主观印象的反差。

（四）积极实施公民动员，发现国际传播人才

要积极应对西方话语体系对中国的污名化和舆论攻击，通过道德感召的方式，动员人民群众投身到国际传播氛围中去；可以适当采用物质激励的方式，提高社会各界参与国际传播活动的热情。

每个人都有实施国际传播的机会，每个人心中身边都有好的传播内容。跟习近平总书记学习国际传播，读好书明道理，学技术提技能，应由政府和相关组织部门共同推动。可由相关部门牵头并组织实施，在抖音、快手等民间话语空间持续设置议题，鼓励相关议题的社交性内容生产；在各类社交媒体平台发动全民参与并分享与新时代的中国有关的故事、经验和想法，描绘真实、立体、全面的中国形象。在政府媒体、政府网站、政府公众号、政务微博等官方话语空间持续设置议题，鼓励民众参与，传播体现中国立场、中国智慧、中国价值的标准、规则、理念的新观点新主张新方案。在教育系统面向大学生、留学生、中小学生，组织主题传播大奖赛，激发学生群体的集体想象力和创造力。可以采取比赛加分、获奖奖励、教研成果认可等硬核激励举措，以赛促教，以赛促讲，培养一批善于国际传播的复合型人才。

（五）细分文明圈和舆论场，有针对性开发受众

哪种文明占领了人们的头脑，哪种文明就能影响他们的行为。美国政治学家塞缪尔·亨廷顿以独特的视角，将世界文明分为八种，分别是中华文明、日本文明、印度文明、伊斯兰文明、西方文明、东正教文明、拉美文明和非洲文明。应针对不同文明，采取不同策略，有针对性提供符合其自身文化特点的国际公共文化产品。同时，也可从“美食”“文化”“艺术”等维度，提供柔性温润、有生活气息的多模态系列产品，争取国际文化产品的贸易顺差。

针对战略对手国、骑墙观望国、利益情感共同体国等不同的目标对象，要根据国别、民族、性别、年龄等指标，细分目标受众，实施精准传播；针对不同地域不同国别受众的议题兴趣点、利益交汇点、情感共通点和关注质疑点，实施差异化国际传播，一国一策、一语一策、一文一策、一龄一策等，通过纠正国际叙事和受众认知的偏差，强化国际传播能力。

（六）建立国际统一战线，寻找同声助力群体

统一战线做的是人的工作，目的是壮大同一阵营的力量。统一战线是重要法宝，可以凝聚人心、积蓄能量，夺取革命、建设、改革事业胜利，有利于全面建设社会主义现代化国家、实现中华民族伟大复兴。新时代国际统一战线肩负着使命，要以共同利益为基础、以共同发展为导向、以合作共赢为核心，遵循人类命运共同体的理念，致力于实现中华民族伟大复兴和实现人类共同发展目标的有机统一。新时代国际统一战线区别于旧式国家结盟，契合时代发展要求，致力于中国与世界各国的合作共赢，融入了以人类命运共同体理念为内核的价值。基于旧式国际统一战线的局限性、国际统一战线构建基础从单一向多元的演变等诸多因素，新时代国际统一战线的构建不能单纯以“主体划线”来确定团结对象，而应实施以“领

域为界”为主、以“主体划线”为辅的构建逻辑。[①]

着力加强国际传播能力建设，需要建立同一声音的国际统一战线，充分发挥跨文化群体在国际传播中的中介作用，通过“占位、织网、造流”等方式团结中间地带的跨文化群体，打破西方国家对信息的垄断及意识形态上的对立，寻求最大公约数、画出最大同心圆。聚集汉学家、通婚家庭、在华留学生、在华外籍人士、海外华侨、海外留学生、出海中国企业、国际公益组织、国际行业协会、国际学术团体等跨文化群体，织造中外跨文化交流人脉大网。在企业、研究机构、家庭等群体中寻找知华、友华、爱华的国际友人，开展中华文明对外传播，传递人类命运共同体的理念，“你中有我，我中有你”，培育为中国形象代言的国内外传播矩阵，完善国际传播格局。

（七）弘扬人性共通之美，激活国际受众情感

习近平总书记强调，要加强国际传播的理论研究，掌握国际传播的规律，构建对外话语体系，提高传播艺术。要采用贴近不同区域、不同国家、不同群体受众的精准传播方式，推进中国故事和中国声音的全球化表达、区域化表达、分众化表达，增强国际传播的亲和力和实效性。要广交朋友，团结和争取大多数，不断扩大知华友华的国际舆论朋友圈。要讲究舆论斗争的策略和艺术，提升重大问题对外发声能力。

实施国际传播的过程中，文化、政治、种族、利益、语言等都是天然的屏障，阻碍着传播内容，影响着传播效果。政治利益的藩篱需要破除，文化语言的差异需要克服，这就需要在进行国际传播的过程中，把握精神的共通点、思想的共享点、情感的共鸣点，以此弥合文化语言差异，化解政治利益冲突。

---

① 曾向红、田嘉乐：《人类命运共同体视域下新时代国际统一战线的构建》，《统一战线学研究》2022 年第 2 期。

要善于区分内宣和外宣，尽量避免比较抽象的宏大叙事，可以从人伦、亲情、善恶、性格、人性角度，把握好古今、中外、前后三个关系，以谦虚的姿态，将陈情和说理结合，以地方化的小叙事讲述人类共通的思维、情感、经验。求大同化小异、求多同化各异，将共识与个性相结合、价值与文化相结合、语言与形象相结合、“我们想讲”与“受众想听”相结合，以小人物反映大历史，以小视角阐释大主题，关键在于提升传播的道德感召力和思想穿透力，以情感人，以文化人。

第三节　深入开展文明对话交流互鉴

习近平总书记指出，在人类历史的漫长进程中，世界各民族创造了具有自身特点和标识的文明。不同文明之间平等交流、互学互鉴，将为人类破解时代难题、实现共同发展提供强大的精神指引。中方愿同各方一道，弘扬和平、发展、公平、正义、民主、自由的全人类共同价值，落实全球文明倡议，以文明交流超越文明隔阂、文明互鉴超越文明冲突、文明包容超越文明优越，携手促进人类文明进步。①

一、讲好中国故事

（一）强调中国故事的重要性

2016 年 2 月 19 日，习近平总书记在党的新闻舆论工作座谈会上指出，讲故事，是国际传播的最佳方式。要讲好中国特色社会主义

① 杨依军、冯歆然、温馨、曹嘉玥：《携手促进人类文明进步——习近平主席致第三届文明交流互鉴对话会暨首届世界汉学家大会贺信引发与会人士共鸣》，《光明日报》2023 年 7 月 4 日。

的故事，讲好中国梦的故事，讲好中国人民的故事，讲好中华优秀文化的故事，讲好中国和平发展的故事。讲故事就是讲事实、讲形象、讲情感、讲道理，讲事实才能说服人，讲形象才能打动人，讲情感才能感染人，讲道理才能影响人。要组织各种精彩、精练的故事载体，把中国道路、中国理论、中国制度、中国精神、中国力量寓于其中，使人想听爱听，听有所思，听有所得。

“讲故事”是一种柔性公关策略，强调以情动人，具有告知、说服、倡议、引起情感、获得支持、塑造国家形象，进而建构文化号召力和影响力的功能。从诞生开始，中国共产党就善于讲中国故事。1936 年美国记者埃德加·斯诺冒险冲破重重封锁到陕甘宁边区采访，根据所见所闻写成纪实文学作品《红星照耀中国》（又名《西行漫记》）。斯诺描绘了中国和中国工农红军以及许多红军领袖、红军将领的情况，如毛泽东等党的领导人用“春水一般清澈的言辞”讲述的红军的故事、苏区的故事、长征的故事、延安的故事，从多个方面展示中国共产党为民族解放而艰苦奋斗和牺牲奉献的精神。通过对领导人和普通民众的观察和描述，枯燥的组织号召、各种文件、大小会议等内容转变为亲切生动的文字，读者愿意读，容易产生情感共鸣，这样一来就顺利瓦解了种种歪曲、丑化共产党的谣言。1937 年 10 月，《红星照耀中国》在伦敦首次出版，立即引起轰动，中国红色革命的故事从此走向世界。

新时代的中国，史诗般的实践正波澜壮阔，在经济发展、法治建设、脱贫致富、生态文明建设等领域创造着一个又一个传奇，从一个胜利走向另一个胜利。这种种伟大实践前无古人，给讲好新时代中国故事提供了丰厚素材和广阔空间。在中华民族伟大复兴战略全局和世界百年未有之大变局交织激荡的背景下，讲好中国发展故事，在阐述“中国道路的大道理”和“中国故事的大智慧”过程中，让中国表达、中国修辞、中国语意亮相国际舆论场是历史的要求。习近平总书记就说，我们有本事做好中国的事情，还没有本事讲好中国的故事？我们应该有这个信心！

(二)强调中国故事的重心

习近平总书记指出:“人类在漫长的历史长河中,创造和发展了多姿多彩的文明。从茹毛饮血到田园农耕,从工业革命到信息社会,构成了波澜壮阔的文明图谱,书写了激荡人心的文明华章。”① 世界各国文明都有着丰富的内涵,进行孰优孰劣的比较是可笑的。当今世界,西方国家借助其国家经济实力的领先和科学技术的进步向外扩张,这种扩张并不是所谓的“普世文明”向“未开化”国家和民族的传播,很多时候不过是西方霸权主义国家对全世界实施文明扩张的画皮。面对其扩张的“文明”,我们无需顶礼膜拜,更不能在科技和金钱的裹挟下形成思维定式,产生一种文明自卑感。过去有霸权主义,现在有霸权主义,将来相当长一个历史时期仍然会有霸权主义的存在,在某些特定的时间还会强化,但是无论如何我们要保持对中华文明的自信,讲好中国故事也要强调中华文明这个重心,讲好中国故事离不开对自身文明自尊、自爱、自信、自立这个基础。只有不忘初心,才能固本开源。

中国故事的重心是中华文明。中华文明是中华民族过去探索和创造的丰厚积累,也是中华民族未来生存和发展的深层指引。积淀着中华民族最深沉的精神追求的中华文明,滋养着中华民族生生不息、继往开来、发展壮大。中华文明为世界贡献了深刻的思想体系、丰富的科技文化艺术成果、独特的制度创造,深刻影响了世界文明进程。

自古以来中华文明就蕴含着开放包容、和谐共生的基本特质。己所不欲,勿施于人。在尊重、发扬中华文明的同时,我们尊重一切尊重中华文明的民族,对那些怀着敌意妄图弱化、矮化、西化中华文明的人和势力,我们威武不能屈。正如习近平总书记指出,“中

---

① 习近平:《文明交流互鉴是推动人类文明进步和世界和平发展的重要动力》,《前线》2019 年第 6 期。

国不觊觎他国权益，不嫉妒他国发展，但决不放弃我们的正当权益。中国人民不信邪也不怕邪，不惹事也不怕事，任何外国不要指望我们会拿自己的核心利益做交易，不要指望我们会吞下损害我国主权、安全、发展利益的苦果。”① 中华文明是中国文化软实力最重要和深厚的构成部分，也是中国特色社会主义扎根的文化土壤。中华民族上下五千年的文明发展历程波澜壮阔，中华民族现代文明生机勃勃。越是民族的，就越是世界的。强调中华文明这一重心讲好中国故事，必将在世界文明的交流互鉴中为人类文明发展做出新的更大贡献。

（三）强调中国故事的主题

中国共产党领导中国人民取得的伟大胜利，使具有五千多年文明历史的中华民族全面迈向现代化，让中华文明在现代化进程中焕发出新的蓬勃生机。讲好中国故事，中国共产党就是必须强调的主题。红色政权来之不易、新中国来之不易、中国特色社会主义来之不易，讲清楚中国共产党为什么能、马克思主义为什么行、中国特色社会主义为什么好就是中国故事最精彩的主题。作为领导各族人民坚持和发展中国特色社会主义的核心力量，实践证明，我们党是一个坚持科学理论武装、先进性特征鲜明的党，是一个一切为了人民、全心全意为人民服务的党，是一个久经考验、成熟自信的党。中国共产党之所以赢得人民群众的拥护和支持，就因为它始终坚持为中国人民谋幸福、为中华民族谋复兴的初心和使命。

强调中国共产党这一主题讲好中国故事，就是要在国际交流互鉴中主动宣传推介习近平新时代中国特色社会主义思想，主动讲好中国共产党的党史故事、党建故事、勇于自我革命的故事、坚持和平发展合作共赢的故事、治国理政的故事以及中国共产党员坚持马克思主义信仰的故事。

深入开展文明对话交流互鉴，宣介优秀传统文化，就要把中国

---

① 习近平：《习近平谈治国理政》（第二卷），外文出版社 2017 年版，第 42 页。

共产党的优秀传统和优秀文化的精神标识提炼出来并加以展示，将其具有当代价值、世界意义的精髓全方位展现；要创作反映中国共产党的价值理念的文艺精品、文化成果走向世界。挖掘具有世界意义和人类价值的叙事，用准确生动的数据、案例、故事为新概念、新范畴、新表述提供素材，增强对外传播中对中国共产党形象的自塑能力。

针对当今世界发展面临的问题和困局，提出彰显中国立场、中国智慧、中国价值的理念、解决方案，让中国共产党今日中国之标识，成为世界讲述中国故事的渊源。世界对“舌尖上的中国”已经耳熟能详，“发展中的中国”“开放中的中国”也出现在世界舆论场，“为人类文明作贡献的中国”也必将被世界熟知和认可。我们还要让世界更加了解缔造当今伟大中国的领导力量中国共产党，让中国故事的讲述坚守初心。

（四）完善中国故事的叙事

在中国的文化语境中，故事具有三重内涵：第一是指过去的事，有真实的，也有虚构的；第二是指典故，包括典制和掌故、具有积极意义且大众熟知的人物、事件；第三则是指行事制度，即制度范畴的故事。而中国故事里的叙事则有“顺序”“头绪”“叙述”三层含义。在全球化的大环境中，针对不同的国际受众和话语空间的差异和需求，我们可以把“发展的中国”“文化的中国”“开放的中国”作为中国国家形象的定位关键词，制定故事化传播战略，进一步完善中国故事的叙事路径，进而提升中国国家话语权和文化软实力。

第一，构建故事维度的内容叙事观，在内容维度层面要聚焦于大叙事—中叙事—小叙事三个叙述层次，形成多元并存的叙事内容体系和叙事格局，向世界讲述全面、立体、真实、感人的中国故事。

第二，构建话语维度的受众叙事观，针对国际社会官方—公共—民间三重话语空间，我们应当构建不同叙事的中国故事话语体系。针对国际民间话语空间，应建立文化伦理共同体的文明中国话语体系。针对国际官方话语空间，应建立政治文明共同体的现代中国话语体系，围绕农业、工业、科技、国防和国家治理等现代化维度进行建构。这就建立了“讲好中国故事”的焦点叙事和主攻方向。搭建起“人类命运共同体”的话语体系则针对国际公共治理话语空间的建构问题，做好国际社会公认的世界和平建设者、全球发展贡献者和国际秩序维护者。

第三，构建语境维度的共享叙事观，包括共享语境和共享价值观。围绕“中国故事世界”这个核心，从内部和外部两种语境的关系视角来描述中国叙事文本的存在模式，建立语境——价值观二分法的共享叙事观模型。“中国故事世界”由四个等级组成，一级中国故事是指在国内外语境中弘扬共享价值观的中国故事；二级中国故事是指在国内外语境中彰显中国价值观的中国故事；三级中国故事是指在国内外语境中讲述西方价值观的中国元素故事，是具有融合视角的西方好故事；四级中国故事则是指在国内外语境中歪曲丑化中国价值观的反叙事操作故事，属于不合格的中国故事。我们需要剔除不合格的中国故事，尽力讲好彰显中国价值观、弘扬共享价值观的中国故事。

二、传播好中国声音

（一）整合媒体平台资源

传统媒体时代，故事生产和消费是一种“你讲我听”的单一叙事模式，而全媒体时代的到来让故事生产和传播的技术壁垒消失、费用门槛降低，故事生产和消费已经转为以多媒体平台、互文性叙事、互动式参与和沉浸式体验为核心特征的跨媒介叙事。因此，讲好中国故事、传播好中国声音就需顺应时势，全力整合媒体平台资源。

第一，认真建设自有媒体平台。助力中央主要媒体“走出去”，建设成为有较强国际影响力和话语权的国际传播媒体，吸引各个国家的主流媒体和自媒体入驻；扶持中国媒体尤其是民间媒体的海外平台建设；推动各级党委和政府部门建立健全新闻发布机制、建设优化各类高端智库，充分利用重大活动、中华传统节日、海外文化交流阵地。整合“报”“网”“端”“微”“屏”等媒体资源，用活多种文化形式，实施“以我为主”的媒介形态融合。

第二，积极参与公共平台。积极入驻各个国家主流社会化媒体平台矩阵；积极参与国外媒体公共平台；充分利用国际组织、国际会议、国际会展等公共平台，实施跨文化、跨语言、跨区域的国际传播，向世界传播好中国声音，实施“以他为主”的媒介形态融合，促进全球沟通、国际交流。

第三，努力支持他人平台。支持和赞助海外中文媒体与海外主流媒体和社会化媒体之间的互动与交融，充分利用别人的平台借船出海，讲好中国故事，沟通不同文化，传播中国价值和中国主张，推动文明互鉴。

第四，充分利用文字、音乐、舞蹈、影像、游戏等不同传播载体的特性，建立强调感性体验和互动参与的跨媒介的叙事路径，在叙事的内容情节上延展中国故事的丰富和多彩、在叙事的表现形式上丰富中国故事的体验和感受，提供极致且全面的感官体验。

（二）推动多元主体参与

讲好中国故事，不仅中央领导同志要讲，而且各级领导干部都要讲；不仅宣传部门要讲、媒体要讲，而且实际工作部门都要讲、各条战线都要讲。要动员各方面一起做好思想舆论工作，加强统筹协调，整合各类资源，推动内宣外宣一体发展，奏响交响乐、大合唱，把中国故事讲得愈来愈精彩，让中国声音愈来愈洪亮。

“国之交在于民相亲，民相亲在于心相通”。习近平总书记指出，“要深入开展各种形式的人文交流活动，通过多种途径推动我国同各国的人文交流和民心相通。”[①] 从文明的实践性来看，加强国际人文交流合作是实现文明交流互鉴的重要路径和方法。而人人都代表中国形象，个个都能讲中国故事，传播好中国声音，就需要推动多元主体的参与。作为话语的言说者、话语信息的传播者，话语主体是构建话语体系最活跃最关键的因素，担负着传播好中国声音的基本功能。

所谓全媒体即全程媒体、全息媒体、全员媒体和全效媒体。全程媒体，即全视角、全过程、全方位的信息呈现方式。在媒体融合背景下，一个事件的过去、现状和发展都会以最快的速度呈现给用户，打破了时间和空间的限制。全息媒体，指传播呈现方式的多元化。在物联网、云计算、人工智能等技术的推动下，万物皆媒的时代到来，视频、图文、AR 等给用户提供精准、立体的阅读和观看体验。全员媒体，指“人人都有麦克风”的时代来临，用户的表达权得到了充分的尊重，不同观点的相互碰撞，不同生活的相互分享，让融媒体平台“百花齐放”。全效媒体，指算法技术的发展使得用户精准画像成为可能，个性化推荐使得传播更高效。同时融媒体突破了功能的限制，融社交、服务于一体，全方位提高了传播效能。[②] 全程媒体、全息媒体、全员媒体和全效媒体相互作用、有机融合，成为一个整体，四者之间的相互影响和作用，使信息无处不在，推进媒体融合向纵深发展。而从传播学的角度来分析，作为传播主体的人显得至关重要：每个人都可以进行大众传播；“信息”与“意义”无关；受众的主动性极大增强；大众传播的行为、手段和内容变革，不断加速叙事体系的“去中心化”，话语主体由单一转向多元、由“独角戏”转向“大合唱”。

因此，建设匹配中国发展优势的话语优势，将中国的制度优势转化为话语底气，就需要多元主体的参与。除了积极利用传统媒体

---

① 习近平：《习近平谈治国理政》（第四卷），外文出版社 2022 年版，第 317 页。

② 王凯迪、周德书：《习近平全媒体思想引领下媒体融合路径研究》，《今传媒》2019 年第 9 期。

和新媒体等平台传播推送信息外，新闻发布会、对外文化交流及经贸活动都是推动多元主体参与的有效方式。多元主体的参与，有助于呈现话语的客观性和公共性，有利于建立良性互动、和谐友好的传受关系，使中国故事更有温度并能引起共情、共鸣，进而提高中国话语的感召力和影响力。

（三）创新传播交流方式

在继承发扬本民族优秀传统文化的同时，文明交流互鉴需要不断汲取时代精华与时俱进推陈出新。在传播方式上充分利用新技术，聚焦社会热点、文化焦点，实现交流方式的创新。

创新传播交流方式，立足的基点是深度的文化自信。只有坚持文化自信，从“道”的层面把握根本，从“术”的层面创新传播交流方式才有所附丽、具有实践意义。

深入开展文明对话交流互鉴，传播交流方式主要从话语表达方式着手，包含内容创新和形式创新两方面的内容。内容创新强调传播交流要以理说服人、以事感化人，增强话语的解释能力和说服能力；形式创新则重在以情动人、以趣引人，打通话语表达方式和受众的共情通道。二者都强调重视受众的感官和体验。

国际社会存在官方舆论场、公共舆论场和民间舆论场“官方—公共—民间”三个舆论场，从内容创新层面来看，针对国际官方舆论场适用以“政治文明共同体”为内核的话语内容体系；针对国际公共治理舆论场，适用以“人类命运共同体”为内核的话语内容体系；针对国际民间舆论场，适用以“文化伦理共同体”为内核的话语内容体系。内容创新要以事实为基础，以情感为铺垫，提供能够满足人类精神需求、反映社会意识形态、满足大众娱乐需求的文化产品。在文明对话交流互鉴进程中，这一文化产品就需要承载中国故事，如生动展现百年大党的光辉历程的中国共产党的故事、切实体现人民群众幸福生活中国人民的故事、别具特色蔚为大观的中国文化的故事等。

形式创新可以从文化仪式与文化符号角度去做文章。作为一种具有文化传承性的人类行为方式或实践活动，仪式的构成元素主要是社会实践中建立的各种社会规范。最初仪式仅指具有宗教性的实践行为，是宗教意识和宗教情感的外化形式。格尔茨在《文化的解释》一书中认为，仪式作为一种神圣化的过程，通过符号活动产生、加强以致神圣化为一种“真正的真实感”，通过“一套象征符号，引入一套心境和动机因素（一种气质），并定义一个宇宙秩序的图像（一种世界观）”，使得想象世界变得真实起来。仪式还泛指一切有着意识形态传播、情感融合、身份认同等功能的行为。符号是高度浓缩的文化表征，在漫长历史发展过程中所形成的宗教、科学、艺术等种种文化形态，构筑了人类的符号世界。① 人在创造与运用各种符号建设出一个“符号宇宙”的过程中建立人之为人的主体性。作为人存在的基本方式，符号化运作实现了人对世界的认识和构建。“符号学之父”索绪尔认为，符号是社会所接受的、以集体习惯和约定俗成为基础的文化表达手段。人的符号化行为是文化，而文化的创造和传承又以符号为媒介。文化产生和发展的形式表现为符号，文化积累、延续的载体也是符号。因此创新传播交流方式，除了内容创新所附加的物质功能，更要重视仪式使得意义形象化、具体化的功能，强调符号所蕴含的情趣、审美、个性等意义。

（四）健全效果评估机制

衡量中国话语在国际舆论场的传播力、影响力必须参考国际传播效果评估。科学合理的国际传播效果评估有利于推动国际传播工作在反思、调整过程中提质增效。随着中华文明在国际传播力和影响力的增强，对国际传播效果进行精准的、有针对性的评估显得尤为必要，传播效果评估是指导传播内容生产的有力参考、是进行媒

① 陈先红：《中华文化的格局与气度——讲好中国故事的元话语体系建构》，《人民论坛》2021 年第 31 期。

体交易的重要度量，通过传播效果评估能够衡量中国故事、中国声音在国际舆论场的传播力和影响力。

在全媒体时代，身处新的传播环境，多屏收视成为常态，以微博、微信为代表的社交媒体成为信息流动与传播的重要空间载体，传统媒体和新媒体之间形成互动和关联，信息传播呈现去中心化的形态，传播效果评估极具难度。而深入开展文明对话交流互鉴，是一项系统工程。因此，健全效果评估机制要构建高标准、规范化、可操作的评估指标体系，在国别效果、语种效果、媒介效果评估等方面进行考量，进行多维度综合评价，避免单一维度；强调宏观传播和微观传播并进，实现传播规模和传播品质的平衡。

在国际传播中，取胜的关键并非传播的范围，而在于传播的效果。深入开展文明对话交流互鉴，健全传播效果评估机制，首先要聚焦谁来说、说什么、如何说、跟谁说、效果如何等若干问题，强调话语内容的公信力、话语方式的创造力，重视精准化选择话语对象、融合话语平台、深化话语效果。其次要健全传播效果评估机制，需要多学科的参与，通过多形式、多渠道、多方位进行评估，强调话语主体、话语内容、话语平台、话语方式、话语对象、话语反馈之间的相互影响。再次要尊重国别、语种、媒介的差异，充分发挥第三方机构专业性和独立性优势，综合利用大数据、人工智能等技术进行数据采集、整理、反馈和应用，杜绝唯收视率、点击量、发行数、票房收入和流量数据的观念，强调效果评估的客观性、公正性和科学性。

本章小结

“增强中华文明传播力影响力”这一重大论断，不能仅仅局限于战术性、策略性的层面来看待，还要从战略性、根本性的维度考量。增强中华文明传播力影响力是从文明视角对中国道路的坚持与解读，是对当代中国的文化传播、国际传播提出的战略任务。中华文明传播力影响力，既关乎文化强国的建设，也关乎中国道路的坚持，既体现了文化自信，也体现了道路自信。增强中华文明传播力影响力，一方面必须更加深入地回到中华文明历史深处，坚持历史自觉，深挖中华文明基因，在“返本”中找寻中华文明的精神标识和文化精髓；另一方面必须更加开放地面对世界与时代，坚持推动文明交流互鉴，创造性地推动中华文化国际传播，积极倡导构建文化多样性的人类社会，在“开新”中激发全民族文化创新创造活力。我们要尊重国际传播规律，从中国所处的历史方位和时代特点出发，奋发有为，多措并举，推动中国化与国际传播，进一步提升中国国际话语权和影响力，让中国故事、中国声音、中国方案和中国智慧在世界广泛深入传播。只有增强中华文明传播力影响力，讲好中国故事，才能以足够的文化自信面向世界、开拓未来，铸就社会主义文化新辉煌。

思考题

1. 为什么要加快构建中国话语体系和叙事体系？
2. 讲好中国故事，你有具体体会或其他见解吗？
3. 怎么传播好中国声音？

第六章　发展社会主义先进文化

新时代改革开放所具有的新内涵和新特点，很重要的一个方面就是制度建设分量更重。我们党在长期的探索奋斗中，及时把成功经验转化为制度成果，进而把制度优势更好转化为国家治理效能。2019 年，党的十九届四中全会通过《中共中央关于坚持和完善中国特色社会主义制度　推进国家治理体系和治理能力现代化若干重大问题的决定》，其中重要一章就是“坚持和完善繁荣发展社会主义先进文化的制度”，该章论述的旨趣其实也就是为了更好地“坚持中国特色社会主义文化发展道路”，“发展社会主义先进文化”，“铸就社会主义文化新辉煌”。“坚持和完善繁荣发展社会主义先进文化的制度”这个重大命题包括五个彼此关联的子命题，即“坚持马克思主义在意识形态领域指导地位的根本制度”，“坚持以社会主义核心价值观引领文化建设制度”，“健全人民文化权益保障制度”，“完善坚持正确导向的舆论引导工作机制”，“建立健全把社会效益放在首位、社会效益和经济效益相统一的文化创作生产体制机制”。这个重大命题的体系建构蕴含着深刻的历史逻辑、理论逻辑和实践逻辑。党的二十届三中全会提出“深化文化体制机制改革”，主要也是着眼于制度方面。本章侧重从制度维度来谈发展社会主义先进文化。

第一节　坚持和完善繁荣发展社会主义先进文化制度的历史逻辑

中国特色社会主义先进文化的制度，是经过革命、建设、改革开放和现代化建设长期的伟大实践而形成的，是把马克思主义基本原理同中国具体实际相结合、同中华优秀传统文化相结合的产物。从新民主主义革命到社会主义革命和建设，再到改革开放和现代化建设新时期，我们党践行着与时偕行的文化发展理念，把握先进文化的前进方向，探索解决了文化领域怎么领导、为谁服务、如何建设等重大问题，为把繁荣发展社会主义先进文化加以制度化并保证其落实奠定了坚实的基础。梳理提炼坚持和完善繁荣发展社会主义先进文化的制度这个命题的历史逻辑，有利于我们深刻认识其内容丰赡、环环相扣的理论建构。

一、从“统一领导下进行宣传”到“三管”原则：文化领导权的强化

无产阶级革命领袖从事革命工作，纸质出版物是其第一个重要的宣传舆论阵地。1905 年，列宁在《党的组织和党的出版物》中认为“写作事业应当成为整个无产阶级事业的一部分”，为此提出“党的出版物”的“党性”原则，[①] 也就是说必须有无产阶级政党的阶级性最高最集中的表现，这就从理论上赋予党对自己所属传播媒介的领导权。

“中国共产党的文化领导权”是 2023 年 6 月习近平总书记在文化传承发展座谈会上第一次明确提出的命题，但并不意味着此前党没有注意掌握文化领导权之实。党要掌握文化领导权，必须通过媒介宣传意识形态、传播新闻信息、引导社会舆论、提供文化娱乐。不论是革命斗争时期还是执政时期，中国共产党都必须依赖并掌握好“笔杆子”。这“笔杆子”区别于“枪杆子”和“刀把子”，泛而言之是党领导建设的文化，可为党的领导言说合法性。党在早期就认识到宣传群众与组织、武装群众的先后逻辑关系，认为“宣传任务之实现，才可以达到组织群众、武装群众、建立政权、消灭反动

① 《列宁选集》（第一卷），人民出版社 2012 年版，第 663 页。

势力、促进革命高潮等红军的总任务”，“宣传工作是红军第一个重大工作”[①]，因此通过创办刊物、报纸和运用其他载体或渠道积极开展宣传工作。1940年，毛泽东在《新民主主义论》中就确保新民主主义文化性质而指出：“当作国民文化的方针来说，居于指导地位的是共产主义的思想，并且我们应当努力在工人阶级中宣传社会主义和共产主义，并适当地有步骤地用社会主义教育农民及其他群众。”[②]也就道出了党的宣传工作的主要内容。党历来强调通过宣传工作对党员和群众进行包括理论和路线方针政策在内的意识形态教育，以期在党内达成思想一致，将全党整合在领导核心周围，并有效进行社会动员和社会控制，推动各个阶段所制定目标任务的实现。

在党的各种宣传工作中，由新闻媒体承担的思想舆论工作具有很强的政治性和时效性，它深刻地介入权力的运行，对党的领导的落实有直接而重大的影响，且具有鲜明的意识形态属性，因此，党历来把新闻媒体舆论工作放在宣传思想工作的中心，以确保党媒的文化领导权。然而，直到“延安整风”初期，党组织主办的报纸还与党中央不大合拍，没有成为不折不扣的党报，比如，1938年，隶属长江局的《新华日报》曾拒载毛泽东《论持久战》。1942年3月底开始，毛泽东以改版《解放日报》为契机，彻底改造党报，把党性、群众性、战斗性和组织性作为党报必备的品质，构建出一套“党性第一”的中国新闻学。同年9月初，毛泽东对《解放日报》新任总编辑陆定一说：“报纸不能有独立性……应当在统一领导下进行宣传，不能有一字一句的独立性。”[③] 这其实就是明确了办报必须完全符合党的政策、增强党性的制度。陆定一则在1943年9月发表《我们对于新闻学的基本观点》，阐明新闻必须坚持真实的唯物主义新闻观。这说明，延安时期，党就探索总结出把党性原则作为办报根本原则的重要经验，把《解放日报》办成名副其实“中国共产党的党

① 《毛泽东文集》（第一卷），人民出版社1993年版，第96页。
② 《毛泽东选集》（第二卷），人民出版社1991年版，第704页。
③ 王敬：《陆定一同志的新闻实践与新闻思想》，《新闻研究资料》1992年第1期。

报”和“人民大众的报纸”。[1] 1948年10月2日，刘少奇发表《对华北记者团的谈话》说：“你们的笔，是人民的笔，你们是党和人民的耳目喉舌”。[2] 上述情况说明，我们党在新中国成立前就把党报定位为党和人民的“喉舌”。不言而喻，党管宣传、党管意识形态、党管媒体，也就是党掌握文化领导权的宝贵历史经验。

新中国成立后，随着计划经济体系的建立以及逐渐转向“以阶级斗争为纲”的路线，战时建立的党报制度的运行更加集权、运作趋向僵化、定位趋于片面，实行党的宣传政策和指令管理，按指示、文件办报，做计划新闻，缺乏追求独家新闻的动力，新闻八股化和新闻造假现象愈演愈烈，新闻媒体的特殊性和公信力严重受损。

改革开放以来，新闻媒体的新闻观念复苏，“党和人民的喉舌”的完整定位被重新肯定，以当时在地方工作的领导干部习近平为例。1989年，时任中共福建宁德地委书记习近平论及：“新闻事业是党和人民的喉舌”，“我们强调的党性，包含着人民性的深刻内涵”，“新闻学作为一门科学，与政治的关系很密切。但不是说新闻可以等同于政治，不是说为了政治需要可以不要它的真实性”，“强调新闻工作的党性，又不可忽视新闻工作自身的规律性”。[3] 也就是说，强调党性和人民性，不可忽视新闻性，三者在理论上是统一的。党的十八大以来，习近平总书记就此多次予以强调，如，2012年12月主持中共中央政治局会议提出“改进新闻报道”要求，在2013年8月全国宣传思想工作会议、2016年2月党的新闻舆论工作座谈会也强调党性、人民性和新闻工作规律性的统一，等等。党的十八大以来，习近平总书记相关表述主要是：“党性原则是党的新闻舆论工作的根本原则”，“党性和人民性从来都是一致的、统一的”，“党性寓于人

① 王敬：《陆定一同志的新闻实践与新闻思想》，《新闻研究资料》1992年第1期。

② 《刘少奇选集》（上卷），人民出版社1981年版，第404页。

③ 习近平：《摆脱贫困》，福建人民出版社2014年版，第83、84页。

民性之中”，“真实性是新闻的生命”，[①]“做好党的新闻舆论工作，要遵循新闻传播规律”。[②]这些论述与他在福建工作时期的深刻认识是一脉相承的。

20 世纪末以来，互联网以其排山倒海的气势加入大众传播的行列，而绝大多数互联网媒体的人事权、资产权和采编权不直接掌握在党的手中，建立一套新的管理模式、加强对互联网的管控成为党的必然选择。在 2013 年、2015 年、2018 年，习近平总书记先后指出：“互联网已经成为舆论斗争的主战场”，“网络已是当前意识形态斗争的最前沿”，“互联网日益成为意识形态斗争的主阵地、主战场、最前沿”。[③]他强调：“任何新闻舆论都有鲜明的意识形态属性”，“管好用好互联网，是新形势下掌控新闻舆论阵地的关键”。[④]党和人民如果不能掌控新闻舆论阵地，就可能犯颠覆性错误。2013 年 8 月，习近平总书记在全国宣传思想工作会议上指出：“要坚持党管媒体原则不动摇”[⑤]，后在 2015 年 12 月视察解放军报社时就此再次强调，2016 年 2 月在党的新闻舆论工作座谈会上又说：“党的新闻舆论工作是党的一项重要工作”，“党性原则是党的新闻舆论工作的根本原则。党管宣传、党管意识形态、党管媒体是坚持党的领导的重要方面”，“党管媒体的原则和制度不能变”。坚持党管媒体，并非主要是对党和政府主办的重点新闻媒体而言的，而是说把各级各类媒体都置于党的领导之下。2019 年 6 月 29 日起施行的《中国共产党宣传工作条例》指出，宣传工作是党的一项极端重要的工作，坚持党的全面领

---

① 习近平：《论党的宣传思想工作》，中央文献出版社 2020 年版，第 181、15、182、187 页。

② 本书编写组：《习近平新闻思想讲义（2018 年版）》，人民出版社、学习出版社 2018 年版，第 77 页。

③ 中共中央党史和文献研究院：《习近平关于网络强国论述摘编》，中央文献出版社 2021 年版，第 50、54、55 页。

④ 习近平：《论党的宣传思想工作》，中央文献出版社 2020 年版，第 185、183 页。

⑤ 中共中央文献研究室：《习近平关于社会主义文化建设论述摘编》，中央文献出版社 2017 年版，第 25 页。

导是宣传工作必须坚持的首要原则。作为坚持党性原则在文化领域的体现，那么党管宣传、党管意识形态是不是应该与党管媒体一并成为原则来坚持？从上述有关表述进行逻辑推论，显然是应该的，这也可以从后来相关文件内容得到印证。2020 年 6 月中共中央办公厅印发《党委（党组）意识形态工作责任制实施办法》提出“坚持党管意识形态原则”。2022 年 8 月中共中央办公厅、国务院办公厅印发《“十四五”文化发展规划》说“工作原则”——贯彻落实党管宣传、党管意识形态、党管媒体原则。党性人民性新闻性“三性”统一，也就是党管宣传党管意识形态党管媒体“三管”原则在新闻媒体领域予以落实的必然要求。坚持“三管”原则，才能够确保坚持马克思主义在意识形态领域指导地位的根本制度和社会主义核心价值观在文化建设中的引领作用，才能实现对全国思想舆论、价值取向的主导，从而强化“守的是中国共产党的文化领导权”① 落实。

二、从“为人民大众”和从属论到“二为”方向：文化立场论的调整

列宁在《党的组织和党的出版物》中就说，党性本身就包含着人民性，最高地体现着人民性，他在阐明党的文化领导权时，也道出了党的文化立场论，也就是“为千千万万劳动人民”服务的。②

文化性质决定文化的服务对象。中国共产党领导建设的文化，是从新民主主义文化延续发展到社会主义文化的。1940 年 2 月，毛泽东在《新民主主义论》中指出，新民主主义文化是人民大众反帝反封建的文化，民族的科学的大众的文化。这么一种文化性质，服务对象无疑是人民大众。他认为“为什么人的问题，是一个根本的问题，原则的问题”③，这是检验文化性质的试金石，不过，他着重

① 习近平：《在文化传承发展座谈会上的讲话》，《求是》2023 年第 17 期。

② 《列宁选集》（第一卷），人民出版社 2012 年版，第 666 页。

③ 《毛泽东选集》（第三卷），人民出版社 1991 年版，第 857 页。

以文艺为例来谈服务对象。毛泽东当然知道，为什么人的问题，列宁早就解决了，但鉴于当时有不少同志对此认识还模糊，1942 年 5 月，他在延安文艺座谈会上强调："我们的文学艺术都是为人民大众的，首先为工农兵的，为工农兵而创作，为工农兵所利用"，"必须站在无产阶级的立场上"，"在普及基础上提高""广大群众的文化水平"[①]，并进而讨论党的文艺工作和党的整个工作的关系、党的文艺工作和非党的文艺工作的关系，就此提出"文艺是从属于政治的""文艺服从于政治"——"阶级的政治、群众的政治"和"抗日""统一战线"。[②] 他当年强调"文艺从属于政治"的命题，有特殊的历史背景，那就是民族矛盾和阶级矛盾颇为尖锐，在当时极具针对性，旨在团结争取人民大众之外一切支持抗日的力量——如中等资产阶级、开明绅士、地方实力派等"中间势力"，其历史贡献不容抹杀。不过，新中国成立后在"左"倾思潮支配特别是"以阶级斗争为纲"时期，片面强调"文艺从属（服从）于政治"，把文艺为政治服务极端化绝对化，要求配合临时的、具体的、直接的政治宣传任务并速成，就容易导致文坛狭隘政治功利主义，把文艺当成单纯的政治宣传工具，助长公式化、概念化和其他错误倾向，严重束缚了文艺生产力。而且一般地提"文艺从属（服从）于政治"，也是不够全面和准确的，至少漠视了文艺的相对独立性及其本质特性。

其实，毛泽东论及文艺服务对象时，已涉及对文艺的领导问题，但是后来被人机械化教条化理解成"发号施令"，"要求文学艺术从属于临时的、具体的、直接的政治任务"[③]。马克思曾深刻指出："问题就是时代的口号，是它表现自己精神状态的最实际的呼声。"[④] 理论创新得从问题开始。1979 年 10 月，邓小平在中国文学艺术工作者第四次代表大会上的"祝词"中指出，党对文艺工作的领导"是根

① 《毛泽东选集》（第三卷），人民出版社 1991 年版，第 863、856、862 页。

② 《毛泽东选集》（第三卷），人民出版社 1991 年版，第 866、867 页。

③ 《邓小平文选》（第二卷），人民出版社 1994 年版，第 213 页。

④ 《马克思恩格斯全集》（第四十卷），人民出版社 1982 年版，第 289—290 页。

据文学艺术的特征和发展规律”；[①] 两个半月后，他明确指出：“不继续提文艺从属于政治这样的口号，因为这个口号容易成为对文艺横加干涉的理论根据，长期的实践证明它对文艺的发展利少害多。但是，这当然不是说文艺可以脱离政治。”[②] 这就表明，改革开放后，党中央站在执政的高度来把握文艺的发展规律。也就在第四次文代会的“祝词”中，邓小平表示要继续坚持毛泽东在延安文艺座谈会上提出的文艺为最广大的人民群众服务的方向。根据邓小平“祝词”和《目前的形势和任务》等讲话稿的精神，《人民日报》在 1980 年 7 月 26 日发表社论，提炼出“文艺为人民服务，为社会主义服务”的“二为”方向，作为新时期文艺工作总的口号和指导方针。“二为”方向在对象范围和内容含量上相比延安时期的提法，无疑有很大的扩充丰富完善，而且随着时间的推移，逐渐从文艺工作的指导方针提升为社会主义文化建设的指导方针。

1992 年 10 月，党的十四大报告关于社会主义精神文明建设的章节，强调坚持“为人民服务、为社会主义服务”的方向，此后的历次党代会报告均在社会主义文化建设章节论及坚持“二为”方向。社会学从人类、社会与文化的三维关系来阐释人类在地球万物中为何能够脱颖而出，那就是人类组织成社会，依靠群体的力量共同创造文化，并通过文化的积累和传承突破个体生命的局限，创造一套愈益丰富、不断进步的文化体系。从社会学视角来看，“二为”方向的概括提炼极具经典意义：文化为社会主义服务同为人民服务是统一的，离开了社会主义道路，就会从根本上脱离人民，违背全体人民的最高利益。在发展社会主义市场经济的条件下，文化创作生产坚持为人民服务，就在于坚持“以人民为中心”，[③]“把服务群众同教育引导群众结合起来，把满足需求同提高素养结合起来”，[④] 而不是

① 《邓小平文选》（第二卷），人民出版社 1994 年版，第 213 页。

② 《邓小平文选》（第二卷），人民出版社 1994 年版，第 255—256 页。

③ 习近平：《习近平谈治国理政》（第一卷），外文出版社 2018 年版，第 154 页。

④ 习近平：《习近平谈治国理政》（第一卷），外文出版社 2018 年版，第 154 页。

缺乏“在普及基础上的提高”“在提高指导下的普及”[①]。“二为”方向是对我国精神产品生产的基本要求，坚持“二为”方向，才能保障人民文化权益。

三、从“批判地吸收”文化遗产到“两创”策略：文化方法论的创新

与文化为什么人服务的问题一样，怎么对待历史文化遗产与如何建设新的文化的问题，也早就在马克思主义经典作家那里解决了。1920年，列宁在《青年团的任务》中论及，“凡是人类社会所创造的一切”，马克思“都有批判地重新加以探讨”，认为“只有确切地了解人类全部发展过程所创造的文化，只有对这种文化加以改造，才能建设无产阶级的文化”。[②] 诞生于新文化运动中的中国共产党，早期难免受五四时期文化激进主义的影响，文化建设思想大体是在对中国传统文化否定多于肯定的基础上产生的，以至于毛泽东在1941年说：“许多马克思列宁主义的学者也是言必称希腊，对于自己的祖宗，则对不住，忘记了。”[③] 也就是说片面以洋为尊、唯洋是从，在“反对老八股、老教条”之后又产生“洋八股、洋教条”。[④]

在民族矛盾极为尖锐的抗战时期，很有必要重新考量对民族传统文化的态度。1938年10月，毛泽东指出：“今天的中国是历史的中国的一个发展；……我们不应当割断历史。……从孔夫子到孙中山，我们应当给以总结，承继这一份珍贵的遗产。”[⑤] 这里侧重强调对中国传统文化内容的传承。他紧接着强调对形式的传承：“马克思主义必须和我国的具体特点相结合并通过一定的民族形式才能实

① 《毛泽东选集》（第三卷），人民出版社1991年版，第862页。

② 《列宁选集》（第四卷），人民出版社2012年版，第284、285页。

③ 《毛泽东选集》（第三卷），人民出版社1991年版，第797页。

④ 《毛泽东选集》（第三卷），人民出版社1991年版，第831页。

⑤ 《毛泽东选集》（第二卷），人民出版社1991年版，第534页。

现。”“洋八股必须废止，……代之以新鲜活泼的、为中国老百姓所喜闻乐见的中国作风和中国气派。”[①] 1940 年初，毛泽东在《新民主主义论》中说：“清理古代文化的发展过程，剔除其封建性的糟粕，吸收其民主性的精华，是发展民族新文化提高民族自信心的必要条件；但是决不能无批判地兼收并蓄。”“中国应该大量吸收外国的进步文化”，但“决不能生吞活剥地毫无批判地吸收”“一切外国的东西”[②]。至此，在毛泽东的文化理论建构中，“批判地吸收”继承文化遗产理念已和盘托出。1942 年 5 月，他以文艺为例说：“我们必须继承一切优秀的文学艺术遗产，批判地吸收其中一切有益的东西”[③]，同年 10 月为《延安平剧研究院成立特刊》题词“推陈出新”。“批判地吸收”，为的是推陈出新，体现了马克思主义的科学方法论，是马克思主义对待历史文化遗产的基本态度，也是正确态度。

至于“吸收”什么，延安时期毛泽东认为主要是“民主性和革命性的东西”[④]、为中国老百姓所喜闻乐见的民族形式。另外，1943 年 5 月中共中央的一份决定强调“要使得马克思列宁主义这一革命科学更进一步地和中国革命实践、中国历史、中国文化深相结合起来”，[⑤] 认为中国共产党人是“我们民族一切文化、思想、道德的最优秀传统的继承者”。[⑥] 然而，在内忧外患的战时状态、在社会制度的变更年代，我们党的文化工作思路方法多是先破后立、大破大立，因此在比较长的时间里，党继承吸收中国优秀传统文化以服务于文化建设、政权建设和国家治理是很不够的。随着国内的主要矛盾由阶级矛盾转为人民对于经济、文化快速发展的需要同经济、文化不

---

① 《毛泽东选集》（第二卷），人民出版社 1991 年版，第 534 页。

② 《毛泽东选集》（第二卷），人民出版社 1991 年版，第 707—708、706 页。

③ 《毛泽东选集》（第三卷），人民出版社 1991 年版，第 860 页。

④ 《毛泽东选集》（第二卷），人民出版社 1991 年版，第 708 页。

⑤ 中央档案馆：《中共中央文件选集》（第十四册・一九四三——一九四四），中共中央党校出版社 1992 年版，第 41 页。

⑥ 中央档案馆：《中共中央文件选集》（第十四册・一九四三——一九四四），中共中央党校出版社 1992 年版，第 41 页。

能满足这个需要之间的矛盾，如何建设社会主义文化的探索也就成为重要的时代课题。1956年8月，毛泽东接见中国音乐家协会负责人时，重提“批判地吸收”，并说“向古人学习是为了现在的活人，向外国人学习是为了今天的中国人”，“学习外国的长处，来整理中国的，创造出中国自己的、有独特的民族风格的东西”。[①] 在这里，1964年9月毛泽东在中央音乐学院学生来信批示中提出的理念——“古为今用，洋为中用”，[②] 其实已经蕴含在字里行间。遗憾的是，受反右派斗争扩大化和“左”倾错误干扰，当时“批判地吸收”继承中外文化遗产极其有限，而在“文化大革命”极左文化路线的驯化下，“批判”被人曲解成“倡导”的对立面，甚至竟然变成了“批斗”，传统文化和西方文化一起被全面否定。文艺界重申批判地吸收、古为今用、洋为中用、推陈出新，要等到1979年中国文学艺术工作者第四次全国代表大会召开以后。

习近平总书记指出：“中国特色社会主义文化，源自于中华民族五千多年文明历史所孕育的中华优秀传统文化，熔铸于党领导人民在革命、建设、改革中创造的革命文化和社会主义先进文化，植根于中国特色社会主义伟大实践”。[③]

2013年12月和2014年2月，习近平总书记主持政治局集体学习时先后提出，“坚持古为今用、推陈出新，努力实现中华传统美德的创造性转化、创新性发展”，做好中华优秀传统文化的“创造性转化和创新性发展”。[④]（以下简称“两创”）2014年9月，在纪念孔子诞辰2565周年国际学术研讨会上，习近平总书记说：“努力实现传统文化的创造性转化、创新性发展，使之与现实文化相融相通，

---

① 中共中央文献研究室：《毛泽东文集》（第七卷），人民出版社1999年版，第83、82页。

② 胡惠林：《文化政策学》，清华大学出版社2015年版，第279页。

③ 习近平：《习近平谈治国理政》（第三卷），外文出版社2020年版，第32页。

④ 习近平：《习近平谈治国理政》（第一卷），外文出版社2018年版，第160、164页。

共同服务以文化人的时代任务。”[1] 2014 年 3 月，习近平总书记在联合国教科文组织总部演讲指出：“文明因交流而多彩，文明因互鉴而丰富”，[2] 后来，“两创”先后被写入党的十九大、二十大报告关于文化建设章节，显然也就表明，对待外国文化也应遵循“两创”策略。值得一提的是，习近平总书记提出“两创”，既是为了传承中华优秀传统文化、发展社会主义先进文化，也是为了坚持和发展马克思主义。党的二十大报告指出：“坚持和发展马克思主义，必须同中华优秀传统文化相结合”。习近平总书记站在全面推进中华民族伟大复兴的高度，创造性提出马克思主义中国化时代化“两个结合”的“第二个结合”，是对历史的深刻总结，也是对规律的深刻揭示，表明党和人民的文化自觉与文化自信达到一个新高度。“两创”方针与“批判地吸收”等一脉相承、一以贯之，是结合新时代特点和要求作出的新的理论概括，深刻回答了社会主义先进文化建设的方法论问题，彰显了高度的文化自信，是新形势下正确处理文化方面“守”和“变”、“中”和“外”关系的科学指南。较之不破不立、破旧立新的文化思维模式，强调在文化积累的基础上创新的“两创”模式，更符合一个国家、一个民族的文化利益和文化需要。坚持“两创”方针，才能繁荣发展社会主义先进文化。

坚持“二管”原则、“二为”方向和“两创”策略，即坚持党管宣传、党管意识形态、党管媒体，坚持为人民服务、为社会主义服务，坚持创造性转化和创新性发展，分别是关于文化建设的领导权、立场论、方法论的一种概括提炼，均可追溯到党在延安时期奠定的基本原则，实质是党关于文化建设理论建构进行自我扬弃的结果，并非改弦易辙，实际是坚持和完善繁荣发展社会主义先进文化制度建构的历史基础。2023 年 10 月，习近平总书记对宣传思想文化工作作出重要指示的“七个着力”，包括“着力赓续中华文脉、推动中华

① 习近平：《习近平谈治国理政》（第二卷），外文出版社 2017 年版，第 313 页。
② 习近平：《习近平谈治国理政》（第一卷），外文出版社 2018 年版，第 258 页。

优秀传统文化创造性转化和创新性发展”,[①]“两创”和坚持党的文化领导权，均是习近平文化思想的重要内容。

第二节　坚持和完善繁荣发展社会主义先进文化制度的理论逻辑

我们党提出“坚持和完善繁荣发展社会主义先进文化的制度”这个大命题，包含的要点有：“坚持马克思主义在意识形态领域指导地位的根本制度”，“坚持以社会主义核心价值观引领文化建设制度”，“健全人民文化权益保障制度”，“完善坚持正确导向的舆论引导工作机制”，“建立健全把社会效益放在首位、社会效益和经济效益相统一的文化创作生产体制机制”。[②] 党主要从思想理论指导、价值观念引领和宗旨立场恪守三个维度划清社会主义先进文化制度的性质边界，并以社会控制机制和创作生产机制的整合来赋能发展活力，如此其实是一种理论框架的建构，把繁荣发展社会主义先进文化的实践提高到了理论水平。

一、以制度划清社会主义先进文化性质的边界

理论上说，先进的文化制度是包含多个要素和层次的系统，其要素应有科学的世界观、先进的价值观、正确的立场论，还有强大的控制力和发达的生产力。坚持和完善繁荣发展社会主义先进文化制度这个大命题，就包括五个彼此关联的子命题。

---

① 《坚定文化自信秉持开放包容坚持守正创新　为全面建设社会主义现代化国家全面推进中华民族伟大复兴提供坚强思想保证强大精神力量有利文化条件》，《人民日报》2023 年 10 月 9 日。

② 《中共中央关于坚持和完善中国特色社会主义制度　推进国家治理体系和治理能力现代化若干重大问题的决定》，人民出版社 2019 年版，第 22、23、24、25 页。

坚持用什么思想理论来指导，是文化建设的首要问题，关系到执政党性质、国家的命脉、思想的认同、文化的道路。马克思主义是共产党人的“真经”，是社会主义事业的“北斗”，是当代中国文化发展的“指针”。马克思主义是科学的理论，迄今依然占据着理论和道义的制高点，依旧有着蓬勃旺盛的生命力。党在十九届四中全会上，第一次把坚持马克思主义在意识形态领域的指导地位作为繁荣发展社会主义先进文化的根本制度乃至中国特色社会主义制度体系一项根本制度提出来，这是十八大以来我们党在文化领域取得的一项历史性成就。在阶级社会，意识形态是有阶级性的观念形态，“统治阶级的思想在每一时代都是占统治地位的思想”，[①] 也就是说，统治阶级通过意识形态建构、阐释、宣传甚至辩护或批判为其执政合法性与合理性提供理论和话语支持。葛兰西“文化领导权”理论认为，“政治霸权”和“文化领导权”可能不同步，无产阶级争夺意识形态领域的领导权，或为了舆论上的革命道义，或为了执政后的政权巩固。考察史实，便可见我党在新中国成立前就掌握全国范围的意识形态领导权，最迟可以 1949 年 1 月 22 日李济深、沈钧儒等民主党派领导人和著名的无党派民主人士 55 人联合发表《对时局的意见》——这个政治声明表明，中国各民主党派和无党派民主人士自愿地接受了中国共产党的领导为起始标志。意识形态决定文化的方向和道路，社会主义先进文化的“先进”，就在于它以共产党人的意识形态即马克思主义为指导，具有科学的世界观，所以成为马克思主义政党思想精神上的旗帜。在日益开放的中国，思想观念日益多样，社会思潮愈加复杂，在多元中挺立主导、在多样中谋求共识显得更加迫切，坚持以马克思主义统领、指导意识形态领域的重要性日益突出。马克思主义语境中的社会主义道路与共产党领导，是我们党意识形态两条不能逾越的底线。坚持马克思主义在意识形态领域指导地位的根本制度的“根本”定位，缘于它是坚持和完善繁

---

① 《马克思恩格斯选集》(第一卷)，人民出版社 2012 年版，第 178 页。

荣发展社会主义先进文化的制度中其他制度规定的前提条件。

坚持用什么价值观来引领，是文化建设的关键问题，关系我国时代新人培养、社会文明和谐。2006 年 10 月，党的十六届六中全会首次提出“建设社会主义核心价值体系”的重大命题和重大战略任务。2017 年 10 月，党的十九大把坚持社会主义核心价值体系纳入新时代坚持和发展中国特色社会主义的基本方略，这也是十八大以来党在文化领域取得的一项历史性成就。党的十九届四中全会提出，坚持以社会主义核心价值观引领文化建设制度。培育和践行社会主义核心价值观说到底是人的思想建设、灵魂建设，坚持以社会主义核心价值观引领文化建设制度，首要着力点是推动理想信念教育常态化制度化，而社会主义意识形态的建设，最重要的就是推进马克思主义中国化时代化，关键就是坚定“四个自信”[①]，促使全体人民在理想信念、价值理念、道德观念上“同频共振”，故强调价值取向的社会主义核心价值观与饱含思想理论、信仰信念的社会主义意识形态彼此交融，是决定文化性质和方向的最深层次要素。核心价值观是时代的产物，是文化的核心，是一个国家的重要稳定器。一个民族、一个国家，如果没有共同的核心价值观，就会魂无定所、行无依归。

坚持以社会主义核心价值观引领文化建设制度，这个命题体现了如下问题意识：一是市场经济功利性观念的膨胀。当今时代，全球化、互联网、信息化，还有市场化，都是我们加快经济社会发展的契机。不过，市场经济的本性是逐利的，作为个人的道德取向当然允许一定程度的自利，但如果缺乏必要制约，在功利心的驱使下容易造成极端自私，颠覆“义利兼顾”理念，因而与主流价值观念发生龃龉。二是工业文明物本位理念的扩张。西方拜金主义思潮、工业文明物本位发展观等进入国人的精神生活后，极端个人主义行为将消解社会主流价值观。坚持以社会主义核心价值观引领文化建

① 即中国特色社会主义道路自信、理论自信、制度自信、文化自信。

设制度需要法治支持，而法治进步也需要社会主义核心价值观引领。我们强调以社会主义核心价值观引领文化建设，一个重要目的是提升社会文明程度，通过褒扬崇德向善来降低社会治理成本。

保障什么人的文化权益，是文化建设的根本问题，是检验一个国家文化性质的试金石，关系人民的文化福祉、人民的文化参与。党的十九届四中全会提出，健全人民文化权益保障制度。人民文化权益保障的范畴，有既往所提“基本文化权益”，也包括文化消费权益，还有人民群众作为受众在大众传播过程中享有宪法保障的传播权和政府信息公开条例所保障的知晓权。社会主义先进文化，本质是人民的文化，是人民共建共享的文化。满足人民文化需求，保障人民文化权益，让人民共享文化发展成果、参与文化建设活动，赢得人民群众支持，是我国社会主义先进文化建设的根本出发点和落脚点。没有人民文化权益的充分保障，就不可能有全民族文化创造活力的真正迸发。通过互联网平台目睹一些文化创新创造后，不少人发出“高手在民间”的感慨，这正是因为文化权益的保障而生发出一种创造活力的真实写照。当代中国，人民群众的物质生活水平不断迈上新台阶，对精神文化生活的期待越来越高，对文化生活的需求日益呈现多样化、个性化趋势，同时，新文化业态所带来的新文化消费模式也层出不穷，文化权益保障日益成为社会关注的一个焦点。

健全人民文化权益保障制度，这个命题体现了如下问题意识：一是精品力作不多。我们出产的文化精品力作不多、受众面不广，商业化文化服务常“稀释”精神内涵、损害文化品质、降低艺术品位。二是供给效率不高。乡村文化供给紧缺、供需错位、供给效率低，农村文化基础设施不健全，村民参与公共文化空间活动的动能不足；不少公益性文化单位难以履行好提供公共文化产品和服务的职能。诸如此类文化供给质量、数量、效率等问题长期得不到很好解决。

社会主义先进文化以马克思主义为思想指导，以社会主义核心价值观为价值引领，保障人民文化权益。上述制度规范划清社会主义先进文化的边界，确保社会主义先进文化的性质，一项根本制度之外，坚持以社会主义核心价值观引领文化建设制度和健全人民文化权益保障制度均属于基本制度。

二、以机制赋能社会主义先进文化发展的活力

从理论建构视角来看，好制度需要好的运行机制来匹配、来实现，社会主义先进文化的蓬勃活力就是通过良性机制来生成实现的。社会主义先进文化制度的良性运行机制，一是体现在控制机制——坚持正确导向的舆论引导工作机制，二是体现在出产机制——把社会效益放在首位、社会效益和经济效益相统一的文化创作生产体制机制。

社会学强调对社会成员的价值观念和社会行为进行指导和约束，对各种社会关系进行调节和制约，并视道德、舆论等为社会控制的手段方式，旨在维持社会秩序、促进社会发展。舆论历来是影响社会发展的重要力量。学界有一种观点认为："在一定范围内有 1/3 多点的人持某种意见，这种意见由于开始对全局产生影响，故它已经从少数人的意见转变为舆论。"① 意见的数量，是采取舆论导向引导措施的重要依据。如何完善舆论引导工作机制，是文化建设的难点问题，关系国家政治安全、意识形态安全和社会稳定。党的十九届四中全会提出，完善坚持正确导向的舆论引导工作机制。意识形态、价值观念等是舆论工作的重要内容，舆论导向的正确也就意味着其政治方向和价值取向也都正确，故完善坚持正确导向的舆论引导工作机制，是坚持马克思主义在意识形态领域指导地位的根本制度和以社会主义核心价值观引领文化建设制度的必然要求。

社会主义先进文化作为社会学社会控制理论意义上的国家重要

---

① 陈力丹：《舆论学：舆论导向研究》，上海交通大学出版社 2012 年版，第 4 页。

稳定器，其控制力很大程度上要依靠生产力的支持。从理论上说，社会主义文化生产力应该是有史以来最发达的；就历史发展趋势而言，社会主义先进文化应该是一种全球性的强势文化。当前情况却是，中国国内生产总值自2010年以来位列世界第二，制造业规模居世界第一，但文化软实力和经济硬实力存在明显落差。我国文化产业国际贸易虽然多年来保持较大顺差，不过很大程度上得益于“文化相关领域”生产制造业的规模，而属于“文化核心领域”的文化服务贸易却长期逆差。中国对外文化贸易与发达国家相比，一个最大的战略性差异就是：我们输出文化物品，他们输出文化版权；我们输出文化资源，他们输出文化创意。双方的经济效益和文化影响力呈现明显落差。例如，在主题乐园项目的开发中，像“米老鼠”和“唐老鸭”那样具有世界性巨大精神感召力的文旅产品、文化符号，正是美国在有效地实施全球文化治理战略进程中的成功案例。中国文化“走出去”常常停留于包个饺子、舞个狮子、耍套功夫上，这样只能向国外提供一些表层的文化符号，而没有把精神标识和文化精髓提炼展示出来、包装卖出去。从历史角度看，中国文化的延续性和积累性全球第一，这么丰厚的优良文化资源却没有得到充分的转化利用，其中一些反而被外国抢先创意开发，所以有人就说我们是“捧着金饭碗去要饭”，“有无数上等的木料却造不出一架登天的梯子”。

社会主义文化生产力的优越性一直未能充分展现和充分发挥，社会主义文化长期以弱势的生态存在，这与我们对文化产品的性质、文化创作生产规律的认识有偏差密切相关。我们曾长期只注意文化产品的特殊属性、本质属性——意识形态属性，而忽视文化产品的一般属性——商品属性或市场属性，甚至否认从市场上实现价值的必要性，抓文化产品的社会效益而力不从心；也有人只看到文化产品具有商品的经济属性就忽视其意识形态属性，抓文化产品的经济效益而迷失方向、满身铜臭；有些人把文化产品的社会效益理解成思想观念的灌输，简单以传播学“传播是控制”理论为依据，把文化产品变成思想观念的生硬说教，缺乏“润物细无声”的渗透力量，一些文艺作品的思想情感“倾向”不是“从场面和情节中自然而然地流露出来”，而是“特别把它指点出来”，[①] 未“按照美的规律”[②]进行创造，有了思想性却缺乏艺术性、观赏性，或者把社会效益和批评监督割裂开来，掩饰矛盾、回避问题，难免受众寥寥；有些人则简单把传播学“传播是游戏”理论奉为圭臬，以花哨形式、低级趣味甚至淫秽色情来博取笑声、取悦受众，重形式轻内容，重感官娱乐轻精神愉悦，不讲格调品位，放弃社会责任，侵蚀受众的身心健康。不少经营性国有文化单位转企改制不到位，长期依赖政府，缺乏走向市场的动力，缺乏市场竞争活力，其文化产品难以通过市场来实现价值。国有文化单位垄断过多资源，市场的资源配置作用难以充分发挥，造成很多民营文化企业生产积极性受到抑制，加上缺乏政府的有力扶持，导致缺乏市场竞争力。建立健全怎样的文化创作生产体制机制，是文化建设的重点问题，关系对内能否为人民提供丰富的精神食粮、对外能否展示独特魅力“走出去”。党的十九届四中全会提出建立健全把社会效益放在首位、社会效益和经济效益相统一的文化创作生产体制机制，充分体现了新时代文化为人民服务的宗旨，彰显了我国文化的社会主义性质。

坚持和完善繁荣发展社会主义先进文化的制度命题的理论建构具有系统性，充分体现了我们党对社会主义文化建设规律的把握达到一个新高度、步入一个新境界。从思想理论、价值观念和宗旨立场三个维度，就对繁荣发展社会主义先进文化的制度的性质边界予以厘定。制度的落实依赖机制的运行。社会主义先进文化制度运行机制，一是完善坚持正确导向的舆论引导工作机制，二是建立健全把社会效益放在首位、社会效益和经济效益相统一的文化创作生产体制机制。这两项机制是解决社会主义先进文化的活力问题，确保

---

① 《马克思恩格斯文集》（第十卷），人民出版社 2009 年版，第 545 页。

② 《马克思恩格斯文集》（第一卷），人民出版社 2009 年版，第 163 页。

社会主义先进文化的生机问题，是由文化领域根本制度、基本制度派生出来的主体性制度，均是繁荣发展社会主义先进文化的重要制度。上述三大制度和两大机制，作为一个整体在立柱架梁夯制度。

“理论自觉、文化自信，是一个民族进步的力量；价值先进、思想解放，是一个社会活力的来源。”[①] 坚持和完善繁荣发展社会主义先进文化的制度建构，彰显了我们党的文化自信。文化自信是一个民族、一个国家对自身文化传统、文化价值的高度信心，对自身文化生命力、创造力的高度信心。文化自信的实质，首先要有文化的主体性，即必须“坚守中华文化立场”[②]，坚守“中华民族的文化主体性”，[③] 文化建构上坚持以我为主、为我所用的主体性原则，当然，以我为主并不是搞自我封闭，更不是搞唯我独尊。文化自信的实质，其次是精神的独立性，就是强调独立思考、自主判断，而不是唯洋是从亦步亦趋、人云亦云东施效颦。文化自信的实质，还有就是理论的原创性，即创造出富有道理学理哲理的新理论，凸显中国智慧、中国价值和中国标识。文化主体性、精神独立性、理论原创性三者是依次推进、彼此相关的。文化自信的理论支持，在中国传统文化中有孔子《论语·子路》所说的“和而不同”，在西方文化中有“地方性知识”。美国人类学家吉尔兹所提出的“地方性知识”，是说知识总是在特定的情境中生成并得到辩护，知识形成的具体情境条件决定其在多大程度和范围内有效，这种新型知识观念的实质是对“西方中心主义”文化霸权的冲击和对抗。“和而不同”思想比“地方性知识”理论的含义或许更为丰富，前者至少有六层意涵，一是《孟子·滕文公上》所说的“物之不齐，物之情也”，二是《礼记·中庸》所说的“万物并育而不相害，道并行而不相悖”，三是《卜居》所说的“尺有所短，寸有所长”，四是《晏子春秋·内篇杂下》

---

① 习近平：《在纪念马克思诞辰200周年大会上的讲话》，人民出版社2018年版，第19页。

② 习近平：《习近平谈治国理政》（第三卷），外文出版社2020年版，第32页。

③ 习近平：《在文化传承发展座谈会上的讲话》，《求是》2023年第17期。

所说的“橘生淮南则为橘，生于淮北则为枳”，五是《三国志·魏书》所说的“和羹之美，在于合异”，六是《国语·郑语》所说的“和实生物，同则不继”。如果说道路自信指向实现路径，理论自信指向行动指南，制度自信指向根本保障，那么文化自信就指向力量根基，因其在人民群众中的基础性、广泛性、深厚性的存在而成为“最基本、最深沉、最持久的力量”①。把文化自信和道路自信、理论自信、制度自信并列为中国特色社会主义“四个自信”，是十八大以来党在文化领域取得的又一项历史性成就。

第三节　坚持和完善繁荣发展社会主义先进文化制度的实践逻辑

2023年10月，习近平总书记对宣传思想文化工作作出的重要指示，其中包括着力推动文化事业和文化产业繁荣发展。在当代中国，推动文化事业和文化产业繁荣发展，就是繁荣发展社会主义先进文化。在理论与现实对话视野下，聚焦于文化生产和服务的供给、需求、管理三方关系，坚持和完善繁荣发展社会主义先进文化制度的实践逻辑，可着力于深化文化供给侧结构性改革和推动文化管理侧协同性增效两大方面。

一、以深化文化供给侧结构性改革来增活力

判断一种文化是否先进，一般的标准主要看其实践性。鉴于治理主体、治理工具和治理客体是推进国家治理现代化的三条主线，社会学社会运行动力机制理论认为社会需要是社会运行动力源，探讨繁荣发展社会主义先进文化制度建构的实践逻辑，可聚焦于文化

---

① 习近平：《习近平谈治国理政》（第四卷），外文出版社2022年版，第103页。

建设所涉及的生产和服务的供给、需求、管理三方关系来展开。

长期以来，我们的文化供给端欠佳，文化产品和服务的低劣供给、供给不足和无效供给三种情况并存。在不少农村和城乡接合部，因基本公共文化服务的覆盖面和适用性存在短板，畸形文化泛滥，非法宗教活动乃至邪教活动与我们党争夺群众，不断蚕食我们的意识形态阵地。我们党曾经试图通过摸底调研了解群众需要怎样的文化产品和服务，然后以需定供，这种工作思路却未必是解决文化产品和服务供需失衡的最佳办法。因为需求千差万别并且千变万化，以需求牵引供给，那么供给总是滞后于需求。经济学的萨伊定律认为，供给创造自己的需求，那么，文化领域是否也存在供给创造需求的情况？好莱坞大片在中国受欢迎，也就启发我们可把工作重心转移到做强供给上，而不是一门心思琢磨需求。2015 年 11 月 10 日，习近平总书记在中央财经领导小组第十一次会议上首次提及供给侧结构性改革，次月，他在中央经济工作会议上强调："推进供给侧结构性改革，是适应和引领经济发展新常态的重大创新。"[①] 供给侧结构性改革，就是从供给端入手，经济领域的成功实践，值得文化领域借鉴。2019 年 1 月 25 日，习近平总书记主持中共十九届中央政治局第十二次集体学习时指出："在信息生产领域，也要进行供给侧结构性改革，通过理念、内容、形式、方法、手段等创新，使正面宣传质量和水平有一个明显提高。"[②] 建立健全把社会效益放在首位、社会效益和经济效益"两效统一"的文化创作生产体制机制，就要求不能只着眼于需求侧，反而更应当重视供给侧，文化供给侧结构性改革因此显得非常迫切。当然，这里说工作重心转移，并不意味着反对把供给创造需求和需求牵引供给结合起来，更不是将其对立起来。

---

① 习近平：《习近平谈治国理政》（第二卷），外文出版社 2017 年版，第 244 页。

② 习近平：《习近平谈治国理政》（第三卷），外文出版社 2020 年版，第 319 页。

(一) 壮文化“骨骼”——把握调控规律壮大主流思想舆论

深化文化供给侧结构性改革，首要的是把握调控规律，壮大主流思想舆论，而这也正是完善坚持正确导向的舆论引导工作机制的具体展开。人的社会化理论认为，政治社会化和道德社会化属于社会化的基本内容。在当代中国，政治社会化与道德社会化就是坚持马克思主义在意识形态领域指导地位和以社会主义核心价值观引领文化建设，而社会化的成效与宣传思想工作密切相关。“坚持团结稳定鼓劲、正面宣传为主，是宣传思想工作必须遵循的重要方针。”① 正面宣传为主的舆论调控艺术的难点在于如何把握“为主”的内涵。正面宣传为主，当然需要采取坚决措施打击舆论“黑色地带”，压缩舆论“灰色地带”，弘扬主旋律，拓展舆论“红色地带”，但不等于“高大全”，不等于实施绝对的控制——钳制言论。在思想舆论领域，不论线下还是线上，“既要提倡自由，也要保持秩序。自由是秩序的目的，秩序是自由的保障”②。要有充分的言论自由度和言论空间，才能保证个体思想活力的最大化，才能真正实现主流思想舆论的壮大，否则被压制的“沉默”一旦爆发，极可能就是一种颠覆性的力量。

在具体实践中，有些人常把正面宣传与舆论监督割裂开来，遮掩存在问题，漠视群众关切。如果没有支持舆论监督所积累的公信力，根本就不会有舆论引导力。舆论界没有批评监督也是一种社会风险，一旦拒绝舆论监督，就难免阻挠信息公开。可以用博弈论“囚徒困境”解释阻挠或拒绝信息公开行为：公开意味着自己管理不善、工作不力、官位不保；不报或瞒报，可能对集体乃至整个国家造成损失，但个体有可能侥幸躲过一劫。在信息发布便捷化的移动互联网时代，“秘而不宣”的信息绝对管控难以奏效，官方不说媒体

---

① 习近平：《习近平谈治国理政》(第一卷)，外文出版社 2018 年版，第 155 页。

② 中共中央文献研究室：《习近平关于社会主义文化建设论述摘编》，中央文献出版社 2017 年版，第 37 页。

会报，中方不讲外方会炒，“沉默是金”已被“不说等于有鬼，沉默等于默认，无语等于认罪”取代。“流言始于封锁，谣言止于公开”，“公开优于封堵”，而公开信息有意“缩水”或“注水”，也容易导致失去公信力，陷入“塔西佗陷阱”，因此应该以大局和集体为重，提高政治站位，主动及时准确发布信息，用好“信息对冲法”，满足公众知情权，以供给牵引需求即引导舆论，如此才可能壮大主流思想舆论。舆论监督和正面宣传是可以统一的，而不是对立的。不断加强和改善舆论监督，可增强社会有机体的免疫力。这个社会既需要“报喜鸟”来提振精神、鼓舞士气，也需要“啄木鸟”来发现问题，甚至需要“乌鸦嘴”或猫头鹰的“枭鸣”来预警危机，舆论监督是社会监督体系的重要组成部分。

有学者采用应用数学黄金分割法则来分析“舆论的数量”，[①] 认为如果某种意见没有达到总体的38.2%，言论尺度没有超出法律框架，就没有必要非得封杀它，不过要予以关注和跟踪，也应予以批评引导和团结争取，比如对待舆论的“灰色地带”就是如此。毕竟，媒介舆论活跃与否，成为反映民主活力的晴雨表，舆论的多样化本来就是社会的正常状态。如果持某种观点的人在一定范围内达到61.8%，就可以控制全局。如此学理分析虽然不能照抄照搬，但有助于我们加深对“正面宣传为主”的理解。美国冲突理论家科塞认为，应该建立社会安全阀制度，其原理类似于高压锅的排气阀——可以使过量的蒸汽不断排出，才不至于破坏整个社会结构，其实这也就给出“管控配合疏导”的提醒。而互联网就可以成为社会安全阀制度的载体，它是各种群体发泄情绪的新渠道，也是我们体察民情的新窗口、舆论引导的新阵地。

思想舆论阵地有个特点，就是不会有“真空”，积极、正确的思想舆论若不去传播宣介，消极、错误的言论观点便会肆虐泛滥，故

① 陈力丹：《舆论学：舆论导向研究》，上海交通大学出版社2012年版，第4页。

必须“依法加强网络空间治理”。[①] 而依法依规加强管理必须增强读懂语言学所说“能指”的本领，以避免误判。人活动在哪，思想舆论阵地也就在哪，只有让党的创新理论“飞入寻常百姓家”，才能巩固壮大主流思想舆论。“沉默的螺旋”理论认为传播媒介通过形成“意见气候”来制约社会心理和影响舆论，一方沉默会造成对立方意见显得更强势，故媒体进行大量正面报道，就会迫使负面的舆论或意见越来越沉默下去、影响也趋于式微，正面的思想舆论得到宣扬，从而达到正确引导舆论目的。但是，正视问题不足，适时适当提供一些负面情况、缺点不足，比单纯提供正面信息更能收到预期效果，这就是“两面提示”的“免疫”效果。毕竟，社会动员必须“适度”，因为实际进展通常落后于动员时的承诺，百分之百的正面宣传，把一切说得完美无缺，将给受众带来的社会挫折感就越强，最后也就会削弱主流思想舆论的影响。“沉默的螺旋”理论和“两面提示”，应该成为舆论引导工作机制的指针。

一言以蔽之，把握好调控规律就是既要支持言论自由、舆论监督，又要保持言论秩序——团结稳定鼓劲。

（二）通文化“经络”——把握生产规律增强文化创造活力

深化文化供给侧结构性改革，关键的是把握生产规律增强文化创造活力，这也是建立健全社会主义先进文化创作生产体制机制的重要举措。激发和增强社会主义先进文化的创造活力，关键是推进和深化文化体制改革。社会主义先进文化的繁荣发展道路，就是改革创新之路。改革是解放和发展文化生产力的必由之路，创新是文化繁荣发展的制胜之道。文化体制改革是全方位的改革，必须以激发全民族文化创新创造活力为中心环节，向改革要活力、向改革要动力、向改革要优势，着力于完善文化经济政策、完善文化管理体制、健全现代公共文化服务体系、加大文物和文化遗产保护力度、

---

① 习近平：《论党的宣传思想工作》，中央文献出版社 2020 年版，第 196 页。

健全现代文化产业体系和市场体系、创新生产经营机制。“财政是主要投入，领导是基本观众，获奖是主要目的，仓库是最后归宿”的文化创作生产状况、把文艺简单等同于宣传、标语口号式文过饰非的状况，必须通过深化改革来彻底改变。深化文化体制改革，是推进文化领域治理体系和治理能力现代化的重要途径。应从生产和服务供给端入手，以推进文化体制机制创新来解放和发展生产力，着眼于陶冶社会公众的道德情操、增强社会公众的文化涵养、提升社会公众的审美品位、引导社会公众的文化需求，强化优化创意策划，通过以文“化人”和以文“化物”——通过创造精神财富生成物质财富两种运行机理释放文化的生产力红利，提高文化产品和服务供给的竞争力，由此改进提升“需求侧”。

当代文化的创造活力，根本是受制于体制机制，也与科技进步、传媒发展等这些当代技术元素密切相关。要推动文化深度融入科技发展，全方位提高吸纳运用现代科技能力，开拓文化发展方式，创新并优化文化生产方式和供给方式——如“实施国家文化数字化战略”[①]，数字赋能提升社会主义先进文化发展的整体水平。传媒蓬勃发展要求社会主义先进文化建设既要尊崇“内容为王”，也要重视“形式为王”，充分借力新媒体。具体一点说，就是遵循马克思主义理论指导，按照社会主义核心价值观理念，参考群众文化需求，特别是群众欢迎什么样的载体、形式、方法、手段等，精心设计产品内容和服务项目，积极发掘繁荣发展的生长点，创新供给方式和载体，如通过短视频、直播平台、“两微一端一抖”等新兴传播方式拓展传播边界，利用 VR、AR、5G、8K 超高清、H5 等新兴媒介技术为传播赋能，运用动漫、图表、文艺等生动直观的表现形式形象化传播。

当代文化的创造活力，还与优秀传统文化的传承发展密切相关。中华优秀传统文化是我们的原创，是“两创”或创意开发、文旅开

① 习近平：《习近平著作选读》（第一卷），人民出版社 2023 年版，第 37 页。

发的雄厚资源。创新传统文化的保护与传承，一条很重要的途径就是推动文化与旅游深度融合发展，以文塑旅、以旅彰文，破解文旅融合形式化、浅层化的发展困境，借助旅游这一平台载体，提升中华优秀传统文化的传播力和影响力。

文化自然释放出一种力量，这种自然释放的力量往往是潜移默化日用而不觉的，不过，这只是一个方面。另一方面，文化还遵循着杠杆原理而加倍释放出一种力量，创意是文化释放力量即产生效益的一个重要杠杆。依据文化社会学视野下的杠杆原理，文化资源是“动力点”，公益性是“支点”，创意是“杠杆”。那么，推动公益性文化事业发展，确保人民群众基本文化权益，是文化加倍释放力量的基础，推动经营性文化产业发展，坚持创意为王，强化优化创意策划，是文化加倍释放力量的关键。

（三）丰文化“血肉”——把握传播规律彰显文明中国形象

深化文化供给侧结构性改革，紧要的是把握传播规律，彰显文明中国形象，这是繁荣发展社会主义先进文化的必要条件。掌握传播规律，提升讲好故事的叙事能力，就可提高中国声音的分贝、刷新中国形象的颜值——“物质文明、政治文明、精神文明、社会文明、生态文明协调发展”。

其一，创新是“王道”。传播主体、传播技巧和传播对象是传播效果的制约因素，理念创新、手段创新和话语方式创新可就传播主体和传播技巧来说。2016 年，一则公益广告创新性走小清新路线，以 6 位普通人的工作、生活点滴，在落细落小落实上下功夫，塑造出共产党员的新形象。中国网民超过 99.1%通过手机上网，守正能创新、准确又生动、活泼见个性的新媒体传播受热捧，因此应坚持移动优先策略，让主流媒体借助移动传播，牢牢占据思想价值引领、精神文化供给的传播制高点。主流媒体即便在某些时候某些方面不能造势，也可以及时主动“放下身段”蹭热度借势，如 2020 年 11 月底央视新闻主播海霞谈丁真爆红互联网。

其二，精准是“神器”。传播对象不同，传播效果也就不同。不同的人有不同信息需求、文化兴趣和接受特点，一套话语满足不了所有人，一个腔调难以唱遍天下，得适应对象化、分众化、差异化、互动化的传播趋势，采取靶向传播策略，找到精准的受众定位，善于贴近话语对象，解决好大而化之，层次性不强；笼而统之，区分度不高；广而泛之，针对性不够等问题。一个主题或话题应综合运用多种传播方法或方式、手段，形成全方位、多层次、多声部的主流舆论全媒体矩阵乃至先进文化传播全媒体矩阵，达到“大珠小珠落玉盘”、成风化人润物无声的效果。

其三，贴近是“法宝”。世上没有从天而降的英雄，只有挺身而出的凡人。应着力讲好普通人的故事，讲好让老百姓入耳入脑入心的故事，在落细落小落实上下功夫，把传受双方放到平等的位置上，尊重受者的主动选择。一是发现身边感动。着力挖掘身边看得见、摸得着、学得到的平民英雄和凡人善举，展示高尚行为、烛照人性之美、弘扬人间正气。二是挖掘日常诗意。制度文化、学术文化、娱乐文化、餐饮文化是构成文化软实力的四个维度，后两者蕴含着日常诗意，最为贴近芸芸众生。社会主义先进文化只有融入普通民众的文化生活和精神生活中，在普通民众的日常广泛参与中，才会有生命力。三是善于以小见大。把国家宏大叙事与日常生活叙事有机结合起来，以小事件透视大时代，以小人物折射大变化，以小故事揭示大趋势。四是做跨文化传播。要采用融通中外的概念、范畴、表述，善于提炼中国文化的标识性概念，善于以马林诺夫斯基所说的“文化持有者的内部眼界”① 来打造易于为国际社会所理解和接受的新概念、新范畴、新表述，多用讲故事的国际传播方式来表达中国故事和中国话语，把我们想讲的与国外受众想听的结合起来，引人入胜启人入“道”，循循善诱让人悟“道”，最大限度降低“文化

① 克利福德·吉尔兹：《地方性知识：阐释人类学论文集》，中央编译出版社2000年版，第70页。

折扣”现象。还可以借用国外政要、专家、友人的相关描述阐释，即“借力打力”彰显文明中国形象，如 2022 年 11 月一条新加坡前外交官和学者马凯硕（Kishore Mahbubani）反驳西方记者“污蔑式提问”的视频（来自 2021 年在新加坡举行的一场有关中国的论坛）就是这方面的典型代表。

值得一提的是，我们为了提升信息传播效能，要追求“吸睛”但不能“雷人”，必须“说人话”不“讲鬼话”，杜绝“低级红”“高级黑”的各种情形。

综上所述，着眼于思想舆论导向，必须以立为本、立破并举，做到不“失语”；着眼于文化创造活力，必须博古通今，做到不“陋语”；着眼于国际传播能力，必须融通中外，做到不“独语”，就是不自说自话、自言自语。文化建设通过提质增效（叫好），同时面向市场（叫座）来创造需求，进而担负起“新时代新的文化使命”①，自信自强谱文化新篇，铸就社会主义文化新辉煌。

二、以推动文化管理侧协同性增效来促发展

文化建设不像经济等其他方面建设那样有组织化推进的显著效果，自组织——系统不需外界的干预或控制、通过自身力量自发地增加活动组织性和结构有序度的进化过程色彩比较浓，管理部门因此不作为或乱作为现象时有发生：或放任文化问题蔓延——对基层文化建设扶持力量弱，因为文化工作力量逐级递减，基层干部和人才队伍力量弱，财力也弱，乡镇一级宣传委员做主业少、文化站“专编不专岗、专职不专责、专人不专业”和缺活动经费现象普遍存在；或以他组织——系统在外界强制干预下形成有序行为手段来简单化管理，为了增加文化 GDP，追求文化“政绩”，搞“拆真古迹建假古董”的蠢事，不切实际一窝蜂地无序圈地建造影视城、动漫

① 习近平：《在文化传承发展座谈会上的讲话》，《求是》2023 年第 17 期。

产业基地、文创产业园区、文化主题乐园等大项目，只关注文化阵地器物层面的“硬件”建设，忽视内在的“软件”建设，热衷于砸钱承办奢华晚会，尽管投入不少资金，但对文化建设发展的扶持没有扶到点上扶到根上，只会带来“文化虚火”，更有甚者，通过追求眼球效应招徕游客，纵容“叫春城市”“私奔胜地”“壮阳城市”“艳遇之都”等庸俗化的文化旅游发展策划思路。

文化管理侧的问题还有服务意识弱，没把服务与管理有机统一起来。近些年来，随着技术上基本完成对网络的全面监管，通过网络发送端口（IP 地址）找到信息发送者已非难事，而且，移动互联网的终端与个人绑定，是实名互联网，更便于技术监控。加上近些年有关文化建设的法规文件接连出台，有些主管部门就片面强调技术监管的作用，轻视供给服务，动辄采取封堵等粗放式管理方式。那样管得过多过死，就会堵塞言路、钳制言论、压抑创见，排斥舆论监督也就容易形成舆论逆向反应的张力，比如网友可用多种版本接力救援方法，让信息死而复生，创造互联网传播史上的“奇迹”。

文化管理侧还有个问题，就是管理合力弱。发达国家实行文化“大部门制”行政管理，我国则是“一种‘小文化’式”[①] 的分行业行政管理体制，不同文化行业（业态）分属不同部门——文化旅游、广播电视、互联网信息等归口管理，党委宣传部牵头抓总协调，如此管理架构被戏称为“九龙治水”。“小文化”式管理，对某些方面或具体问题的把握比较专业、比较精准，但割裂了不同文化生产领域的相互联系，不适应科技进步推动产业融合、催生文化新业态的发展趋势，多头管理甚至多头执法就难免彼此掣肘，难免各唱各的调、各吹各的号，不是出现交叉重叠就是空白缺位，一旦出了问题就相互推诿。“小文化”式的管理格局与文化建设实际是“大文化”的概念不相适应。上述扶持力量、服务意识、管理合力“三弱”问题，让文化管理侧协同性增效显得更加迫切。

---

① 祁述裕：《文化建设专题研究集》，清华大学出版社 2016 年版，第 18 页。

推动文化管理侧协同性增效，一是以多维协同的治理思维健全工作机制。在“大部门制”还没有形成前，面对文化生产融合度越来越高的形势，众多实际管理文化的部门，只有协同行动，形成合力，互补促进，才能产生系统科学所揭示的正面的“涌现效应”——整体大于部分之和。文化管理侧应从管理思维向治理思维转变，避免疲于奔命“单打独斗”的“单一性他管”，力求“多维性参与”和“民主性互动”，建设综合治理体系，推动社会协同治理，形成党委统一领导、党政齐抓共管、宣传部门组织协调、有关部门分工负责、社会公众广泛参与的工作机制。如乡村意识形态工作，不能仅依赖乡镇党委和村党组织的工作力量，还需要肩负立德树人重任的中小学协同发力，而这个观点的提出也有现实依据。2021年4月，本书写作团队从福州、厦门、泉州、漳州、龙岩、南平、宁德、莆田8市和平潭综合实验区的14个行政村416位农村居民的调查问卷中发现，正在读小学或初中的子女回家交流分享在学校所接受的思想价值观教育，83.8%的家长认为“共鸣，也受教益”。必须进一步厘清多部门监管的权力边界，明确各自职责，提升管理侧他组织手段与文化自组织发展的协同耦合程度。

推动文化管理侧协同性增效，二是以宽猛相济的管理策略赋能发展活力。文化引领时代风气，是最需要创新的领域，自然也最需要民主的环境和宽松的氛围。我们的文化管理，必须有利于激发全民族文化创新创造活力，故应该尊重文化发展规律，宽猛相济。这里用典对其语义予以引申，“宽”指充分发挥专业人才的引领作用、监管作用，充分发扬学术民主和艺术民主，坚持“双百方针”，注重批评引导，广开言路、因势利导、激浊扬清。“猛”指综合运用法律、行政、经济、技术等手段进行管理，以制约惩罚的刚性来整治乱象、打压“三俗”（庸俗、低俗、媚俗）、规范秩序。政府的刚性制约要有专业水准，比如对待外来文化进入中国，纵容照抄照搬是不作为，简单封堵摒弃是乱作为。外来文化中国化本土化的范例，应该是他者眼中“熟悉的陌生”，如福建永定振成楼引入西洋古典建筑风格但刻上家训，福建华安二宜楼有西洋风格壁画。以网络公共空间舆论的治理为例，应该通过“‘舌头’＋‘拳头’”一并发力，遵循公开优于封堵、管控配合疏导的理念，办好政府门户网站和政务新媒体，利用互联网平台沟通公众、倾听民意、回应关切、解疑释惑、疏导情绪、汇聚民智、改进工作、服务人民，既要以柔性的“文化思维”广开言路，疏而导之，又要以刚性的“政法思维”规范秩序，整治乱象。总之，文化管理侧应该用党和国家有关方针政策法律这种他组织手段为文化自组织发展保驾护航。

深化文化供给侧结构性改革和推动文化管理侧协同性增效两大方面，其实就是在理论与现实对话视野下，聚焦于供给、需求、管理三方关系，建构坚持和完善繁荣发展社会主义先进文化制度的实践逻辑。其主要内容，不妨概括为五个“力”：导向正确舆论引导给力、改革融合文化创新发力、融通中外国际传播用力、厘清职责协同齐抓尽力、改进策略宽猛相济助力。坚持和完善繁荣发展社会主义先进文化制度的历史逻辑、理论逻辑和实践逻辑，贯穿着坚定文化自信主线，统一于推进文化强国建设的伟大实践。

本章小结

发展社会主义先进文化，是我们担负新的文化使命的重要内容；繁荣发展社会主义先进文化，需要制度保障。坚持和完善繁荣发展社会主义先进文化的制度的体系建构蕴含着深刻的历史逻辑、理论逻辑和实践逻辑。近百年来，党践行着与时偕行的文化发展理念，把握先进文化的前进方向，探索解决了文化领域怎么领导、为谁服务、如何建设等重大问题，即坚持党管宣传、党管意识形态、党管媒体的“三管”原则，坚持为人民服务、为社会主义服务的“二为”方向，坚持创造性转化和创新性发展的“两创”策略，如此三项“坚持”是党对于文化建设理论建构进行自我扬弃的结果。党主要从思想理论指导、价值观念引领和宗旨立场恪守三个维度划清社会主义先进文化制度的性质边界，并以社会控制机制和创作生产机制的整合来赋能发展活力，如此就把繁荣发展社会主义先进文化的实践提高到了理论水平。在理论与现实对话视野下，聚焦于文化生产和服务的供给、需求、管理三方关系，坚持和完善繁荣发展社会主义先进文化的制度的实践逻辑，可从深化文化供给侧结构性改革和推动文化管理侧协同性增效两大方面展开。坚持和完善繁荣发展社会主义先进文化的制度，是基于党的十八大以来文化建设上取得重大成就和宝贵经验的演绎，贯穿着坚定文化自信主线，统一于推进文化强国建设的伟大实践。

思考题

1. 如何认识坚持和完善繁荣发展社会主义先进文化的制度的历史逻辑？

2. 如何理解坚持和完善繁荣发展社会主义先进文化的制度的理论逻辑？

3. 如何把握坚持和完善繁荣发展社会主义先进文化的制度的实践逻辑？

第七章　弘扬革命文化

革命文化以马克思主义为指导，坚持共产主义理想信念，坚持以革命精神为内核、以人民为中心的价值取向，以实现中华民族伟大复兴为志向。它既传承了中华优秀传统文化，又成为社会主义先进文化发展的直接来源，是中国共产党和中国人民宝贵的精神财富。弘扬革命文化，传承红色基因，是全党全社会的共同责任。红色文化资源是弘扬革命文化的生动教材和重要载体。新时代新征程，弘扬以伟大建党精神为源头的中国共产党人精神谱系，充分挖掘并运用好红色文化资源，对于坚持和发展中国特色社会主义伟大事业、推进党的建设新的伟大工程等，具有重大现实和历史意义。

第一节　中国共产党人精神谱系的源与流

以伟大建党精神为源头的中国共产党人精神谱系，是革命文化的核心内容。习近平总书记在庆祝中国共产党成立一百周年大会上指出："一百年前，中国共产党的先驱们创建了中国共产党，形成了坚持真理、坚守理想，践行初心、担当使命，不怕牺牲、英勇斗争，对党忠诚、不负人民的伟大建党精神，这是中国共产党的精神之源。""一百年来，中国共产党弘扬伟大建党精神，在长期奋斗中构建起中国共产党人的精神谱系，锤炼出鲜明的政治品格。"[1] 伟大建党精神是中国共产党人精神谱系的历史源头与高度概括，中国共产党人精神谱系则是伟大建党精神的历史延续与具体呈现。

---

① 习近平：《习近平著作选读》（第二卷），人民出版社 2023 年版，第 480 页。

一、伟大建党精神是中国共产党人精神谱系的历史源头

伟大建党精神是中国共产党在创建发展过程中形成的革命精神，是马克思主义基本原理同中国具体实际相结合、同中华优秀传统文化相结合产生的宝贵精神财富。它虽然是在建党百年后作出的正式概括，却是萌芽于中国共产党成立之初，蕴含于中国共产党百年奋斗的进程中。伟大建党精神的形成不仅对中国革命、建设、改革和发展起到重大推动作用，而且对其他革命精神的形成产生着重要引领作用，规范和影响着其他革命精神的形成和发展。它开启了中国共产党人的精神之源，展示了中国共产党人的精神之魂，标识了中国共产党对革命精神的源头、起点、深化和拓展的全过程，深刻揭示了党的本质特征。伟大建党精神是中国共产党人精神谱系的开篇，是贯穿中国共产党人精神谱系的一条红线。它奠定了精神谱系的理论根基、文化基因，明确了精神谱系的价值追求，确立了精神谱系的政治品格。

（一）伟大建党精神奠定了精神谱系的理论根基

马克思主义是伟大建党精神形成的理论来源。中国共产党自诞生之日起就确定将马克思主义作为自己的指导思想，并将马克思主义同中国具体实际相结合，不断推进马克思主义中国化，创立了毛泽东思想、邓小平理论，形成了“三个代表”重要思想、科学发展观，创立了习近平新时代中国特色社会主义思想。对马克思主义的信仰、对社会主义和共产主义的信念，是共产党人的政治灵魂，是共产党人经受住任何考验的精神支柱。中国共产党人在任何时候都没有动摇过对马克思主义的坚定信仰，以“砍头不要紧，只要主义真”的大无畏精神同一切落后势力英勇斗争，用中国化的马克思主义指导革命、建设、改革，带领人民取得了新民主主义革命、社会主义革命和建设、改革开放新的伟大革命、新时代中国特色社会主

义建设的伟大成就，中华民族迎来了从站起来、富起来到强起来的伟大飞跃。中国共产党人精神谱系正是以马克思主义为理论根基，在马克思主义理论的指引下，发扬伟大建党精神，在革命、建设与改革的伟大实践中形成与发展起来。从建党精神到精神谱系，中国共产党始终高扬马克思主义伟大旗帜，始终坚守共产主义远大理想，始终坚持中国特色社会主义共同理想，不断开辟马克思主义中国化时代化新境界。

（二）伟大建党精神奠定了精神谱系的文化基因

中华优秀传统文化是伟大建党精神形成的文化土壤。没有中华文化繁荣兴盛，就没有中华民族伟大复兴。在五千多年文明发展中孕育的中华优秀传统文化，是中华民族的精神命脉。天下为公、天下大同的社会理想，民为邦本、为政以德的治理思想，九州共贯、多元一体的大一统传统，修齐治平、兴亡有责的家国情怀，厚德载物、明德弘道的精神追求，富民厚生、义利兼顾的经济伦理，天人合一、万物并育的生态理念，实事求是、知行合一的哲学思想，执两用中、守中致和的思维方法，讲信修睦、亲仁善邻的交往之道等，共同塑造出中华文明的突出特性，形成了中华民族独特的思想理念和精神特质。近代以来，中华民族的伟大觉醒和新文化运动的兴起，特别是五四运动中所表现出的“彻底地不妥协地反帝国主义和彻底地不妥协地反封建主义”的姿态，推动了中国文化精神的更新，激发了以爱国主义为核心的伟大五四精神。中国先进分子以国家兴亡为己任，郑重选择和广泛传播马克思主义真理，激活了中华优秀传统文化的生命力，不仅为伟大建党精神的形成提供了丰富的文化和精神滋养，也奠定了中国共产党人精神谱系的独特文化基因。

（三）伟大建党精神明确了精神谱系的价值追求

初心和使命是一个政党最深层次的精神标识，标明这个政党从哪里来，往何处去。中国共产党一经诞生，就把为中国人民谋幸福、为中华民族谋复兴确立为自己的初心使命。建党初期，中国共产党就提出了“建设国内和平”“达到中华民族完全独立”等奋斗目标，提出了在经济、政治、社会生活等各方面改善群众生存条件的具体措施，并呼吁全国人民联合起来共同奋斗。从石库门到天安门，从兴业路到复兴路，中国共产党一百多年来所付出的一切努力、进行的一切斗争、作出的一切牺牲，都是为了人民幸福和民族复兴。不同于诞生于议会竞争环境中的西方政党，中国共产党从来就没有任何自己特殊的利益，从来不代表任何利益集团、任何权势团体、任何特权阶层的利益。中国共产党的根基在人民、血脉在人民、力量在人民，始终代表最广大人民根本利益。从红军长征前夕家家户户送儿送郎当红军的盛况，到“淮海战役的胜利，是人民群众用小车推出来的”，中国共产党能够始终得到中国人民的最广泛支持，根本原因就在于老百姓信任中国共产党，相信中国共产党是人民的党。正是由于始终坚守初心使命，中国共产党才能在极端困境中发展壮大，才能团结带领中国人民创造了开天辟地的救国大业、改天换地的立国大业、翻天覆地的富国大业、顶天立地的强国大业。践行初心、担当使命的伟大建党精神明确了中国共产党精神谱系一以贯之的价值追求，体现了党全心全意为人民服务的性质宗旨，是党不断发展壮大的驱动力。

（四）伟大建党精神确立了精神谱系的政治品格

旗帜鲜明讲政治，既是马克思主义政党的鲜明特征，也是中国共产党显著的政治优势。伟大建党精神源于马克思主义基本原理与中国具体实际密切结合的伟大实践，党从创建伊始就将对党忠诚、为人民和民族利益不懈奋斗写在了自己的旗帜上，展现出中国共产党人的政治担当和人民立场，彰显了中国共产党党性和人民性的高度统一。伟大建党精神中所包含的真理、理想、初心、使命、牺牲、斗争、忠诚、为民等核心要素，都集中体现了无产阶级政党的政治本色和人民指向，既规定了中国共产党人精神谱系的先进性要求，也昭示了无产阶级政党的先进性特征。党成立以来，一代又一代中国共产党人为党和人民的事业顽强拼搏、不懈奋斗，涌现出了一大批视死如归的革命烈士、一大批顽强奋斗的英雄人物、一大批忘我奉献的先进模范，以实际行动诠释了共产党人对党的无限忠诚和对人民的无限热爱。对党忠诚、不负人民的建党精神确定了中国共产党人精神谱系的政治品格，体现了中国共产党人特殊的精神特质，是中国共产党历经艰险磨难而屹立不倒的力量源泉，也是无产阶级政党区别于其他任何政党的政治特征。

二、中国共产党人精神谱系是伟大建党精神的历史延续

伟大建党精神是在创建中国共产党的伟大实践中形成的。党的创建是中国共产党奋斗征程的起点，伟大建党精神的形成是中国共产党人精神谱系的开篇。在百年接续奋斗中，中国共产党弘扬伟大建党精神，团结带领人民创造了一系列伟大成就，铸就了一系列伟大精神。2021 年 9 月，经党中央批准，第一批纳入中国共产党人精神谱系的 46 种革命精神正式发布。其中，新民主主义革命时期 16 种，社会主义革命和建设时期 12 种，改革开放和社会主义现代化建设新时期 9 种，中国特色社会主义新时代 8 种，伟大建党精神不归入某一具体历史时期，单独列出排在前面，凸显出它的重要位置。这一系列伟大精神，是伟大建党精神这一“源头”在不同历史时期的“活水”涌流，是中国共产党在完成不同历史任务中弘扬伟大建党精神的延续与展开，共同构筑起中国共产党人的精神谱系。

（一）新民主主义革命时期

五四运动拉开了中国新民主主义革命的历史序幕。在这一历史时期，中国共产党面临的主要任务是：反对帝国主义、封建主义、官僚资本主义，争取民族独立、人民解放，为实现中华民族伟大复兴创造根本社会条件。党团结带领人民经过北伐战争、土地革命战

争、抗日战争、解放战争，以武装的革命反对武装的反革命，建立了人民当家作主的中华人民共和国，书写了“中国人民从此站起来了”的奋斗史诗。在这一伟大历史进程中，无数共产党人不怕牺牲、英勇奋斗，浴血奋战，用生命和鲜血谱写了一部可歌可泣的精神史诗，形成了井冈山精神、苏区精神、长征精神、遵义会议精神、延安精神、抗战精神、红岩精神、西柏坡精神、照金精神、东北抗联精神、南泥湾精神、太行精神（吕梁精神）、大别山精神、沂蒙精神、老区精神、张思德精神等伟大精神。这些精神都是中国共产党人在革命战争岁月浴血奋战、百折不挠，敢于坚持真理、坚守理想的生动体现。

（二）社会主义革命和建设时期

随着中华人民共和国的成立，中国人民真正成为国家的主人。在这一历史时期，中国共产党面临的主要任务是：实现从新民主主义到社会主义的转变，进行社会主义革命，推进社会主义建设，为实现中华民族伟大复兴奠定根本政治前提和制度基础。党团结带领人民消灭在中国延续几千年的封建剥削压迫制度，战胜帝国主义、霸权主义的颠覆破坏和武装挑衅，实现了中华民族有史以来最为广泛而深刻的社会变革，实现了一穷二白、人口众多的东方大国大步迈进社会主义社会的伟大飞跃，书写了“建设一个新世界”的奋斗史诗。在这一伟大历史进程中，在伟大建党精神的指引下，形成了抗美援朝精神、“两弹一星”精神、雷锋精神、焦裕禄精神、大庆精神（铁人精神）、红旗渠精神、北大荒精神、塞罕坝精神、“两路”精神、老西藏精神（孔繁森精神）、西迁精神、王杰精神等伟大精神。自力更生、发愤图强，不怕牺牲、英勇斗争是这些伟大精神的时代特征，也是这一时期伟大奋斗的历史特点。

（三）改革开放和社会主义现代化建设新时期

党的十一届三中全会作出了实行改革开放的伟大决策。这一历史时期，中国共产党面临的主要任务是：继续探索中国建设社会主义的正确道路，解放和发展社会生产力，使人民摆脱贫困、尽快富裕起来，为实现中华民族伟大复兴提供充满新的活力的体制保证和快速发展的物质条件。党团结带领人民战胜来自各方面的风险挑战，开创、坚持、捍卫、发展中国特色社会主义，实现了从生产力相对落后的状况到经济总量跃居世界第二的历史性突破，实现了人民生活从温饱不足到总体小康、奔向全面小康的历史性跨越，书写了“中国大踏步赶上了时代”的奋斗史诗。在这一伟大历史进程中，形成了改革开放精神、特区精神、抗洪精神、抗击“非典”精神、抗震救灾精神、载人航天精神、劳模精神（劳动精神、工匠精神）、青藏铁路精神、女排精神等伟大精神。解放思想、锐意进取，是这些伟大精神的时代特征，也是这一时期伟大奋斗的历史特点。这些伟大精神充实和丰富了中国共产党人的精神谱系，将我国的改革开放和社会主义现代化建设推向了一个新的历史阶段。

（四）中国特色社会主义进入新时代

从党的十八大开始，中国特色社会主义进入新时代。中国共产党面临的主要任务是：实现第一个百年奋斗目标，开启实现第二个百年奋斗目标新征程，朝着实现中华民族伟大复兴的宏伟目标继续前进。以习近平同志为核心的党中央团结带领全党全军全国各族人民，全面贯彻党的基本理论、基本路线、基本方略，采取一系列战略性举措，推进一系列变革性实践，实现一系列突破性进展，取得一系列标志性成果，经受住了来自政治、经济、意识形态、自然界等方面的风险挑战考验，党和国家事业取得历史性成就、发生历史性变革，推动我国迈上全面建设社会主义现代化国家新征程，书写了“推进中华民族从站起来、富起来到强起来”的奋斗史诗。在这一伟大历史进程中，形成了脱贫攻坚精神、抗疫精神、“三牛”精神、科学家精神、企业家精神、探月精神、新时代北斗精神、丝路精神等伟大精神。自信自强、守正创新，是这些伟大精神的时代特征，也是这一时期伟大奋斗的历史特点。中国共产党人精神谱系在伟大建党精神的指引下，得到更进一步的丰富和发展，为走好新时代的长征路凝聚了强大的精神力量。

三、伟大建党精神与中国共产党人精神谱系的共同特征

伟大建党精神与中国共产党人精神谱系是紧密相连的，前者是后者的源泉，后者是对前者进一步的丰富和发展，两者是一脉相承、交融互通的有机整体，蕴含着共同的特征。

（一）实践性

马克思主义认为，实践是认识的来源及检验真理的标准。实践性是马克思主义理论区别于其他理论的显著特征。以伟大建党精神为源头的中国共产党人精神谱系，是在马克思主义理论的科学指导下形成的理论系统，但它并不是单纯的理论抽象，而是在党领导革命、建设和改革的伟大实践中孕育和发展的，是实践的结晶，是经验的升华。中国共产党的先驱者伟大的建党活动实践，新民主主义革命时期枪林弹雨、流血牺牲的革命战争，社会主义革命和建设时期艰苦卓绝的伟大斗争，改革开放时期进行改革开放的伟大实践，新时代为实现中国梦而伟大奋斗的伟大征程，自然灾害侵袭时党员干部和广大群众战胜自然灾害的伟大斗争等等，都是中国共产党人精神谱系形成的坚实根基。没有伟大实践就不会产生伟大精神，实践性是伟大建党精神和中国共产党人精神谱系的本质属性。

（二）人民性

马克思主义是人民的理论，人民性是马克思主义最鲜明的品格。人民立场是马克思主义政党的根本政治立场。马克思、恩格斯在《共产党宣言》中指出：“过去的一切运动都是少数人的，或者为少数人谋利益的运动。无产阶级的运动是绝大多数人的，为绝大多数

人谋利益的独立的运动。”[①] 中国共产党是马克思主义政党，根植于人民，成长于人民，始终代表最广大人民的根本利益。人民性是中国共产党人精神谱系中最鲜明的属性。从伟大建党精神中的“不负人民”到伟大抗疫精神中的“人民至上”，以人民为中心始终贯穿于精神谱系，充分揭示了中国共产党一心为民的政治立场。中国共产党始终坚持人民群众是历史的创造者，尊重人民群众的主体地位，相信人民、依靠人民，始终保持与人民群众的血肉联系。中国共产党的百年历史就是党同人民心连心、同呼吸、共命运的历史，中国共产党人精神谱系生动形象地展示了人民性这个本质属性。正如习近平总书记指出：“江山就是人民、人民就是江山，打江山、守江山，守的是人民的心。”[②] 只有密切联系群众、紧紧依靠人民，激发亿万人民无穷的智慧和力量，才能将中国特色社会主义伟大事业不断推向前进。

（三）创新性

马克思主义唯物辩证法认为，一切事物都处在运动变化之中，并且事物运动变化的结果必然是旧事物的灭亡和新事物的产生。创新性是唯物辩证法的本质要求，是马克思主义与时俱进的理论品质。中国共产党的诞生是开天辟地的大事变，敢为人先、勇于创新是中国共产党人精神谱系形成和发展的内生动力。一百多年来，无论是新道路的开辟、理论的创新发展还是科技的探索，中国共产党人始终以敢为人先的锐气，打破迷信经验、迷信本本的惯性思维，以思想认识的新飞跃打开工作的新格局。纵观中国共产党人精神谱系，从红船精神中的“开天辟地、敢为人先的首创精神”到改革开放精神的开拓创新，创新性始终是伟大精神的鲜明特质。井冈山精神是中国共产党人不囿于照搬理论，坚持理论和实践相结合，创新性开

① 《马克思恩格斯选集》（第一卷），人民出版社 2012 年版，第 411 页。
② 习近平：《习近平著作选读》（第二卷），人民出版社 2023 年版，第 482 页。

辟出农村包围城市、武装夺取政权的中国革命新道路的真实写照。特区精神是经济特区干部群众以敢为天下先的勇气和魄力，冲破思想和观念束缚，敢闯敢试、埋头苦干，为我国改革开放事业“杀出了一条血路”的具体呈现。新时代北斗精神是一代代北斗人大胆探索，自力更生，自主开发运行技术，自主建设、发展和运行北斗系统，为发展中国特色自主创新道路立起的又一座精神丰碑。广大劳动模范身上体现的“爱岗敬业、争创一流，艰苦奋斗、勇于创新，淡泊名利、甘于奉献”的劳模精神，也是创新性的生动体现。习近平总书记指出：“创新是一个民族进步的灵魂，是一个国家兴旺发达的不竭动力，也是中华民族最深沉的民族禀赋。”① 中国共产党根据新形势新要求，坚持理论与实践相融通，坚持守正与创新相统一，不断推进理论创新为先导的实践创新，一系列伟大精神也在这种创新中传承和弘扬。创新性贯穿中国共产党人精神谱系，也成为推动精神谱系进一步丰富与发展的强大动力。

（四）科学性

中国共产党人精神谱系是一个伟大理论成果，是对社会实践的深刻认识和生动反映，但这种认识和反映不是随意的、盲目的，而是严谨求实、尊重规律的，是符合科学原则的。中国共产党人精神谱系是以科学性为前提的，是求真求实的思维模式和行为模式的生动表达。精神谱系的理论基础马克思主义本身就是科学的理论体系。科学性是马克思主义理论的优秀品质。五四运动倡导的科学精神激发了先进中国人追求真理、追求进步的伟大觉醒。以马克思主义科学理论武装起来的中国共产党，坚持一切从实际出发，求真务实，尊重客观规律，不断推动中国社会、经济、文化和科技等各领域的快速发展。科学性是伟大精神的显著特征。从伟大建党精神的“坚持真理”到伟大抗疫精神的“尊重科学”，都折射出科学精神的光

---

① 习近平：《论党的青年工作》，中央文献出版社 2022 年版，第 44 页。

辉。在延安时期，共产党人冲破教条主义的束缚和禁锢，把马克思主义同中国实际相结合，形成了以坚持理论联系实际，解放思想、实事求是为思想精髓的延安精神，统一了全党的思想意识，为中国革命胜利奠定了思想基础。中国共产党始终高度重视发扬科学精神，发展科技事业，在不同历史时期铸就的“两弹一星”精神、载人航天精神、科学家精神、新时代北斗精神、探月精神等，共同绘就了中国科学精神的图谱，不断拓展和赓续了中国共产党人的精神血脉。同时，一代代科研工作者在科学精神的激励下，勇攀高峰、开拓创新，为我国跻身创新型国家前列、实现我国世界科技强国的伟大目标贡献自己的智慧和力量。

第二节　革命精神是党和国家的宝贵财富

革命精神是革命文化的核心和精髓。它承载着革命理想，是中国共产党人理想信念、价值追求、政治品格、优良传统和革命风范的高度概括。习近平总书记深刻指出：“我们党之所以历经百年而风华正茂、饱经磨难而生生不息，就是凭着那么一股革命加拼命的强大精神。”① 以中国共产党人精神谱系为代表的革命精神，是党领导人民战胜艰难险阻、从胜利走向胜利的精神密码，是实现中华民族伟大复兴的精神动力，是推进党的建设新的伟大工程的精神引领。

一、革命精神是党领导人民从胜利走向胜利的精神密码

历史川流不息，精神代代相传。以中国共产党人精神谱系为代表的革命精神，跨越时空、历久弥新，集中体现了党的坚定信念、根本宗旨、优良作风，凝聚着中国共产党人艰苦奋斗、牺牲奉献、

① 习近平：《习近平著作选读》（第二卷），人民出版社 2023 年版，第 424 页。

开拓进取的伟大品格，深深融入我们党、国家、民族、人民的血脉之中，为我们立党兴党强党提供了丰厚滋养。

首先，革命精神集中体现了中国共产党思想先进、信仰坚定的鲜明特质。马克思主义是我们立党立国、兴党兴国的根本指导思想。近代以来，我们党之所以能够完成中国其他各种政治力量不可能完成的艰巨任务，就在于始终把马克思主义作为行动指南，坚持把马克思主义基本原理同中国具体实际相结合、同中华优秀传统文化相结合，不断推进马克思主义中国化时代化；之所以能够经受一次次挫折而又一次次奋起，就在于始终把实现共产主义作为远大理想和崇高追求，坚定不移沿着中国特色社会主义道路前进。革命理想高于天，理想信念之火一经点燃就会产生巨大的精神力量。对马克思主义、共产主义的信仰，对中国特色社会主义的信念，是中国共产党人革命精神的理论基石，是我们党历经百年而风华正茂的思想优势。

其次，革命精神集中体现了中国共产党初心不改、使命依旧的鲜明特质。中国共产党从登上中国政治舞台的那一刻起，就把为中国人民谋幸福、为中华民族谋复兴确立为自己的初心使命。回顾党的历史，为什么我们党在那么弱小的情况下能够逐步发展壮大起来，在腥风血雨中能够一次次绝境重生，在攻坚克难中能够不断从胜利走向胜利？根本原因就在于不管是处于顺境还是逆境，我们党始终坚守为中国人民谋幸福、为中华民族谋复兴这个初心使命，义无反顾向着这个目标前进，从而赢得了人民衷心拥护和坚定支持。我们党在不同历史时期有不同奋斗目标和工作任务，但这些目标和任务总体上都服从服务于为中国人民谋幸福、为中华民族谋复兴这一初心使命。始终坚持为中国人民谋幸福、为中华民族谋复兴，是中国共产党人革命精神的实践价值，是我们党历经百年而风华正茂的政治优势。

再次，革命精神集中体现了中国共产党意志顽强、作风优良的鲜明特质。“人生天地间，长路有险夷”。我们党在内忧外患中诞生、在历经磨难中成长、在攻坚克难中壮大，为了人民、国家、民族，为了理想信念，无论敌人如何强大、道路如何艰险、挑战如何严峻，总是绝不畏惧、绝不退缩，不怕牺牲、百折不挠。据不完全统计，从 1921 年至 1949 年，我们党领导的革命队伍中，仅有名可查的烈士就有 370 多万名。在抗美援朝战场上，中国人民志愿军以“钢少气多”力克“钢多气少”，涌现出 30 多万名英雄功臣和近 6000 个功臣集体。在脱贫攻坚斗争中，1800 多位同志将生命定格在了脱贫攻坚征程上。世界上没有哪个党像中国共产党这样，遭遇过如此多的艰难险阻，经历过如此多的生死考验，付出过如此多的惨烈牺牲。不畏强敌、不惧风险、敢于斗争、勇于胜利，是中国共产党人革命精神的风骨品质，是我们党历经百年而风华正茂的精神优势。

复次，革命精神集中体现了中国共产党品德高尚、情系人民的鲜明特质。“天下至德，莫过于忠”。对党忠诚，是共产党人首要的政治品质。我们党一路走来，经历了无数艰险和磨难，但任何困难都没有压垮我们，任何敌人都没能打倒我们，靠的就是千千万万党员的忠诚。对党忠诚的本质要求是不负人民，不负人民是对党最大的忠诚。在一百多年的非凡奋斗历程中，一代又一代中国共产党人为党和人民的事业顽强拼搏、不懈奋斗，涌现了一大批视死如归的革命烈士、一大批顽强奋斗的英雄人物、一大批忘我奉献的先进模范，以实际行动诠释了共产党人对党的无限忠诚、对人民的无限热爱。在党爱党、在党为党，心系人民、情系人民，忠诚一辈子、奉献一辈子，是中国共产党人革命精神的家国情怀，是我们党历经百年而风华正茂的道德优势。

历史和现实告诉我们，只有具有伟大精神的政党才能领导人民赢得伟大斗争、开创伟大事业。以中国共产党人精神谱系为代表的革命精神，充分彰显了中国共产党区别于其他任何政党的显著优势和鲜明特征，集中体现了中华民族和中国人民的伟大创造精神、伟大奋斗精神、伟大团结精神、伟大梦想精神，是我们党不断从胜利走向胜利的精神密码。

二、革命精神是实现中华民族伟大复兴梦想的精神动力

作为中国最先进政治力量的中国共产党，在百年奋斗中培育总结的伟大精神、构筑的以伟大建党精神为源头的精神谱系，不仅为中华民族伟大复兴提供源源不断的精神力量，也真实反映了中国从满目疮痍、山河破碎走向繁荣富强、国泰民安的伟大历史进程，彰显了百年来党和人民焕发出的前所未有的历史主动精神、历史创造精神。

首先，革命精神塑造了中华民族的精神支柱。近代以来，中国人民陷入前所未有的苦闷彷徨，在精神上无所归依、无所适从。这种状况随着马克思主义的传播和中国共产党的诞生而彻底改变。毛泽东同志指出："自从中国人学会了马克思列宁主义以后，中国人在精神上就由被动转入主动。"① 邓小平同志指出，中国人民"过去自卑了一个多世纪，在中国共产党领导下站起来了"。② 伟大建党精神，不仅是中国共产党人精神谱系的源头，也是中国人精神从被动转为主动，从自卑走向自信的鲜明界碑。其"坚持真理、坚守理想"的内涵，不仅体现了中国共产党人树立起坚定的理想信念，也标志着中华民族精神支柱的重新塑造，这是中华民族在思想文化上从未有过的历史性抉择，中国人从此挺起了精神脊梁。习近平总书记指出："中国共产党为什么能，中国特色社会主义为什么好，归根到底是因为马克思主义行！"③ 人民有信仰，国家有力量，民族有希望。有着强大精神支柱支撑的民族是不可战胜的。

其次，革命精神空前激发了中华民族的爱国主义精神。中国人民在长期奋斗中形成了以爱国主义为核心的伟大民族精神，但进入近代以后的较长时间里，由于列强在侵略瓜分中国过程中极力摧残

---

① 《毛泽东选集》（第四卷），人民出版社 1991 年版，第 1516 页。

② 《邓小平文选》（第三卷），人民出版社 1993 年版，第 326 页。

③ 习近平：《习近平著作选读》（第二卷），人民出版社 2023 年版，第 483 页。

中国人民的民族意识，以及封建统治者腐朽无能和丧权辱国，使中华民族的爱国主义精神长期受到压抑而得不到张扬奋发。孙中山痛心疾首地认为，“虽有四万万人结合成一个中国，实在是一片散沙”，由此发出了“用民族精神来救国”的呼唤。历史已经充分证明，在中国，只有中国共产党这样最先进的政党才能担负起促进民族觉醒、把人民组织起来的历史责任。中国共产党不负历史、不负时代、不负人民，使全民族的爱国主义精神被空前激发，为实现中华民族伟大复兴提供了强大精神动力。

再次，革命精神空前唤醒了中国人民的革命斗争精神。中国人民历来具有犯我必诛的斗争精神。但近代以来，由于统治集团的腐败落后，反抗列强的斗争屡战屡败，严重扼制了民族的血性活力。陈独秀一针见血地指出：“充塞吾民精神界者，无一强梁敢进之思。惟抵抗之力，从根断矣。”具有“不怕牺牲、英勇斗争”精神的中国共产党人，以自身面貌带动民族面貌塑造，以伟大精神带动民族精神提升，使我们民族凝固的血性、活力被唤醒并迸发出来，古老的中华民族展现出敢于革命、敢于斗争、自立自强、朝气蓬勃的新面貌、新形象。“中国人民不惹事也不怕事，在任何困难和风险面前，腿肚子不会抖，腰杆子不会弯，中华民族是吓不倒、压不垮的!”习近平总书记的铿锵话语，表达了中国人民的共同心声，也展示了一个不怕压、不信邪伟大民族的英雄形象。

复次，革命精神使中华民族焕发出空前的精神力量。1916 年，李大钊在《新青年》杂志上发表文章《青春》，发出了摧毁旧制度、建立青春中国的呐喊：“吾族今后之能否立足于世界，不在白首中国之苟延残喘，而在青春中国之投胎复活。”如他所愿，“白首之国家”“白首之民族”早已实现“青春之国家，青春之民族”的凤凰涅槃。这一奇迹的发生，其关键就是因为中国社会出现了全新的青春力量——中国共产党，就是因为这个民族先锋队把自己的先进思想、革命精神、青春活力注入了我们这个古老民族的灵魂深处。以中国共产党人精神谱系为代表的革命精神，表现了中国共产党昂扬向上的精神力量和强大生命力。

当前，我国正处在全面建设社会主义现代化国家开局起步的关键时期。世界百年未有之大变局加速演进，新一轮科技革命和产业变革深入发展，国际力量对比深刻调整，我国发展面临新的战略机遇的同时，也面临着不少深层次矛盾，尤其是面临外部环境变化带来的严峻挑战。在如此复杂多变的环境条件下，顺利推进中国式现代化，实现党的二十大确定的到2035年基本实现社会主义现代化、到本世纪中叶把我国建成富强民主文明和谐美丽的社会主义现代化强国的战略目标，必须大力弘扬以中国共产党人精神谱系为代表的革命精神，振奋民族精神，激发全党全国人民干事创业的热情，发挥革命文化在中国式现代化历史进程中对人民群众的巨大凝聚作用和对经济、社会发展的强大推动作用。

三、革命精神是推进党的建设新的伟大工程的精神引领

习近平总书记强调："不要忘记我们是共产党人，我们是革命者，不要丧失了革命精神。"[①] 党的奋斗历史和实践证明，如果没有顽强的精神意志，我们党就不可能成长为一个拥有9000多万党员的百年大党，更不可能取得前进道路上的一个又一个伟大胜利。面对当前和今后一个时期内长期存在的风险挑战，以中国共产党人精神谱系为代表的革命精神始终是中国共产党不懈奋斗、攻坚克难的精神之源，是新时代推进党的建设新的伟大工程的精神引领。

首先，革命精神是传承红色基因、赓续红色血脉的精神宝藏。以中国共产党人精神谱系为代表的革命精神，贯穿于党的建设的各个方面，是新时代党的建设新的伟大工程的精神营养，对于丰富党的建设整体架构有着重大的现实意义。我们党是有崇高信仰的马克思主义政党，党的红色基因与党的精神谱系是同源同流、共同发展

① 习近平：《坚持和发展中国特色社会主义要一以贯之》，《求是》2022年第18期。

的。以中国共产党人精神谱系为代表的革命精神，自形成之初就蕴含着党的红色基因和血脉，造就了走过百年风雨而风华正茂的百年大党，是不管走多久、走多远都不能丢掉的精神血脉和精神本色。党的精神谱系承担了传递政治共识、引导政治观念、坚守政治追求的重要使命，将有力推动广大党员干部加强思想淬炼、传承红色基因，全身心投入党的伟大事业，勇于担当作为，敢于开拓创新；有助于发挥意识形态的凝聚作用，用产生于实践的伟大精神反哺实践，筑牢广大党员干部精神之基，构筑精神堤坝，在实现第二个百年奋斗目标的伟大事业中续写中国共产党人精神谱系。

其次，革命精神是推进党的自我革命的精神武器。自我革命是渗透在党的革命精神和百年党史中的基因密码。我们党的百年自我革命史，既是实践倒逼的自我变革，也是自我主动的适应性变革，中国共产党天生就具有积极应变、主动求变的独特品质，使自身更加适合时代和实践的发展。以中国共产党人精神谱系为代表的革命精神，源于百年来党协同推进伟大社会革命和自我革命。党的革命精神既为党的自我革命提供了精神范本，又成为新时代推动党的自我革命的重要动力和精神意志力。中国共产党是勇于直视问题、刀刃向内，敢于驰而不息地推进自我革命的政党，正是由于我们党拥有推进自我革命的决心和魄力，才能在实践中培育出诸多积极向上的精神成果。时代呼唤着我们党接续弘扬自我革命的精神和魄力，以中国共产党人精神谱系为代表的革命精神为新时代推进党的自我革命提供强大精神武器，有利于将外在的制度约束内化为自身的自觉意识，进而形成优良作风和行为规范，推动党的各方面建设向着提高实效性、形成主体自觉的方向发展。我们党就是有强烈自我革命精神的党，党的革命精神为党的自我革命设定精神标尺，赋予一系列规章制度以精神引领力、约束力，成为全党和每一位共产党员的价值遵循和行为规范，引导中国共产党人从伟大精神中汲取经验和力量，化精神为行动，化腐朽为神奇，紧扣推进先进性和纯洁性建设的主旋律，以持之以恒的决心和毅力净化自身肌体。

再次，革命精神是加强党性修养的精神指南。崇高的精神境界是加强党性修养、保持共产党人先进性的重要因素，推进党的建设新的伟大工程离不开每一位共产党人的付出和努力。党性修养是党在革命、建设和改革实践中，通过党性教育，克服错误倾向，达到理想信念内化和本质属性外显的过程。我们党自成立起就十分重视党性教育，从延安整风运动到党史学习教育，推动了党性教育常态化，实现了教育内容、教育方式等各方面的与时俱进，造就了一批批先进分子和群体，熔铸了中国共产党人的精神谱系，激励着每一位共产党员通过自我努力，拧紧党性“总开关”，把党的本质属性内化为自身的价值追求、外化为思想行动上的实践和行为规范。党的革命精神立足现实又超越现实，把中国共产党人的信念信仰、意志品格、价值追求等因素上升到自觉意识和主体精神的高度，以革命精神丰富每一位共产党人的精神世界，提高精神状态和良好风貌。以中国共产党人精神谱系为代表的革命精神，作为党的实践进程和革命风范的精神记忆，有利于增强广大共产党员的精神归属感、精神认同感，丰富共产党人的精神世界，为建设精神家园铸牢城墙；有利于时刻提醒着每一位共产党员牢记党的艰辛奋斗历程，时刻敦促着每一位共产党员继续保持我们党的优良作风，给予中国共产党人以思想洗礼，杜绝不良情绪，锤炼高尚品德。

第三节　充分挖掘并运用好红色文化资源

红色是中国共产党、中华人民共和国最鲜亮的底色。红色文化资源是传承弘扬革命文化的生动教材和重要载体。党的二十大报告指出：“弘扬以伟大建党精神为源头的中国共产党人精神谱系，用好红色资源，深入开展社会主义核心价值观宣传教育，深化爱国主义、集体主义、社会主义教育，着力培养担当民族复兴大任的时代新人。”充分挖掘并运用好红色文化资源，对于传承红色基因、弘扬革命精神、推动高质量发展具有重要意义。

一、红色文化资源的基本内涵

一般来讲，红色文化资源是中国共产党领导中国人民，在新民主主义革命时期、社会主义革命和建设时期、改革开放和社会主义现代化建设新时期、中国特色社会主义新时代所形成的具有历史价值、教育意义、纪念意义的物质资源和精神资源。红色文化资源不仅包括各种革命遗址、遗迹、遗物、文献和纪念设施、场馆等有形的物质资源，还包含革命历史事件、先进人物等所表现出来的价值观念、革命传统、革命精神、时代精神等无形的非物质文化遗存。

作为革命文化的重要载体，红色文化资源在长期的发展过程中体现出分布广泛性、显著地域性、思想先进性、鲜明时代性等基本特征。同时，红色文化资源蕴含着巨大的思想价值、教育价值、社会价值和产业经济价值。充分挖掘并运用好红色文化资源，对于传承弘扬红色文化精神、坚定文化自信、推动文化产业繁荣发展、助力乡村振兴、增强中华民族凝聚力和向心力等具有积极意义。

二、用好红色文化资源的基本原则

红色文化资源是我们党艰辛而辉煌奋斗历程的见证，承载着以爱国主义为核心的革命精神和以改革创新为核心的伟大时代精神，是激励我们继往开来、团结奋斗实现更大辉煌的强大动力。充分挖掘并运用好红色文化资源，必须坚持正确政治方向，坚持以人民为中心，坚持与时俱进，坚持实事求是，进一步激发创新创造活力，提升国家文化软实力和中华文化影响力。

第一，必须坚持正确政治方向。要坚持党的全面领导，牢牢把握意识形态工作主导权，以社会主义核心价值观为引领，突出公益属性和社会效益，更好地构筑中国精神、中国价值、中国力量。中国共产党是中国特色社会主义事业的领导核心，必须充分发挥党总揽全局、协调各方的领导核心作用。党的十八大以来，在以习近平同志为核心的党中央坚强领导下，宣传思想文化战线高扬思想旗帜、把握正确方向、聚焦使命任务、加强改革创新，我国文化建设在正本清源、守正创新中取得历史性成就、发生历史性变革，为新时代坚持和发展中国特色社会主义、开创党和国家事业全新局面提供精神伟力。当前，世界百年未有之大变局加速演进，我国文化发展面临的挑战和困难前所未有，西方国家价值观念对中国文化的冲击越来越大。对此，必须遵循历史唯物主义的原则，坚决同历史虚无主义等错误思潮斗争，突出红色文化资源正能量意义，保证其严肃性，严禁无历史依据的“戏说”，杜绝过度娱乐化。

第二，必须坚持以人民为中心。人民群众是历史的主体，是历史的创造者。历史的进程反复证明，违背人民的意愿产生的文化最终也必然会沉没于历史长河之中。人民不仅是红色文化的接受者和传承者，也是创造者和监管者。只有坚持以人民为中心，才能赋予红色文化资源良好的时代内涵和蓬勃的生命力。当前，随着人民物质生活水平的提升，人民对精神文化的需求也越来越多样化、多层次、多方面。历史是最好的教科书，中国革命历史是最好的营养剂。红色文化资源不仅是广大党员、干部坚定理想信念、加强党性修养的生动教材，对于广大人民群众和青少年来说，也是充满正能量、具有丰富滋养的精神源泉，是鼓舞和激励中国人民不断攻坚克难、奋勇前进的精神力量。因此，用好红色文化资源，必须要坚持以人民为中心的发展思想，注重把红色文化渗透于人民的日常生活之中，始终以人民的利益为价值导向，以服务好人民日益增长的美好生活需要为中心，贯彻新发展理念，以内容建设为本，策划开发多样化、有温度、高品质的红色文化产品供给，推动红色文化资源挖掘利用与经济社会发展互促共荣。

第三，必须坚持与时俱进。时代是人类社会发展的客观历史阶段，是一定时期政治、经济、文化、教育等状况的综合反映。每一个时代都有着自己显著的主题，是一定时期社会问题的集中反映。任何一种思想理念要想在历史长河中始终保持长久的生命力，就一定要与时代发展的方向保持一致，时刻彰显出时代的特征，并能够解释、回答时代的主题。红色文化是思想理念的重要表现形式，是一定时期社会政治与经济的特殊反映，又作用于社会政治和经济，对社会政治和经济发展变化施加重要影响。因此，针对不同的历史时期、任务和背景，革命文化的内涵和价值也不断发生着变化，对红色文化资源挖掘利用的内容与形式也必然是不同的。进入新时代，面对当前社会、经济、科技、教育等新发展新形势新需求，要保持革命文化旺盛的生命力、广泛的感召力和持久的吸引力，必须在红色文化资源挖掘利用的内容与形式上做到与时俱进，充分运用新的发展理念、技术手段，统筹资源，优化布局，发挥合力，不断开拓创新。

第四，必须坚持实事求是。实事求是，是马克思主义认识论的基本观点，是指导中国共产党进行新民主主义革命、社会主义建设和改革开放等实践活动的根本指导思想，是中国共产党的基本思想方法、工作方法、领导方法。红色文化资源是中国共产党领导中国人民在不同的时期、不同的任务阶段和不同的背景下产生的，是我们党把马克思主义理论和中国革命、建设、改革开放的实际以及中华优秀传统文化相融合而形成的，是展现中国风格、中国气派、中国精神的文化形态。对红色文化资源的保护与开发利用要立足于中国的实际，来源于中国的实际，服务于中国的实际，又要回到中国的实际接受检验，反映中国实际的文化律动。因此，对红色文化资源的挖掘利用就必须坚持实事求是的基本原则，坚持与中国不同时期的客观事实不断结合，不断实现红色文化资源的传承、发展，并在新的历史时期使其焕发出旺盛的活力。

三、用心用情用力保护好管理好运用好红色文化资源

党的十八大以来，习近平总书记在地方考察调研时，都要瞻仰对我们党具有重大历史意义的革命圣地、红色旧址、革命历史纪念场所，反复强调要用好红色文化资源，传承好红色基因，把红色江山世世代代传下去。习近平总书记指出："红色资源是我们党艰辛而辉煌奋斗历程的见证，是最宝贵的精神财富，一定要用心用情用力保护好、管理好、运用好。"① "福建是革命老区，党史事件多、红色资源多、革命先辈多。"② 用好红色文化资源、赓续红色血脉、确保红色基因代代相传，这是中国共产党人义不容辞的责任，是福建人民的光荣使命，更是实现中华民族伟大复兴不可或缺的精神支撑和力量之源。

（一）统筹整合力量，加强科学保护

红色文化资源作为重要的历史文化遗存，具有不可再生性、不可替代性，保护是首要任务。

一要坚持正确导向。要本着对历史负责、对人民负责的态度，把红色文化资源安全放在首位，按照保护第一、传承优先的理念，加强对红色文化资源保护、开发和利用的系统性规划，落实国家对红色文化资源的保护政策，统筹好抢救性保护和预防性保护、本体保护和周边保护、单点保护和集群保护，努力做到应保尽保、科学保护，保持和呈现红色文化资源的历史真实性、风貌完整性和文化延续性。

二要建立工作机制。理顺和健全红色文化资源保护、管理运行

---

① 习近平：《用好红色资源　赓续红色血脉　努力创造无愧于历史和人民的新业绩》，《求是》2021 年第 19 期。

② 《在服务和融入新发展格局上展现更大作为　奋力谱写全面建设社会主义现代化国家福建篇章》，《人民日报》2021 年 3 月 26 日。

机制，加强部门、地域间的互联互动，通过建立红色文化资源保护利用联席会议等制度，统筹整合宣传、文化旅游、退役军人事务、教育、党史、财政等相关部门力量，紧密配合做好红色文化资源的保护和开发利用等工作。同时，应建立健全对红色文化资源的法律保护体系，完善红色文化资源损害评估机制，加大安全巡查检查和执法力度，以避免对红色文化资源的人为破坏。此外，加大财政投入，进一步健全红色文化资源保护财政保障机制，完善红色文化资源保护多元投入体系，积极引导社会资金参与红色文化资源保护和开发利用工作。

三要夯实基础工作。对红色文化资源进行定期排查，加强对革命文物和革命文献档案史料、口述资料的调查征集工作，做好馆藏革命文物的认定、定级、建账和建档工作，分级分类进行登记备案，建立实物和电子档案，形成红色文化资源数据库。同时，充分利用大数据等新技术，通过数字化采集红色文化资源并对其进行修复、存储和保管，为红色文化资源的传承保护和开发利用奠定基础。

四要落实管护措施。坚持全面、系统、整体保护，加强对红色文化资源保护设施的建设和日常维护，对红色纪念设施重建、改造、迁建等要进行科学论证、严格审批管理。突出修缮保护重点红色文化遗址遗迹，将红色文化遗址建设保护纳入城镇化建设和新农村建设规划，科学有序推进革命遗址（旧址）、著名事件发生地、重要会议召开地等的保护性修缮，统筹做好著名革命人物和历史事件纪念碑（馆）、陵园、革命题材博物馆（展览馆）等重点革命纪念设施的保护建设，确保物态红色文化资源的安全完整。对于非物态的红色文化资源，则应尽快获得仍然健在的老一辈革命家及其亲属后代的理解和支持，积极与他们进行协商，以保护收集他们熟知或珍藏的但还未保护、传承下来的红色文化资源。

（二）深入系统挖掘，深化研究阐释

统筹研究力量，强化研究规划，深化学术研究，加强红色文化

资源研究阐释，是保护好、管理好、运用好红色文化资源的基础。

一要整合研究资源。依托社科研究机构、党史研究机构、档案部门、党校（行政学院）等，积极开展红色文化的研究阐释工作，深入挖掘红色资源背后的思想内涵、精神标识和时代价值，弘扬伟大建党精神，系统梳理阐释中国共产党人的精神谱系，准确把握党的历史发展的主题主线、主流本质，旗帜鲜明反对和抵制历史虚无主义。

二要深化课题研究。站在党和国家全局的高度，立足各地红色文化资源，围绕重大历史事件、重要革命人物等重点研究课题，运用新观念、新思路、新方法，多层次、多角度开展红色文化理论研究，提炼红色文化资源的精神特质，诠释红色文化的形成过程、深刻内涵、主要特色、历史地位、现实意义、传承途径等，形成有深度有影响的理论研究成果，打造红色文化理论研究品牌。

三要加强研究队伍建设。加强人才队伍建设是推进红色资源理论研究的关键所在。要通过出台优惠政策等激励措施来引进红色理论研究领域领军人才和创新人才，并鼓励各方社会力量参与研究，发挥高校和其他社会研究机构的优势，通过举办红色文化理论研究高峰论坛，拓展更加创新、开放、自由的理论交流渠道，壮大红色文化研究队伍，提升红色文化理论研究力量。

（三）打造精品展陈，强化宣传推广

坚持政治性、思想性、艺术性相统一，把好导向、聚焦主题，运用好各种宣传载体平台，用史实说话，着力打造高质量精品展陈，增强表现力、传播力、影响力，生动传播红色文化。

一要巩固传统传播阵地。充分发挥报刊、广播、电视、网络等传统媒体的主导作用，通过新闻报道、开设专栏、发布公益广告、建设网上展示馆等方式，广泛宣传红色资源，传播红色文化，弘扬革命精神。也可在宣传橱窗、路牌、报栏、车站、地铁等公共场所投放宣传海报，拓宽红色文化宣传渠道，使红色文化能够渗透到人

们的日常生活当中，提高红色文化的影响力与宣传面。

二要运用现代科技手段。现代信息化、智能化技术的广泛应用，为红色文化宣传提供了更多的方法与路径。在此背景下，可借助运用全息投影、VR、AR、4D成像、5G传播、激光、声控等现代设备和技术手段，推进红色文化资源全景式、立体化、沉浸式展览，丰富陈列展示内容，并在原有基础设施上适时迭代升级，增强展陈生动性、互动性、体验性和感染力，使受众从声感、视觉、触感多维角度深切感受红色文化的历史魅力，让红色文化资源真正“活”起来、“动”起来。

三要繁荣红色文艺创作生产。推进各级各类党委政府官方网站、微信公众号等平台提供红色文化资讯、影音等公共服务，鼓励商业媒体、影视、音乐软件APP开设红色文化专栏；推动红色文化进驻抖音、快手、微视等媒体和平台，运用好直播、短视频、H5、弹幕等传播技术，利用重大节日、纪念日等关键节点，推出体现红色文化、富有革命气息的网络文学作品、动漫、有声读物、微视频，鼓励和引导创作以红色文化资源为题材的影视剧、歌舞剧、话剧、小品等文化文艺作品，形成体现社会主义核心价值观的红色文艺精品佳作，不断提升红色文化的影响力和渗透性。

（四）坚持固本培元，强化教育功能

坚持把红色文化资源作为坚定理想信念、加强党性修养的生动教材，加强革命传统教育、爱国主义教育、青少年思想道德教育，把红色基因传承好，确保红色江山永不变色。

一要确立红色教育基地。围绕革命、建设、改革各个历史时期的重大事件、重大节点，研究确定各地重要红色标识地，讲好党的故事、革命的故事、英雄的故事，彰显时代特色，使之成为教育人、激励人、塑造人的大学校。突出青少年这个群体，并根据青少年认知特点，建设富有特色的革命传统教育基地、爱国主义教育基地、青少年思想道德教育基地，引导他们从小在心里树立红色理想。

二要拓展红色教育途径。把红色文化资源融入干部教育培训和党性教育的全过程，推动革命传统教育进学校进教材进课堂，鼓励学校、党校（行政学院）到革命旧址、革命博物馆纪念馆等场所开展现场教学，并采取人民群众喜闻乐见的方式，通过开设红色大讲堂、举办红色宣传，开展形式多样的演讲、座谈、征文、夏令营等红色主题活动，推动红色文化进校园、进社区、进企业、进机关、进军营，用红色资源育人，传承红色基因，弘扬革命精神。

三要培养红色教育队伍。把培养红色教育师资队伍纳入各级人才政策支持范畴，努力造就一批对党忠诚、精通红色文化、授课水平高、具有深厚爱国情怀的红色教育队伍，让那些真正将红色文化和党的创新理论融会贯通的人来把革命传统教育讲通透、讲生动，并以他们自身的正面形象和深厚情怀去感染和吸引广大的人民群众，使得红色教育更加具有说服力和穿透力。

（五）发展红色文化产业，促进高质量发展

坚持把社会效益放在首位、社会效益和经济效益相统一，推进红色文化资源与旅游、康养、医疗、休闲等产业的融合发展，推动红色文化建设与乡村振兴、区域发展、城乡建设等相衔接，打造各具特色的红色资源产业品牌，促进高质量发展。

一要大力发展红色旅游。推动红色旅游和观光旅游、文化旅游、乡村旅游、休闲度假旅游等业态融合，把伟大建党精神等党和人民在各个历史时期奋斗中形成的革命精神融入线路设计、展陈展示、讲解体验，持续优化建设红色主题鲜明、内涵丰富的红色旅游经典景区。充分利用和整合提升现有旅游产业服务体系和社会公共服务体系，不断创新红色旅游区域合作模式，统筹推进红色旅游与生态、传统文化等旅游融合发展，培育探索“红色＋绿色”“红色＋古色”“红色＋蓝色”等发展项目。积极发挥红色旅游巩固拓展脱贫攻坚成果作用，紧密结合革命老区振兴发展，依托各地红色文化等资源，培育壮大特色旅游产业，增进革命老区人民福祉。坚决反对庸俗、

低俗、媚俗，防止过度商业化、娱乐化，防止打着红色旅游的旗号搞项目开发、偏离发展方向。

二要推进红色文创产业发展。按照精神内涵为重、社会效益为先的思路，立足地方特色，结合群众需求，鼓励文博等单位加强红色文化创意产品的开发推广，开发具有鲜明地域特色、适销对路的红色文化纪念品、工艺品、旅游食品，提高红色文化创意产品附加值，延伸产业链。建立红色产品售服中心。在城市地图、旅游交通图、电话号码簿、街道路标、公益广告标牌、日历等产品中嵌入红色文化内容。

三要促进红色文化产业与其他产业融合发展。持续发展“红色文化产业＋”战略，鼓励探索“红色＋艺术教育”“红色＋研学”“红色＋金融”等新业态融合发展，进一步优化红色文化产业发展格局。同时，通过调整税收等政策，进一步提高民营资本、社会力量参与红色文化产业发展的积极性，实现红色文化产业开发主体多元化，跟进发展红色文化产业配套服务，提高红色文化与其他产业融合发展水平。

总之，革命文化是中国特色社会主义文化的重要组成部分，蕴含着深厚的思想内涵和丰富的革命精神，是建设社会主义现代化强国的精神支撑，是推进中国特色社会主义伟大事业的精神之源，是党和国家宝贵的精神财富。我们必须在推进中国式现代化的历史进程中，大力弘扬革命文化，充分挖掘并运用好红色文化资源，推动革命文化创造性转化和创新性发展，为全面建设社会主义现代化国家提供精神力量。

本章小结

革命文化作为党领导人民在百年奋斗历程中孕育形成的独具民族标识的宝贵精神财富，是中国特色社会主义文化的重要组成部分。

新时代弘扬革命文化，需要科学厘清其蕴含的精神标识、红色基因，正确分析其时代价值，积极探究其传承路径，以推动其创造性转化与创新性发展。本章从梳理革命文化的核心内容——中国共产党人精神谱系的源与流入手，深入阐释了伟大建党精神是中国共产党人精神谱系的历史源头，中国共产党人精神谱系是伟大建党精神的历史延续，并总结归纳出伟大建党精神与中国共产党人精神谱系的共同特征。在此基础上，系统论述了以中国共产党人精神谱系为代表的革命精神的价值功能，即以中国共产党人精神谱系为代表的革命精神，是党领导人民战胜艰难险阻、从胜利走向胜利的精神密码，是实现中华民族伟大复兴的精神动力，是推进党的建设新的伟大工程的精神引领。最后，就弘扬革命文化的路径载体，有针对性地提出了用心用情用力保护好、管理好、运用好红色文化资源的主张。

思考题

1. 伟大建党精神与中国共产党人精神谱系有哪些共同特征？
2. 如何理解革命精神是党和国家的宝贵财富？
3. 如何充分挖掘并运用好红色文化资源？

第八章　传承中华优秀传统文化

中华民族之所以历经磨难而巍然屹立于世界民族之林，一个重要原因就在于注重从其拥有的博大精深、历久弥新的中华优秀传统文化中汲取智慧和力量。党的十八大以来，习近平总书记就传承发展中华优秀传统文化的重大课题，提出了一系列新思想新观点新论断，深刻把握了中华文明的发展规律，坚持“创造性转化和创新性发展”,[①] 赋予中华优秀传统文化崭新的时代内涵和深远的积极意义，把中华优秀传统文化精华运用于治国理政的方方面面，“强调‘两个结合’”、[②] 创造性提出“第二个结合”,[③] 使党的创新理论深深扎根于中华优秀传统文化的沃土之中，拓展了中国特色社会主义文化发展道路。习近平文化思想关于传承发展中华优秀传统文化的原创性理论，表明我们党对中华优秀传统文化的认识达到了新高度，表明我们党对中国道路、理论、制度的认识达到了新高度，表明我们党的历史自信、文化自信达到了新高度，表明我们党在传承中华优秀传统文化中推进文化创新发展的自觉性达到新高度。

第一节　“古今中西之争”

这里说的“古今中西之争”，是指鸦片战争以来，中国文化领域

---

① 习近平：《习近平谈治国理政》(第一卷)，外文出版社 2018 年版，第 164 页。

② 杜尚泽：《微镜头・习近平总书记参加党的二十大广西代表团讨论　“就是要理直气壮、很自豪地去做这件事”》,《人民日报》2022 年 10 月 19 日。

③ 《担负起新的文化使命　努力建设中华民族现代文明》,《人民日报》2023 年 6 月 3 日。

的传统性（“古”）与近代化或现代化（“今”）、民族性（“中”）与西方化或全球化（“西”）之争。

从1840年鸦片战争开始，古老中华帝国的大门被西方列强的大炮轰开了，出现了前所未有的千年“大变局”；与此同时，中国传统文化受到外来西方文化的巨大冲击。率先觉醒的优秀分子开始睁眼看世界。正如梁启超在《五十年中国进化概论》中所说的，中国人向西方学习基本上沿着器物层面、制度层面、文化（理念）层面的先后顺序展开，这也是中国传统文化不断被排斥、被压抑的过程。不过，这种被排斥、被压抑也有历史合理性和进步性，这是一个中国文化走向近代化的过程。

一、近代以降文化转型的最初三个阶段

文化系统的表层是物质文化，也称器物文化，是由人与自然的交互作用而产生的，主要指物质产品。文化系统的中层是制度文化，是人与社会交互作用的产物，主要指行为规范、组织形式、政法结构等。文化系统的里层是精神文化，是人与自我意识关系发展的产物，是文化的核心部分，主要指价值观念、宗教信仰、道德伦理、思维方式、审美趣味等。

在近代中国，当有识之士第一次“睁眼看世界”时，首先注意的是西方的坚船利炮即科学技术，认为“技不如人”，即生产技术落后于西方。魏源就提出“师夷长技以制夷”的著名主张。魏源所说的夷之长“技”，主要指西方器物文化。第二次鸦片战争后，一些清王朝统治者痛定思痛，决定以实际行动“师夷长技以制夷”。1861年，总理各国通商事务衙门在北京成立，以采西学、图自强为武器，主张变革社会，开展洋务运动，效仿西方走近代化的工业道路。为掌握西方制造炮舰技术，洋务派购买洋枪洋炮，创办近代军事工业和民用企业，效仿西方训练军队，并派出留学生，旨在带回西方先进科学技术，等等，这些举措主要都是在器物层面向西方学习。办

洋务势必抛弃某些中国传统，由此引发守旧派的不满，他们以孔孟之道、封建纲常伦理为武器来反对洋务理念、抵制洋务行动。面对如此干扰和阻力，洋务派寻找折中之道。就在办洋务之初，冯桂芬在《校邠庐抗议·采西学议》中主张“以中国之伦常名教为原本，辅以诸国富强之术”。1879 年，薛福成在《筹洋刍议·变法》中说：“今诚取西人器数之学，以卫吾尧、舜、禹、汤、文、武、周公之道。”洋务派明确以中国传统文化为“本”、西方文化为“用”，实质也就是 1896 年沈寿康在《万国公报》发表《匡时策》所说的“以中学为体，西学为用”。张之洞在 1898 年的一份奏折中就说，“以中学为体，西学为用，既免迂陋无用之讥，亦杜离经叛道之弊”，[①] 也就道出了洋务派走折中之道的原委。“中体西用”论为一些近代启蒙思想家所诟病，如严复认为“中体西用”论最大的问题是割裂了“体”和“用”的统一。而在提出“明体达用”教育主张的北宋理学先驱胡瑗那里，“体”和“用”是统一的，说儒家纲常名教是万世不变的“体”，“体”付诸实践就能达到治国安民的目的，这成为儒家文化的一个共识，但这种共识在近代社会遇到了危机。不过，“中体西用”论给僵化的封建文化打开了一个引进西学的通道，通过以西学补中学，开启了中西文化交流结合之路，推动了中国传统文化向近代转型。当然，这种转型是很有限的，因为内在的“体”尚无质的更新。

1894 年清帝国在中日甲午战争中失败，随后与日本签订丧权辱国的《马关条约》，比先前两次鸦片战争失败更为严重的民族危机让维新派认识到，“西学之用”难以拯救日薄西山的“中学之体”，不能仅限于学习“西技”，更为重要的是要学习“西政”，只有效仿西方资本主义制度的模式以实现中国社会的近代化，才能挽救民族危亡。19 世纪末的戊戌变法，“变法图强”“救亡图存”是其“目的”，“变更政体、行君主立宪”是其“政治纲领”，“宣传西学、批判旧

① 陈建宪：《文化学教程》（第二版），华中师范大学出版社 2011 年版，第 210 页。

学”是其“文化纲领”。[1] 推动变法的维新派认识到，西学是一个完整的文化形态和体系，他们以西方近代资产阶级文化作为衡量的标准，侧重展开政治制度层面上的中西文化比较，向封建君主专制制度和封建社会伦理纲常发起了挑战，以“体”“用”一元论代替“体”“用”二元论，建构起以中学为主（戊戌变法失败后转变为以西学为主要特色甚至以西学为主导）而又中西糅合、“不中不西、即中即西”[2]、“会通中西”、中西合一的文化模式。维新派倡言变法维新，一方面打着“托古改制”旗号，宣传西学，另一方面又披上今文经学的外衣，倡导民主和科学，但始终未能与君权彻底决裂，还不能自觉明确地将民主与科学并列为两面反封建的战斗旗帜，体现出妥协性和不彻底性的局限和弱点。戊戌变法最终为封建顽固派所绞杀，也就意味着资产阶级改良主义方案是死路一条。从此，中国社会变迁只能选择走暴力革命这条路。

戊戌变法虽然只是短暂的“百日维新”，所有新政措施，除 1898 年 7 月开办的京师大学堂外，都被废止，但变法余绪未泯：清廷于 1899 年下诏废八股和诗赋；1901 年发布《兴学诏书》，要求全国广设学堂；1905 年决定废止科举考试，规定所有学校除保留经学、修身外，皆教授自然科学，这意味着研习儒学不再是仕宦进身的正常必要途径，至此，儒学在教育体系中的地位完全崩塌。1912 年，任教育总长的蔡元培主持教育法令的讨论，提出在法令中“去尊孔”、在学校中“废祀孔”、在课程中“删经学”，儒家典籍作为整体被排除于国民教育体系之外。

戊戌变法失败后，梁启超逐步认识到，要在中国旧体制基础上创建新制度，从文化根本上感觉不足，必须让国民的心理结构、价值取向、行为方式得以转变——培养“新民”，他这种改造国民性的理念直接影响了五四一代知识分子。辛亥革命后，随着民主共和制

---

① 叶志坚：《文化学发展轨迹研究》，民族出版社 2004 年版，第 215 页。

② 邱志华：《陈序经学术论著》，浙江人民出版社 1998 年版，第 118 页。

度的流产，有识之士对改造国民性的期望得到强化。辛亥革命后短短几年，儒学已整体上退出政治、教育领域，儒学典籍不再是国家制度的意识形态基础，不再是读书人必读的文化经典，但仍然固守于伦理、精神领域，民初梁启超等人一面反对读经，一面仍主尊孔，就是明显的例子。五四前后，国外各种思潮源源不断大量输入，"古今中西"文化之争更为激烈。以李大钊、陈独秀为代表的以《青年杂志》（1915 年 9 月创办，1916 年更名为《新青年》）为阵地的"新青年派"和以杜亚泉为代表的以《东方杂志》（1904 年 3 月创刊）为阵地的"东方文化派"，展开了东（中）西文化异同优劣的争论。在"东方文化派"看来，西方文明之"短"在于倡导科学，而科学的发达便引起竞争和冲突，如引起 1914 年开始的世界大战；而东方文明之"长"就在于只讲道德，不讲科学，追求一种恬淡平和的境界，因此主张以儒家思想为衡量是非的统一标准，"'统整'因西学输入而造成的'人心之迷失''国是之丧失''精神之破产'的局面，使中国固有之文明发扬光大"。[①] 论战从 1918 年 9 月开始，延续到 1920 年杜亚泉辞去《东方杂志》主编职务，也就是结局为"新青年派"占上风。

五四新文化运动的倡导者，一方面高举民主、科学和个性解放的大旗，提倡新道德、提倡白话文，另一方面史无前例猛烈抨击以孔学为代表的中国传统文化，反对旧道德、反对文言文。在《吃人与礼教》中说"孔二先生的礼教讲到极点，就非杀人吃人不成功"的吴虞，就被胡适赞许为"中国思想界的一个清道夫"，"'四川省只手打孔家店'的老英雄"。[②] 胡适在 20 世纪 20 年代初说，吴虞和陈独秀是"近年来攻击孔教最有力的两位健将"，他们"精神上很有相同之点"，即"孔子之道不合现代生活"。[③] 1920 年 1 月，李大钊从经济基础决定论来解释中国思想变动的原因，他说："我们可以晓得

① 陈建宪：《文化学教程》（第二版），华中师范大学出版社 2011 年版，第 219 页。

② 田苗苗：《吴虞集》，中华书局 2013 年版，第 41、3、6 页。

③ 田苗苗：《吴虞集》，中华书局 2013 年版，第 4 页。

孔子主义（就是中国人所谓纲常名教）并不是永久不变的真理。孔子或其他古人，只是一代哲人，决不是‘万世师表’。他的学说，所以能在中国行了二千余年，全是因为中国的农业经济没有很大的变动，他的学说适宜于那样经济状况的原故。现在经济上生了变动，他的学说，就根本动摇，因为他不能适应中国现代的生活、现代的社会。”[①] 1920 年，北洋军阀政府教育部承认白话为“国语”，通令国民学校采用。五四新文化运动也迫使一些本来为旧派文人掌握的老牌刊物，如《小说月报》《东方杂志》等逐渐改用白话。五四新文化运动把辛亥革命前后放逐儒学的运动进一步扩展到伦理和精神的领域，对统治中国两千多年的封建礼教、礼法、旧伦理、旧政治、旧文学进行猛烈抨击，实质性终结了儒学在中国文化领域的主流地位。

然而，就在“西学有人提倡，佛学有人提倡，只有谈到孔子羞涩不能出口”[②] 的 20 世纪 20 年代初期中国，也还有一些学者倡言儒学。作为现代新儒家学派开山祖的梁漱溟在 1921 年出版《东西方文化及其哲学》，从重构儒家形而上学入手，提出中西印文化的“三路向”，通过比较研究说明未来世界将迎来儒家文化的复兴。在复兴儒家学说等方面，张君劢与梁漱溟的理念有一致性。1923 年 2 月，张君劢在《人生观》的演讲中表示，科学不能支配人生观，解决人生问题还要靠孔孟儒学和宋明理学，由此引起了科学与儒学的论战。由于到以丁文江、胡适为代表的“科学派”和马克思主义学者陈独秀、瞿秋白等人的批判，张君劢在论争中处于劣势，尽管他所提出的科学的问题和西方文明的弊病具有重要参考价值。现代新儒家泥足深陷的思维模式是“中体西用”，执迷不悟的价值理念是“返本开新”，不约而同的政治主张是改良主义，新中国成立后，其中一批人到境外定居，留在大陆的其他人缺乏学术延续性，国内这种沉寂延

① 《李大钊全集》（修订本，第三卷），人民出版社 2013 年版，第 191—192 页。

② 梁漱溟：《东西方文化及其哲学》，中华书局 2013 年版，第 235 页。

续到“文化大革命”结束。

二、深受西化浪潮冲击与极左狂潮破坏

五四新文化运动之后，相比于复兴儒学，以追求现代化为旨趣的西化浪潮更引人关注。1929 年，胡适在《中国今日的文化冲突》一文使用“全盘西化”的提法，他说：“抗拒西化在今日已成过去，没有人主张了。但所谓‘选择折衷’的议论，看去非常有理，其实骨子里只是一种变相的保守论。所以我主张全盘的西化，一心一意的走上世界化的路。”① 但在 1935 年的“西化”和“本位”的文化争论中，胡适说：“‘全盘西化’一个口号所以受了不少的批评，引起了不少的辩论，恐怕还是因为这个名词的确不免有一种语病”，“‘全盘’的意义不过是‘充分’而已，不应该拘泥作百分之百的数量的解释”，“‘全盘西化’不如说‘充分世界化’”② “‘充分西化’或‘根本西化’”。③ 必须承认的是，从魏源的“师夷长技”到洋务运动时期的“中学为体，西学为用”，到戊戌变法时期的“不中不西、即中即西”，再到五四新文化运动高张民主和科学两面大旗，不论是物质层面的变革、制度层面的变革，还是观念层面的变革，中华文化蹒跚前行的每一步，都留有不浅的西方文化烙印。正因如此，陈序经 1933 年 12 月在《中国文化的出路》的演讲中，基于近代以来中国人“态度上的西化”“事实上的西化”，并且“欧洲近代文化的确比我们进步得多”，“西洋文化是世界文化的趋势”，“不过三百年来的西化，终不见得中国的文化能够和各国立于对抗的地位，是因中国人不愿去诚心诚意来接受西洋文化的全部，而只求目前的部分的西洋文化”，于是提出中国文化的出路在于“彻底的全盘西洋

---

① 胡适：《胡适论说近著》（第一集），商务印书馆 1935 年版，第 558 页。
② 胡适：《胡适论说近著》（第一集），商务印书馆 1935 年版，第 559 页。
③ 胡适：《胡适论说近著》（第一集），商务印书馆 1935 年版，第 560 页。

化”——“全盘西化”。[①] 陈序经后在《东西文化观》中对《中国文化的出路》的“全盘西化”论进一步展开论述，说“所谓西化，是要像放入自己的肚子，而能起了消化的作用。照搬的运过来，只能叫做运，不能叫做化，运过来而不能化，其危险也许还要甚于不运，正像食了东西若不消化，就会生病，就会致命”，[②] 认为“中国之趋于全盘西化，不过是时间的长短问题，我们若不自己赶紧去全盘西化，则必为外人所胁迫而全盘西化”，[③] 强调主动去消化吸收接受西洋文化的全部。

1935 年 1 月 10 日，由王新命、何炳松、武堉干、孙寒冰、黄文山、陶希圣、章益、陈高佣、萨孟武、樊仲云等十位教授联名在《文化建设》月刊上发表《中国本位的文化建设宣言》，强调“中国本位的文化建设”，断言“此时此地的需要，就是中国本位的基础”，认为对英美文化要“吸收其所当吸收，而不应以全承受的态度，连渣滓都吸收过来”，主要针对当时文化领域“全盘西化”的主张，但也表示反对“模仿苏俄”“模仿意、德”。而胡适认为，“十教授”的“保守心理都托庇于折衷调和的烟幕弹之下”，“中国的旧文化的惰性实在大的可怕，我们正可以不必替‘中国本位’担忧”，而应“借它（西方文化——引者）的朝气锐气来打掉一点我们的老文化的惰性和暮气”。[④] 还有人批评“十教授宣言”过于空泛，态度有复古之嫌。不过，到了 1935 年下半年，因日本侵略者不停步地进攻中国，华北局势恶化，“中国本位”的领土保全的重要性远远超过“中国本位的文化建设”或文化的“全盘西化”，现实社会的民族存亡问题让这场文化争论搁置下来。

新中国成立后的文化纲领“把不同的思想观点归结为资产阶级

---

① 邱志华：《陈序经学术论著》，浙江人民出版社 1998 年版，第 81、83、86、102、87 页。

② 邱志华：《陈序经学术论著》，浙江人民出版社 1998 年版，第 266 页。

③ 邱志华：《陈序经学术论著》，浙江人民出版社 1998 年版，第 291 页。

④ 胡适：《胡适论说近著》（第一集），商务印书馆 1935 年版，第 554、556 页。

和无产阶级之间阶级利益的对立”，[①] 从强调阶级性出发把哲学史简化为唯物论和唯心论的斗争、前者最终战胜后者的历史，“将文学艺术严格地限定于政治文化的范畴中理解和认识”，[②] 强调“打倒”“替帝国主义和封建阶级服务”“这类反动文化”——“帝国主义文化和半封建文化”。[③]“将文化学术问题政治化”[④] 愈演愈烈，在“文化大革命”中达到高潮。1966 年的“五一六通知”提出“文化大革命”的目标——“彻底批判学术界、教育界、新闻界、文艺界、出版界的资产阶级反动思想，夺取在这些文化领域的领导权”。1966 年 6 月 1 日《人民日报》社论《横扫一切牛鬼蛇神》提出“破四旧”；同年 8 月 8 日，党的八届十一中全会通过的《中共中央关于无产阶级文化大革命的决定》认为，被推翻的资产阶级企图用剥削阶级的旧思想旧文化旧风俗旧习惯来腐蚀群众、征服人心，力求达到复辟目的，“无产阶级同过去几千年来一切剥削阶级遗留下来的旧思想、旧文化、旧风俗、旧习惯的斗争需要经历很长很长的时期”。值得一提的是，1966 年 11 月，一批大学生公然砸孔庙，名为“彻底捣毁孔家店”，“文化大革命”的破坏性由此可见一斑。“文化大革命”的口号是破旧立新，不破不立，破字当头，事实上是只破不立；“文化大革命”实质上是文化虚无主义。中国传统文化很大程度上被视作为封建阶级、剥削阶级服务，属于“四旧”，得“破”。“文化大革命”极左思潮给文化领域造成空前浩劫，造成批判吸收中国传统文化的断层，也造成批判吸收西方文化的断层。

三、现代化转型长期未能达到理想状态

改革开放以来，“文化大革命”时期对待中国传统文化的那种谩

① 陈建宪：《文化学教程》（第二版），华中师范大学出版社 2011 年版，第 230 页。
② 孟繁华、程光炜：《中国当代文学发展史》，人民文学出版社 2004 年版，第 23 页。
③ 毛泽东：《毛泽东选集》（第二卷），人民出版社 1991 年版，第 695 页。
④ 陈建宪：《文化学教程》（第二版），华中师范大学出版社 2011 年版，第 230 页。

骂、毁坏的态度被世人摒弃，但人们在反思“文化大革命”中极左思潮和个人崇拜、个人专断现象时，普遍认为是封建沉渣泛起作祟，中国依然面临重大的反封建思想任务。“文化大革命”结束后的一个较长时期，中共中央领导人不时提及反封建思想，而罕见对传统文化的肯定。同时，资产阶级自由化思潮一度泛滥，一些人鼓吹民族虚无主义和历史虚无主义，中国传统文化因此还是被许多人忽视、轻视甚至蔑视。如何有效抵御“和平演变”的西化威胁，因此成为中国共产党执政的重要课题。1990 年 1 月 10 日，在全国文化艺术工作情况交流座谈会上，时任中共中央政治局常委李瑞环指出，“有中国特色的社会主义文化，即我们的民族形式与社会主义内容相结合的新文化”,① 他集中阐述“关于弘扬民族优秀传统文化的若干问题”，对民族优秀传统文化予以“源远流长”“博大精深”“影响深远”“灿烂辉煌”的高度肯定，强调“珍惜、保护和发掘中华民族的优秀文化遗产”，“在全社会形成尊重民族文化优秀传统的社会风尚”。② 党中央领导人如此积极评价传统文化在改革开放以来尚属首次。也就是自 20 世纪 90 年代以来，党中央领导人在一些场合肯定性论及中国历史文化传统，弘扬民族优秀文化是全党全社会关心瞩目的一个重要问题。李瑞环就指出，“弘扬民族文化，树立和增强民族自尊心、自信心和自豪感，是一个长期的具有战略意义的任务”。③ 但在中国特色社会主义进入新时代之前，就中国传统文化，罕见中共中央领导人全面高度评价，更难见深入的实质性评价。

改革开放以来，学术界关于文化争论主要聚焦于中国传统文化与现代化、全球化的关系。有“儒学复兴”论，持此论者多为海外

---

① 中共中央文献研究室：《十三大以来重要文献选编》（中），人民出版社 1991 年版，第 276 页。

② 中共中央文献研究室：《十三大以来重要文献选编》（中），人民出版社 1991 年版，第 264、272、273、271、274、871 页。

③ 中共中央文献研究室：《十三大以来重要文献选编》（中），人民出版社 1991 年版，第 871 页。

华裔学者，在中国大陆也不乏共鸣者，这是相对保守的观点。有“综合创造”论，主张抛弃中西对立、体用二元的僵化思维模式，排除盲目的华夏中心论与欧洲中心论的干扰，在马克思主义指导下对古今中外的文化系统的组成要素和结构形式进行科学分析和审慎筛选，“经过辩证的综合，创造出一种既有民族特色又充分体现时代精神的高度发达的社会主义新中国文化”。[①] 有“全盘西化”论，但大体已超越文化范畴，为政治所裹挟，不再是一种学理意义上的文化主张。有学者指出：“在二十世纪中国文化发展的过程中，明显存在着两个不平衡。第一个不平衡是传统文化和西方文化比例的失衡，西方文化所占的比例远远高于传统文化，这体现在教育、社会文化等方面。”“第二个不平衡是科技文化和人文文化的不平衡，我们注重的是科技文化，觉得科技文化才是实实在在的，而人文文化是可有可无的。”[②] 其实，“第二个不平衡”说的还是中国传统文化被边缘化。

在中国走向现代化、融入全球化进程中，中国传统文化的边缘化地位长期得不到彻底的改观，中国传统文化的现代化转型长期达不到传承与发展有机统一的理想状态。

第二节　准确把握“两个结合”的重大意义

2021 年 3 月，习近平总书记在福建武夷山朱熹园考察时初次提出“第二个结合”，他说：“我们要特别重视挖掘中华五千年文明中的精华，把弘扬优秀传统文化同马克思主义立场观点方法结合起来，坚定不移走中国特色社会主义道路。”[③] 2021 年 7 月，在庆祝中国共

---

① 张岱年、程宜山：《中国文化与文化论争》，中国人民大学出版社 1990 年版，第 390 页。

② 楼宇烈：《中国文化的根本精神》，中华书局 2016 年版，第 5、6 页。

③ 习近平：《习近平谈治国理政》（第四卷），外文出版社 2022 年版，第 315 页。

产党成立一百周年大会上，习近平总书记提出“两个结合”的重大论断——“坚持把马克思主义基本原理同中国具体实际相结合、同中华优秀传统文化相结合”[①]。2021 年 11 月，党的十九届六中全会通过的《中共中央关于党的百年奋斗重大成就和历史经验的决议》指出，“以习近平同志为主要代表的中国共产党人，坚持把马克思主义基本原理同中国具体实际相结合、同中华优秀传统文化相结合”，“创立了习近平新时代中国特色社会主义思想”。党的二十大报告就开辟马克思主义中国化时代化新境界的重大课题再次强调“两个结合”。“两个结合”已成为我们进行理论思考和实践探索的基本遵循与重要内容。

“强调‘两个结合’，这是新时代中国特色社会主义原创性的”，[②]不过，“两个结合”又渊源有自。1930 年 5 月，毛泽东在《反对本本主义》一文中说：“马克思主义的‘本本’是要学习的，但是必须同我国的实际情况相结合。我们需要‘本本’，但是一定要纠正脱离实际情况的本本主义。”[③] 毛泽东通过辨析“本本”和“本本主义”，事实上指明了马克思主义中国化必须走“结合”之道。1938 年 10 月，毛泽东在党的扩大的六届六中全会上所作《论新阶段》的政治报告中首次提出“马克思主义的中国化”[④] 的命题，他指出：“我们是马

---

① 习近平：《习近平谈治国理政》（第四卷），外文出版社 2022 年版，第 10 页。

② 杜尚泽：《微镜头·习近平总书记参加党的二十大广西代表团讨论 “就是要理直气壮、很自豪地去做这件事”》，《人民日报》2022 年 10 月 19 日。

③ 《毛泽东选集》（第二卷），人民出版社 1991 年版，第 111—112 页。

④ 党的七大后一个时期，“马克思主义中国化”和“马克思主义普遍真理与中国革命具体实践相结合”这两种提法同时并用。但到了 1952 年，毛泽东在审定《毛泽东选集》时，亲笔将六届六中全会所作《中国共产党在民族战争中的地位》（收入第 2 卷）报告中的“马克思主义的中国化”，改为“使马克思主义在中国具体化”。此后几十年里，罕见“马克思主义中国化”一语出现于著作、文件、报刊文章等。有人认为这主要是考虑“马克思主义的中国化”这一表述会引起斯大林和苏共的不满。参见许全兴：《毛泽东与孔夫子》，人民出版社 2020 年版，第 190 页；赵明义：《“马克思主义中国化”与“使马克思主义在中国具体化”辨析》，《当代世界社会主义问题》2003 年第 2 期。

克思主义的历史主义者，我们不应当割断历史。从孔夫子到孙中山，我们应当给以总结，承继这一份珍贵的遗产。……马克思主义必须和我国的具体特点相结合并通过一定的民族形式才能实现。"[①] 他认为马克思主义应和中国的具体特点相结合，还应该承继中国历史文化、民族形式——"新鲜活泼的、为中国老百姓所喜闻乐见的中国作风和中国气派"。[②] 虽然"具体特点"隐含历史文化元素、历史文化国情，不过，在文字表述上毛泽东更为强调马克思主义与中国社会现实特点的结合——通俗说指"一个结合"，他说，"马克思列宁主义的伟大力量，就在于它是和各个国家具体的革命实践相联系的"。[③] 尽管1943年5月26日《中共中央关于共产国际执委主席团提议解散共产国际的决定》里指出，"要使得马克思列宁主义这一革命科学更进一步地和中国革命实践、中国历史、中国文化深相结合起来"[④]，也尽管毛泽东对实事求是、有的放矢等中国古典或俗语赋予新的含义，用来阐释马克思主义坚持一切从实际出发、理论联系实际、在实践中检验真理和发展真理的思想方法、工作方法、领导方法，体现了对中华优秀传统文化精髓的娴熟运用，但长期以来，我们党对"第二个结合"或对马克思主义和中国历史、中国文化相结合的关注与推进，总体看是从属于"一个结合"的，由"一个结合"予以内容的涵盖，既比较笼统也不够突出，且尚未达到对"中华优秀传统文化"的精准把握。习近平总书记把"中国历史、中国文化"置换为"中华优秀传统文化"，提出"第二个结合"，凸显"同中华优秀传统文化相结合"的独特地位，由"一个结合"发展提升为"两个结合"，既一脉相承又与时俱进，不仅是认识上的深化，更是实践上的提升，具有重大的现实意义和深远的历史意义。

---

① 《毛泽东选集》(第二卷)，人民出版社1991年版，第533页。

② 《毛泽东选集》(第二卷)，人民出版社1991年版，第534页。

③ 《毛泽东选集》(第二卷)，人民出版社1991年版，第534页。

④ 中央档案馆：《中共中央文件选集》(第十四册·一九四三——一九四四)，中共中央党校出版社1992年版，第41页。

以下围绕近一百多年来的“古今中西”之争、教条式（“洋八股”）与中国化（创造性）之争，谈“两个结合”特别是“第二个结合”的重大意义，聚焦于筑牢了中国特色社会主义道路的文化根基、拓展了中国特色社会主义文化的发展道路、开启了中国共产党的理论和实践创新空间这三点。

一、筑牢了中国特色社会主义道路的文化根基

从古（传统性）今（现代化）之争维度来看，“第二个结合”筑牢了中国特色社会主义道路的文化根基。五四新文化运动以来，新与旧、现代与传统、马克思主义与中国传统文化二元对立的思维模式和先破后立的思维模式影响极大。1919 年 1 月，陈独秀就《新青年》办刊立场说：“要拥护那德先生，便不得不反对孔教，礼法，贞节，旧伦理，旧政治。要拥护那赛先生，便不得不反对旧艺术，旧宗教。要拥护德先生，又要拥护赛先生，便不得不反对国粹和旧文学。”[①] 此前的 1917 年 2 月 1 日《新青年》2 卷 6 号，陈独秀发表《文学革命论》的论述逻辑就是先“推倒”再“建设”。常乃悳在 1917 年 3 月 1 日《新青年》3 卷 1 号“通信”栏发表《致陈独秀》，以家族制度为例，表示极不赞同“所谓不经破坏，不能建设一语”，建议陈独秀“提倡建设之言论，不提倡破坏之言论”。而陈独秀在同期《答常乃悳》说，欲建设“必先以破坏也。惟破坏略见成效时，则不可不急急从事建设，为之模范，以安社会心理之恐怖作用”。五四新文化运动以时代性的尺度来衡量中国传统文化，把其定位于停滞于现代化之前、已经落后于时代要求的“旧文化”，提出反对“旧文化”等口号，而“文化大革命”时期破除“四旧”又造成巨大的文化浩劫；相当长的一段时期内，中国传统文化被贴上“陈旧落后”

---

① 北京大学等：《文学运动史料选》（第一册），上海教育出版社 1979 年版，第 110 页。

的标签。1949 年 3 月，在党的七届二中全会上，毛泽东指出：“我们不但善于破坏一个旧世界，我们还将善于建设一个新世界。”① 然而，直到改革开放前，我们在文化领域经常是决裂式破坏，常是先“破坏”（传统文化）再“建设”（社会主义文化）、“破坏”多于“建设”，或因为“近代文化，外国比我们高”，但“把老传统丢掉，人家会说是卖国”，加上“要回顾那么久的历史，是有些麻烦的”，② 因此过多割裂、抛弃、破坏传统文化。改革开放以来，文化领域新与旧、西与中、现代与传统二元对立的思维模式逐渐被消解，但经常是功利性破坏，一边“建设”一边“破坏”传统文化，如“拆真古迹，造假古董”的情况时有发生，崇洋媚外在一定程度上潜滋暗长，“恶性西化”也存在，对中华优秀传统文化经常缺乏一种“珍爱”“尊崇”“敬仰”“敬畏”③ 态度，急于变现，“抛却自家无尽藏，沿门持钵效贫儿”现象不少。因此，文明文脉古今贯通不充分的问题一直没有得到很好解决，不断出现传统文化断裂的情况。到了新时代，伴随着中华民族伟大复兴的逐步推进与文化自信的愈加彰显，中国传统文化受到前所未有的重视。习近平总书记多次用“根和魂”④

---

① 《毛泽东选集》（第四卷），人民出版社 1991 年版，第 1439 页。

② 《毛泽东文集》（第七卷），人民出版社 1999 年版，第 81、78 页。

③ 2021 年 3 月，习近平总书记在福建考察时指出，“对待古建筑、老宅子、老街区要有珍爱之心、尊崇之心”；2022 年 6 月在四川考察时指出，“中华民族有着五千多年的文明史，我们要敬仰中华优秀传统文化”；2022 年 1 月春节前夕赴山西慰问干部群众时指出，“要敬畏历史、敬畏文化、敬畏生态，全面保护好历史文化遗产”。见中共中央党史和文献研究院：《习近平关于社会主义精神文明建设论述摘编》，中央文献出版社 2022 年版，第 234、237、235 页。

④ 习近平总书记 2012 年 12 月在广东考察时说，“我们决不可抛弃中华民族的优秀文化传统，恰恰相反，我们要很好传承和弘扬，因为这是我们民族的‘根’和‘魂’，丢了这个‘根’和‘魂’，就没有根基了”；2022 年 5 月指出，“中华优秀传统文化是中华文明的智慧结晶和精华所在，是中华民族的根和魂”。见中共中央党史和文献研究院：《习近平关于社会主义精神文明建设论述摘编》，中央文献出版社 2022 年版，第 209、236 页。

“文化基因”[①]“精神命脉”[②] 等来褒扬中华优秀传统文化，说“中华文化积淀着中华民族最深沉的精神追求，是中华民族生生不息、发展壮大的丰厚滋养；……中华优秀传统文化是中华民族的突出优势，是我们最深厚的文化软实力”，[③]“是涵养社会主义核心价值观的重要源泉”，“是我们在世界文化激荡中站稳脚跟的根基”。[④] 这就是对中华优秀传统文化的全面高度评价。

2021 年 3 月，习近平总书记在福建武夷山朱熹园考察时说：“我们走中国特色社会主义道路，一定要推进马克思主义中国化。如果没有中华五千年文明，哪里有什么中国特色？如果不是中国特色，哪有我们今天这么成功的中国特色社会主义道路？”[⑤] 2023 年 6 月，习近平总书记在文化传承发展座谈会上深刻指出：“‘结合’筑牢了道路根基。我们的社会主义为什么不一样？为什么能够生机勃勃、充满活力？关键就在于中国特色。中国特色的关键就在于‘两个结合’。中国特色社会主义道路首先是社会主义，这是从马克思主义那里来的；同时，中国文化中朴素的社会主义元素也提供了中国接受马克思主义的文化基础。……中国特色社会主义道路是在马克思主义指导下走出来的，也是从五千多年中华文明史中走出来的；‘第二个结合’让中国特色社会主义道路有了更加宏阔深远的历史纵深，拓展了中国特色社会主义道路的文化根基。”[⑥]

---

① 《在创造性转化创新性发展中延续民族文化血脉》（2014 年 9 月）论及“中华民族最基本的文化基因”、《积极培育和践行社会主义核心价值观》（2014 年 5 月）论及“中华民族的基因”，见习近平：《习近平著作选读》（第一卷），人民出版社 2023 年版，第 282、241 页。

② 《培育和弘扬社会主义核心价值观》（2014 年 2 月）论及，见习近平：《习近平谈治国理政》（第一卷），外文出版社 2018 年版，第 164 页。《在创造性转化创新性发展中延续民族文化血脉》（2014 年 9 月）论及，见习近平：《习近平著作选读》（第一卷），人民出版社 2023 年版，第 281 页。

③ 习近平：《习近平著作选读》（第一卷），人民出版社 2023 年版，第 150 页。

④ 习近平：《论党的宣传思想工作》，中央文献出版社 2020 年版，第 114、55 页。

⑤ 习近平：《习近平谈治国理政》（第四卷），外文出版社 2022 年版，第 315 页。

⑥ 习近平：《在文化传承发展座谈会上的讲话》，《求是》2023 年第 17 期。

（一）深刻把握中华文明发展规律以筑牢中国道路的文化根基

中华文明是世界上唯一绵延不断并且以国家形态发展至今的伟大文明。在文化传承发展座谈会上，习近平总书记“特别重视挖掘中华五千年文明中的精华”，[①] 他指出：“中华优秀传统文化有很多重要元素，共同塑造出中华文明的突出特性。中华文明具有突出的连续性，从根本上决定了中华民族必然走自己的路。如果不从源远流长的历史连续性来认识中国，就不可能理解古代中国，也不可能理解现代中国，更不可能理解未来中国。中华文明具有突出的创新性，从根本上决定了中华民族守正不守旧、尊古不复古的进取精神，决定了中华民族不惧新挑战、勇于接受新事物的无畏品格。中华文明具有突出的统一性，从根本上决定了中华民族各民族文化融为一体、即使遭遇重大挫折也牢固凝聚，决定了国土不可分、国家不可乱、民族不可散、文明不可断的共同信念，决定了国家统一永远是中国核心利益的核心，决定了一个坚强统一的国家是各族人民的命运所系。中华文明具有突出的包容性，从根本上决定了中华民族交往交流交融的历史取向，决定了中国各宗教信仰多元并存的和谐格局，决定了中华文化对世界文明兼收并蓄的开放胸怀。中华文明具有突出的和平性，从根本上决定了中国始终是世界和平的建设者、全球发展的贡献者、国际秩序的维护者，决定了中国不断追求文明交流互鉴而不搞文化霸权，决定了中国不会把自己的价值观念与政治体制强加于人，决定了中国坚持合作、不搞对抗，决不搞‘党同伐异’的小圈子。”[②] 习近平总书记提炼出中华文明的五个突出特性，是有对中华优秀传统文化的基本精神的整体把握作为学理支撑的——中华优秀传统文化有很多重要元素，共同塑造出中华文明的突出特性。

中华文明具有突出的连续性与“允执其中”“自强不息”理念密

① 习近平：《习近平谈治国理政》（第四卷），外文出版社2022年版，第315页。

② 《担负起新的文化使命　努力建设中华民族现代文明》，《人民日报》2023年6月3日。

切相关。《论语·尧曰》提出“允执其中”，在孔子看来，做人做事应该避免“过犹不及”。“允执其中”的“中”不是数理意义上的“中间”，而是强调纠偏，是思维方式、行为准则。从方法上来说，“中”就是指适度、适中、恰到好处；从行为上来说，“中”就是指合情合理，不偏不倚，恰如其分。“允执其中”，或说“执两用中”，就是追求恰到好处的妥帖性，这在方法论上具有积极的意义。《周易·象传》说：“天行健，君子以自强不息。”《易传》还说：“刚健中正，纯粹精也。”就是说人的活动应效法“天体”运行，健动而不妄行、自强而不走极端，既充分发挥人的主观能动性，又避免主观盲动性。从历史维度来看，自强不息是知识分子和上层人士积极作为的写照，而“人穷志不短”等民间俗谚则反映出自强不息精神的广泛社会影响。自强不息是中华民族的积极人生态度的最集中的理论概括和价值提炼，培育了中华民族的自立进取品格和反抗压迫精神，薪尽火传、继往开来成了一代又一代中国人矢志不渝的追求，凝结成了中华文明突出的连续性。

中华文明具有突出的创新性与“革故鼎新”“与时偕行”理念密切相关。《周易·杂卦》说：“革，去故也。鼎，取新也。”《象传》曰：“天施地生，其益无方。凡益之道，与时偕行。”就是说，天施气于地，地受气而化生，正所谓“损上益下”，其施化之益，没有方向、处所的限制，可以说无所不至。因此，益之道就是：变通趋时，把握时机，做出正确的判断和选择。在先秦，特别强调“鼎新”。《周易·系辞上传》说“日新之谓盛德”，《礼记·大学》称赞“苟日新，日日新，又日新”，《庄子·刻意》提出“吐故纳新”。革故鼎新、与时俱进是先秦文化的主旋律，体现了弥足珍贵的探索创造精神，影响深远。

中华文明具有突出的连续性、突出的创新性与“通变则久”理念密切相关。《周易·系辞下》说：“《易》穷则变，变则通，通则久。”就是说，《周易》的道理是穷极就出现变化，变化就能畅通，畅通就可以长久。刘勰《文心雕龙·通变》指出：“文辞气力，通变则久，此无方之数也。”这里所说的“通变”，是因革损益，有所继承，有所革新，这理念是从《周易》那里来的。值得注意的是，关于“变”，中国传统文化对此的阐释前后稍有变化。随着历史的车轮滚滚向前，中华民族的文化积累越来越丰厚，在这种条件下，“通变”比“鼎新”或“日新”更有利于图强求恒。刘勰《文心雕龙·通变》认为：“变则可久，通则不乏。”也就是说，善于变化才能够持久，善于会通（融会贯通传统）才不会贫乏。“通变则久”蕴含着继承与革新两方面不可偏废的深刻道理。

中华文明具有突出的统一性与“六合同风”“九州共贯”理念密切相关。2019 年 9 月，习近平总书记在全国民族团结进步表彰大会上指出：“我们悠久的历史是各民族共同书写的。早在先秦时期，我国就逐渐形成了以炎黄华夏为凝聚核心、‘五方之民’共天下的交融格局。秦国‘书同文，车同轨，量同衡，行同伦’，开启了中国统一的多民族国家发展的历程。此后，无论哪个民族入主中原，都以统一天下为己任，都以中华文化的正统自居。分立如南北朝，都自诩中华正统；对峙如宋辽夏金，都被称为‘桃花石’；统一如秦汉、隋唐、元明清，更是‘六合同风，九州共贯’。”① “六合同风，九州共贯”出自《汉书·王吉传》：“《春秋》所以大一统者，六合同风，九州共贯也。”西汉实行“罢黜百家、独尊儒术”，董仲舒所倡导的“大一统”思想为国家所接受。到汉宣帝时，王吉提出有计划、有步骤地进行移风易俗的教化工作，使整个天下政令法规贯通。“六合同风，九州共贯”大意是说，《春秋》所推崇的大一统，就是全国各地风俗教化相同，九州方圆政令法规贯通。王吉之所以提出“六合同风，九州共贯”的主张，是在此前“大一统”思想长期发展基础上，赋予了“大一统”更为清晰的逻辑框架和文化内涵，影响深远。纵观中国历史，“六合同风，九州共贯”的“大一统”文化始终贯穿于

① 张洋、李学仁、丁林：《坚持共同团结奋斗共同繁荣发展　各民族共建美好家园共创美好未来》，《人民日报》2019 年 9 月 28 日。

中华民族历史发展的长河，集中体现在中华民族共同体意识以及由此形成的共同价值追求和文化心理结构中。

中华文明具有突出的包容性与“和而不同”“海纳百川”理念密切相关。《国语·郑语》说：“今王弃高明昭显，而好谗慝暗昧；恶角犀丰盈，而近顽童穷故，去和而取同。夫和实生物，同则不继。以他平他谓之和，故能丰长而物归之。若以同裨同，尽乃弃矣。……声一无听，物一无文，味一无果。”不同事物之间彼此为“他”；“以他平他”就是把不同事物综合统一起来，只有这样相异的事物相互作用、协调，才能不断产生出新事物，这就叫“和”。“和”是多种因素的并存与互补，是一种有差异的和谐统一，而不是简单的同一。孔子则把对“和”与“同”的不同价值取舍，作为区分“君子”和“小人”的标准，《论语·子路》说：“君子和而不同，小人同而不和。”“海纳百川”最早出自晋代袁宏《三国名臣序赞》：“形器不存，方寸海纳。”唐代李周翰注：“方寸之心，如海之纳百川也，其言包含广也。”“和而不同”，就是肯定事物是多样性的统一，赞赏海纳百川的胸襟气量，注重平衡协调。用“和而不同”表达“和”的本质，有三层含义：一是尊重多样，二是强调包容，三是注重平衡。“和”的主要精神就是要协调“不同”，达到新的和谐统一，形成不同的新事物。

中华文明具有突出的和平性与“协和万邦”“亲仁善邻”理念密切相关。“协和万邦”出自《尚书·尧典》，“亲仁善邻”出自《左传·隐公六年》。出自《礼记·礼运》的“讲信修睦”也强调谋求国与国之间的和睦。2019 年 5 月，习近平总书记在北京举行的亚洲文明对话开幕式上就说，“亲仁善邻、协和万邦是中华文明一贯的处世之道”。[①] 在中华文明史上，协和万邦、亲仁善邻、讲信修睦的理念一脉相承，集中体现着中国人特有的天下观。

中华文明的突出特性，就是中华文明发展规律的内涵。习近平

① 习近平：《习近平外交演讲集》（第二卷），中央文献出版社 2022 年版，第 198 页。

总书记对中华文明突出特性的揭示，是对中华文明发展规律的深刻把握。走中国道路，就要遵循中华文明发展规律，就要坚持中华文明的突出特性。也就是说，只有立足波澜壮阔的中华五千多年文明史，才能真正理解中国道路的历史必然、文化内涵与独特优势。

（二）深刻把握中国传统治平之道以筑牢中国道路的文化根基

习近平总书记对中华优秀传统文化的全面深入的实质性评价，可谓不胜枚举。2019年10月，习近平总书记在党的十九届四中全会上指出："中国特色社会主义制度和国家治理体系具有深厚的历史底蕴。在几千年的历史演进中，中华民族创造了灿烂的古代文明，形成了关于国家制度和国家治理的丰富思想，包括大道之行、天下为公的大同理想，六合同风、四海一家的大一统传统，德主刑辅、以德化人的德治主张，民贵君轻、政在养民的民本思想，等贵贱均贫富、损有余补不足的平等观念，法不阿贵、绳不挠曲的正义追求，孝悌忠信、礼义廉耻的道德操守，任人唯贤、选贤与能的用人标准，周虽旧邦、其命维新的改革精神，亲仁善邻、协和万邦的外交之道，以和为贵、好战必亡的和平理念，等等。这些思想中的精华是中华优秀传统文化的重要组成部分，也是中华民族精神的重要内容。马克思主义传入中国后，科学社会主义的主张受到中国人民热烈欢迎，并最终扎根中国大地、开花结果，决不是偶然的，而是同我国传承了几千年的优秀历史文化和广大人民日用而不觉的价值观念融通的。"① 习近平总书记注重挖掘中华优秀传统文化重要元素，深刻把握了中国传统治平之道。

强调大一统传统，这个中国传统治平之道与"四海一家""天下为一"理念密切相关。"四海一家"出自《荀子·议兵》，"天下为一"出自《汉纪·武帝纪》。追求大同理想，这个中国传统治平之道与"天下为公""天下大同"理念密切相关。"天下为公"和"天下

① 习近平：《习近平著作选读》（第二卷），人民出版社2023年版，第277—278页。

大同”均出自《礼记·礼运》。践行民本思想，这个中国传统治平之道与“民为邦本”“政在养民”理念密切相关。“民为邦本”和“政在养民”均源自《尚书·虞书·大禹谟》。推崇德治主张，这个中国传统治平之道与“德主刑辅”“以德化人”理念密切相关。范晔《后汉书·崔寔列传》说“刑罚者，治乱之药石也；德教者，兴平之粱肉也”，《唐律疏议》说“德礼为政教之本，刑罚为政教之用”，中国传统社会治理是强调德礼为先为主，而辅以刑罚的。维护正义追求，这个中国传统治平之道与“法不阿贵”“绳不挠曲”理念密切相关。“法不阿贵”和“绳不挠曲”均出自《韩非子·有度》，是说法律不偏袒有权有势的人，墨线不向弯曲的地方倾斜。注重尚贤使能，这个中国传统治平之道与“任人唯贤”“选贤与能”理念密切相关。“任人唯贤”和“选贤与能”均出自《礼记·礼运》。坚持改革精神，这个中国传统治平之道与“其命维新”“吐故纳新”理念密切相关。“其命维新”出自《诗经·大雅·文王》，“吐故纳新”出自《庄子·刻意》。秉持和平理念，这个中国传统治平之道与“讲信修睦”“好战必亡”理念密切相关。“讲信修睦”出自《礼记·礼运》，“好战必亡”出自战国初田和的《司马法·仁本》。

与长期以来以时代性的尺度作为衡量标准贬低或压抑中国传统文化迥异，“第二个结合”“以时代精神激活中华优秀传统文化的生命力”,[①] 将中华优秀传统文化的重要元素经过创造性转化、创新性发展，融入中国式现代化建设的过程和体系之中，融入中华民族现代文明的建设，构成中国式现代化的鲜明特色和显著优势。中国特色社会主义对中华优秀传统文化的传承发展，使中国特色社会主义道路有了更加清晰的历史脉络和坚实的历史底蕴。

概括提出并深入阐述中国式现代化理论，是党的二十大的一个重大理论创新，是科学社会主义的最新重大成果。习近平总书记在

① 《在服务和融入新发展格局上展现更大作为 奋力谱写全面建设社会主义现代化国家福建篇章》，《人民日报》2021 年 3 月 26 日。

学习贯彻党的二十大精神研讨班开班式上指出："中国式现代化，深深植根于中华优秀传统文化，体现科学社会主义的先进本质，借鉴吸收一切人类优秀文明成果，代表人类文明进步的发展方向，展现了不同于西方现代化模式的新图景，是一种全新的人类文明形态。"[①] 中国式现代化是赓续古老文明的现代化，而不是消灭古老文明的现代化；是从中华大地长出来的现代化，不是照搬照抄其他国家的现代化；是文明更新的结果，而不是文明断裂的产物。中国式现代化是强国建设、民族复兴的康庄大道，在推动中华文明重焕荣光的同时，也创造了人类文明新形态。2022 年 10 月 28 日，习近平总书记考察河南安阳殷墟遗址时提出"建设中华民族现代文明"，2023 年 6 月在文化传承发展座谈会上，习近平总书记再提"建设中华民族现代文明"，并将中华文明的突出特性融入中华民族现代文明的建设中。"第二个结合"在一个前所未有的高度上破解了"中西之争"，坚持古为今用、推陈出新，达到文明的古今贯通新境界。

二、拓展了中国特色社会主义文化的发展道路

从中（民族性）西（西方化或世界化、全球化）之争维度来看，"第二个结合"巩固了当代中华民族文化主体性，也就拓展了中国特色社会主义文化的发展道路。

工业革命以来，"历史也就越是成为世界历史"。[②] 鸦片战争后，中国被迫卷入了西方国家主导的近代化、现代化和全球化，很多人长期以来片面认为"西方化＝现代化＝世界化"，在中西之争中习惯性以西方化的程度作为标准。鲁迅在 1934 年 4 月 19 日致陈烟桥说："现在的文学也一样，有地方色彩的，倒容易成为世界的，即为别国所注意。打出世界上去，即于中国之活动有利。可惜中国的青年艺

① 习近平：《正确理解和大力推进中国式现代化》，《人民日报》2023 年 2 月 8 日。
② 《马克思恩格斯选集》（第一卷），人民出版社 2012 年版，第 168 页。

术家，大抵不以为然。”[①] 这种情况，也就类似习近平总书记在《在文艺工作座谈会上的讲话》中所批评的“以洋为尊”“以洋为美”“唯洋是从”“去历史化”“去中国化”[②] 东施效颦那一套。以西方化的程度作为衡量标准压抑或贬损中国传统文化，长期以来屡见不鲜。

习近平总书记深刻指出，中华优秀传统文化“是我们在世界文化激荡中站稳脚跟的坚实根基”，[③]“优秀传统文化是一个国家、一个民族传承和发展的根本”和“精神命脉”，要求“努力实现”中华优秀传统文化的“创造性转化、创新性发展，使之与现实文化相融相通”。[④] 他强调，“如果没有中华五千年文明，哪里有什么中国特色？”[⑤] 他认为，“民族的就是世界的”，像特色苗绣就“既传统又时尚”，要求把“民族传统文化传承好、发展好”。[⑥] 2023 年 6 月，在文化传承发展座谈会上，习近平总书记指出，“‘结合’巩固了文化主体性”——“中华民族的文化主体性”。[⑦] 这里所说的“文化”，是“以马克思主义为指导”的“中国特色社会主义文化，源自于中华民族五千多年文明历史所孕育的中华优秀传统文化，熔铸于党领导人民在革命、建设、改革中创造的革命文化和社会主义先进文化，植根于中国特色社会主义伟大实践”。[⑧] 值得注意的是，“结合”蕴含着这样的引申义：“以时代精神激活中华优秀传统文化的生命力”。[⑨] 习近平总书记先后于 2015 年 12 月主持中央政治局集体学习和 2021 年 3 月在福建武夷山朱熹园考察时说过上述这句话。正是“第二个结

① 《鲁迅全集》(第十二卷)，人民文学出版社 1981 年版，第 391 页。

② 习近平：《论党的宣传思想工作》，中央文献出版社 2020 年版，第 114 页。

③ 习近平：《论党的宣传思想工作》，中央文献出版社 2020 年版，第 114 页。

④ 习近平：《习近平外交演讲集》（第一卷），中央文献出版社 2022 年版，第 192、193 页。

⑤ 习近平：《习近平谈治国理政》(第四卷)，外文出版社 2022 年版，第 315 页。

⑥ 《向全国各族人民致以美好的新春祝福　祝全国各族人民幸福吉祥　祝伟大祖国繁荣富强》，《人民日报》2021 年 2 月 6 日。

⑦ 习近平：《在文化传承发展座谈会上的讲话》，《求是》2023 年第 17 期。

⑧ 习近平：《习近平著作选读》(第二卷)，人民出版社 2023 年版，第 34 页。

⑨ 习近平：《论党的宣传思想工作》，中央文献出版社 2020 年版，第 179 页。

合”重在赓续中华优秀传统文化的命脉，中国特色社会主义文化才有民族性的中国底色、特色。

“结合”增强了文化创造性。当然，增强文化创造性必须以巩固文化主体性为前提，也就是“吸吮着五千多年中华民族漫长奋斗积累的文化养分”，中国特色社会主义文化道路就“具有无比深厚的历史底蕴，具有无比强大的前进定力”，[①] 也就是“不忘历史才能开辟未来，善于继承才能善于创新”。[②] 中国共产党人以马克思主义“真理之光激活了中华文明的基因，引领中国走进现代世界，推动了中华文明的生命更新和现代转型”。[③]“第二个结合”让“中华优秀传统文化成为现代的”，“造就了一个有机统一的新的文化生命体”，形成“中国式现代化的文化形态”，[④] 中国式现代化的文化形态也就开拓了中国特色社会主义文化发展道路。

（一）深刻把握并激活了中华文化基本精神

从习近平总书记一系列重要讲话特别是其用典便可推论，他深刻把握了中华文化基本精神，并赋予其新的时代内涵，使中华文明在新时代再次迸发出强大精神力量。从人的立身之本的维度来看，“积善成德”“厚德载物”是中华文化基本精神。从人与社会关系的维度来看，“和而不同”“兼善天下”是中华文化基本精神。从人与自然关系的维度来看，“天人合一”“万物并育”是中华文化基本精神。从家与国的关系的维度来看，“爱国如家”“国而忘家”是中华文化基本精神。从国与国的关系的维度来看，“亲仁善邻”“协和万邦”是中华文化基本精神。中国传统文化认为家国融于一体，小家与“大家”即国家“同形同构”，迥异于西方市民社会理论关于国家

---

① 习近平：《习近平著作选读》（第二卷），人民出版社 2023 年版，第 58 页。

② 习近平：《习近平著作选读》（第一卷），人民出版社 2023 年版，第 281 页。

③ 习近平：《在文化传承发展座谈会上的讲话》，《求是》2023 年第 17 期。

④ 《担负起新的文化使命　努力建设中华民族现代文明》，《人民日报》2023 年 6 月 3 日。

与家庭范畴的区分。把握了中华文化基本精神并赋予其新的时代内涵，也就把握了中国特色社会主义文化的基本底色和向前发展的内在动力。

(二) 深刻把握并激活了中国伟大民族精神

2018年3月，习近平总书记在十三届全国人大一次会议上说：“中国人民在长期奋斗中培育、继承、发展起来的伟大民族精神，为中国发展和人类文明进步提供了强大精神动力。”[①] 他所说的“伟大民族精神”，包括“伟大创造精神”——中华民族产生了不少伟大思想巨匠，发明了不少伟大科技成果，创作了许多伟大文艺作品，传承了不少伟大史诗，建设了不少伟大工程；包括“伟大奋斗精神”——开发和建设了大好河山，开拓了辽阔海疆，开垦了广袤良田，治理了大江大河，等等；包括“伟大团结精神”——建立了统一的多民族国家，形成了守望相助的中华民族大家庭，等等；包括“伟大梦想精神”——古代神话和先贤理念情怀有所体现；[②] 还应包括在庆祝中国共产党成立一百周年大会上提出的“伟大建党精神”。[③] 中国伟大民族精神是中国特色社会主义文化最本质、最集中的体现。把握了中国伟大民族精神并赋予其新的时代内涵，也就坚持了以人民为中心的导向，也就把握了中国特色社会主义文化高歌前行的根本力量。

习近平总书记“用马克思主义真理的力量激活了”[④] 中华优秀传统文化的生命力，并赋予中华优秀传统文化中富有生命力的优秀因子新的时代内涵。文化自信来自文化主体性，文化主体性来自“结合”。“‘结合’巩固了文化主体性，创立新时代中国特色社会主义思

① 习近平：《习近平谈治国理政》(第三卷)，外文出版社2020年版，第140页。

② 习近平：《习近平谈治国理政》(第三卷)，外文出版社2020年版，第140—141页。

③ 习近平：《习近平谈治国理政》(第四卷)，外文出版社2022年版，第7页。

④ 习近平：《习近平著作选读》(第二卷)，人民出版社2023年版，第418页。

想就是这一文化主体性的最有力体现。”[1] 2021 年 11 月，党的十九届六中全会做出重大判断，即习近平新时代中国特色社会主义思想“是中华文化和中国精神的时代精华”。“有了文化主体性，就有了文化意义上坚定的自我，文化自信就有了根本依托，中国共产党就有了引领时代的强大文化力量，中华民族和中国人民就有了国家认同的坚实文化基础，中华文明就有了和世界其他文明交流互鉴的鲜明文化特性。”[2] 巩固文化主体性，就要求以我为主，又不是盲目排外，就要求为我所用，又不是邯郸学步。习近平总书记深刻指出，“开放包容始终是文明发展的活力来源，也是文化自信的显著标志。中华文明的博大气象，就得益于中华文化自古以来开放的姿态、包容的胸怀”。[3] 他强调“第二个结合”，其实与强调“秉持开放包容”并不矛盾，而是相辅相成，既强调坚定文化自信、巩固文化主体性，又强调积极主动学习借鉴人类创造的一切优秀文明成果，促进外来文化本土化，体现了马克思主义的文化观，在一个前所未有的高度上破解了“中西之争”，坚持以我为主、洋为中用，达到文明的中西贯通新境界。“第二个结合”于中华优秀传统文化是最高意义上的传承发展，拓展了中国特色社会主义文化发展道路，让中国特色社会主义文化更加名副其实。

三、开启了中国共产党的理论和实践创新空间

从教条式（“洋八股”）与中国化（创造性）之争维度来看，“两个结合”开启了中国共产党的理论和实践创新空间。在马克思主义思想体系中，马克思主义基本原理具有普遍性、根本性和长远性，但马克思主义经典作家“提供的不是现成的教条，而是进一步研究

① 《担负起新的文化使命　努力建设中华民族现代文明》，《人民日报》2023 年 6 月 3 日。

② 习近平：《在文化传承发展座谈会上的讲话》，《求是》2023 年第 17 期。

③ 习近平：《在文化传承发展座谈会上的讲话》，《求是》2023 年第 17 期。

的出发点和供这种研究使用的方法”。① 马克思和恩格斯就说，《共产党宣言》“这些原理的实际运用”，“随时随地都要以当时的历史条件为转移”，② 言下之意是照抄照搬简单套用他们的理论不可取。恩格斯在《美国工人运动》中指出，几乎由德国移民组成的“外来的”“社会主义工人党”，想要在美国工人运动中取得斗争的胜利，“必须完全脱下它的外国服装”，学习“当地通用的语言”，“向绝大多数本地的美国人靠拢”，“成为彻底美国化的党”。③ 他强调，“我们的理论是发展着的理论，而不是必须背得烂熟并机械地加以重复的教条”。④ 列宁则在《我们的纲领》说：“我们决不把马克思的理论看做某种一成不变的和神圣不可侵犯的东西；恰恰相反，我们深信：它只是给一种科学奠定了基础，社会党人如果不愿落后于实际生活，就应当在各方面把这门科学推向前进。……需要独立地探讨马克思的理论，因为它所提供的只是总的指导原理，而这些原理的应用具体地说，在英国不同于法国，在法国不同于德国，在德国又不同于俄国。”⑤ 马克思主义经典作家已经论及马克思主义原理与各国具体实际、本土文化的结合，马克思主义实现本土化、获得民族性，是其发展推进的历史经验、必然规律。

在中共党史上，“一些吃过洋面包的人”“认为山沟子里出不了马克思主义”，犯了教条主义错误，给党和人民的革命事业带来巨大损失。1942 年 2 月，毛泽东在《整顿党的作风》中就告诫大家“不应当把马克思主义的理论当成死的教条”，⑥ 他认为“脱离实际情况的本本主义”即教条主义的“想法是完全错误的，完全不是共产党人从斗争中创造新局面的思想路线，完全是一种保守路线”。⑦ 正因

① 《马克思恩格斯选集》（第四卷），人民出版社 2012 年版，第 664 页。
② 《马克思恩格斯选集》（第一卷），人民出版社 2012 年版，第 376 页。
③ 《马克思恩格斯文集》（第四卷），人民出版社 2009 年版，第 322、323 页。
④ 《马克思恩格斯选集》（第四卷），人民出版社 2012 年版，第 588 页。
⑤ 《列宁选集》（第一卷），人民出版社 2012 年版，第 274—275 页。
⑥ 《毛泽东选集》（第三卷），人民出版社 1991 年版，第 815 页。
⑦ 《毛泽东选集》（第一卷），人民出版社 1991 年版，第 112、116 页。

为中国共产党坚持把马克思主义基本原理同中国具体实际结合起来，推进实践基础上的理论创新，才先后创立毛泽东思想、形成中国特色社会主义理论体系，实现马克思主义中国化一次次新的飞跃。2022年10月，习近平总书记强调，“我们推进马克思主义中国化时代化的根本途径是‘两个结合’。”① 只有做到“两个结合”，把坚持马克思主义和发展马克思主义统一起来，用马克思主义之“矢”去射中国之“的”，才能不断赋予马克思主义新的时代内涵，使之呈现出更多中国特色、中国风格、中国气派。2023年6月，在文化传承发展座谈会上，习近平总书记指出：“‘结合’打开了创新空间，让我们掌握了思想和文化主动，并有力地作用于道路、理论和制度。更重要的是，‘第二个结合’是又一次的思想解放，让我们能够在更广阔的文化空间中，充分运用中华优秀传统文化的宝贵资源，探索面向未来的理论和制度创新。”② 以习近平为主要代表的中国共产党人，坚持“两个结合”，创立了习近平新时代中国特色社会主义思想，“实现了马克思主义中国化新的飞跃”。③

（一）有的放矢：理论实际结合互动

1942年2月，毛泽东在《整顿党的作风》中说：“马克思列宁主义理论和中国革命实际，怎样互相联系呢？拿一句通俗的话来讲，就是‘有的放矢’。‘矢’就是箭，‘的’就是靶，放箭要对准靶。马克思列宁主义和中国革命的关系，就是箭和靶的关系。马克思列宁主义之箭，必须用了去射中国革命之的。”④ 1941年9月，毛泽东在

① 龚金星、王乐文、马跃峰等：《发扬延安精神和红旗渠精神，全面推进乡村振兴——习近平总书记陕西延安和河南安阳考察重要讲话引发热烈反响》，《人民日报》2022年10月30日。

② 《担负起新的文化使命 努力建设中华民族现代文明》，《人民日报》2023年6月3日。

③ 《中共中央关于党的百年奋斗重大成就和历史经验的决议》，人民出版社2021年版，第26页。

④ 《毛泽东选集》（第一卷），人民出版社1991年版，第819、820页。

《反对主观主义和宗派主义》一文中再提“马克思主义中国化”，强调“要分清创造性的马克思主义和教条式的马克思主义”。[①] 而“‘结合’本身就是创新，同时又开启了广阔的理论和实践创新空间”。[②] 2022 年 1 月，习近平总书记强调，“更好把坚持马克思主义和发展马克思主义统一起来，坚持用马克思主义之‘矢’去射新时代中国之‘的’”。[③] 在指导中国革命、建设、改革开放和现代化建设事业过程中，马克思主义又能够从中国具体实际中获得成功经验与创新思考，经系统总结提炼后使自身得以丰富发展。“第一个结合”着眼于理论引领实践、实践促进理论发展的问题。

在党的二十大报告中，习近平总书记就“坚持和发展马克思主义，必须同中国具体实际相结合”命题，要求“一切从实际出发，着眼解决新时代改革开放和社会主义现代化建设的实际问题，不断回答中国之问、世界之问、人民之问、时代之问，作出符合中国实际和时代要求的正确回答，得出符合客观规律的科学认识，形成与时俱进的理论成果，更好指导中国实践”。“中国式现代化”，“遵循现代化一般规律”，[④] “既有各国现代化的共同特征，更有基于自己国情的鲜明特色”，[⑤] “符合本国实际”[⑥] 的鲜明特色，就是科学回答“四个之问”的中国答卷。“四个之问”各有侧重。“中国之问”强调的是本土化要求，马克思主义必须与中国基本国情相结合。“世界之问”强调的是世界维度、全球视野，马克思主义必须与人类社会共命运，勇于站在人类发展前沿。“人民之问”强调的是人民性，马克思主义必须与人民群众同呼吸，聆听人民心声。“时代之问”强调的

---

① 《毛泽东文集》(第二卷)，人民出版社 1993 年版，第 374、373 页。

② 习近平：《在文化传承发展座谈会上的讲话》，《求是》2023 年第 17 期。

③ 习近平：《习近平谈治国理政》(第四卷)，外文出版社 2022 年版，第 30 页。

④ 《习近平在学习贯彻党的二十大精神研讨班开班式上发表重要讲话强调 正确理解和大力推进中国式现代化》，《人民日报》2023 年 2 月 8 日。

⑤ 习近平：《习近平著作选读》(第一卷)，人民出版社 2023 年版，第 18 页。

⑥ 《习近平在学习贯彻党的二十大精神研讨班开班式上发表重要讲话强调 正确理解和大力推进中国式现代化》，《人民日报》2023 年 2 月 8 日。

是开放性，马克思主义必须与时代发展同进步，准确把握时代大势。中国之问、世界之问、人民之问、时代之问在本质上都是一致的，都是“实践之问”。回答“四个之问”，就是回应“现实需要”[①]，强调的是马克思主义必须随着现实情况变化而发展，在实践创新基础上推进理论创新。

（二）别开生面：魂脉根脉双向赋能

承五四新文化运动“反孔非儒”之余绪，加上《共产党宣言》说“共产主义革命就是同传统的所有制关系实行最彻底的决裂；毫不奇怪，它在自己的发展进程中要同传统的观念实行最彻底的决裂”[②] 容易被误解被曲解，相当长时间里，许多人认为马克思主义与中国传统文化是二元对立的。1925 年 12 月，当时还不是中共党员但已是著名作家的郭沫若发表小品文《马克思进文庙》，虚构了马克思进入文庙和孔子对话的情形，表明他不主张激烈“反孔”、儒家文化与马克思主义有相通之处，也对所谓马克思主义和中国的国情不合、不能施行于中国的论调表示质疑。郭沫若此文实际也折射出当时存在简单把马克思主义与中国传统文化对立起来的情形。1927 年 3 月，毛泽东经实地考察湖南 5 个县发现，“若用过大的力量生硬地勉强地从事这些东西（农村某些传统文化观念——引者）的破坏，那就必被土豪劣绅借为口实，提出‘农民协会不孝祖宗’、‘农民协会欺神灭道’、‘农民协会主张共妻’等反革命宣传口号，来破坏农民运动”。[③] 在延安整风运动初期，毛泽东就说，“许多马克思列宁主义的学者也是言必称希腊，对于自己的祖宗，则对不住，忘记了”，“不论是近百年的和古代的中国史，在许多党员的心目中还是漆黑一团”，[④] 这也就实际说明一个时期以来，中国共产党吸收中华优秀传

① 习近平：《习近平谈治国理政》（第四卷），外文出版社 2022 年版，第 30 页。

② 《马克思恩格斯选集》（第一卷），人民出版社 2012 年版，第 421 页。

③ 《毛泽东选集》（第一卷），人民出版社 1991 年版，第 33 页。

④ 《毛泽东选集》（第三卷），人民出版社 1991 年版，第 797 页。

统文化很不足。

当然，由于领导中国革命的时代需要，毛泽东对于中国传统文化特别是孔子和儒家思想，更多地采取了批评的态度。1939 年 12 月，他在给张闻天的一封信中说："关于孔子的道德论，应给以唯物论的观察，加以更多的批判，以便与国民党的道德观（国民党在这方面最喜引孔子）有原则的区别。"① 不过，不是简单否定。全面抗战开始以后，国民党顽固派"大肆鼓吹'共产主义不适合中国国情'"，② 指责马克思主义破坏中国自身的文化传统。另一方面，对曾经给党的事业造成严重危害的教条主义、主观主义，直到 20 世纪 40 年代初期还没有来得及从思想上进行认真清理。

1943 年 5 月 26 日，《中共中央关于共产国际执委主席团提议解散共产国际的决定》里指出，"中国共产党人是中华民族最优秀的子孙"，"是马克思列宁主义者。因为马克思列宁主义是科学，而科学是没有国界的。中国共产党人必将继续根据自己的国情，灵活地运用和发挥马克思列宁主义，以服务于我民族的抗战建国事业。中国共产党人是我们民族一切文化、思想、道德的最优秀传统的继承者，把这一切优秀传统看成和自己血肉相连的东西，而且将继续加以发扬光大。中国共产党近年来所进行的反主观主义、反宗派主义、反党八股的整风运动就是要使得马克思列宁主义这一革命科学更进一步地和中国革命实践、中国历史、中国文化深相结合起来"③。在毛泽东看来，共产国际的解散有利于"使各国共产党更加民族化"，而上述"三个相结合"就有利于"中国共产党更加民族化"。④ 而中共七大通过的党章指出："毛泽东思想，就是马克思列宁主义的理论与

---

① 夏海：《毛泽东正确对待传统文化》，《人民政协报》2023 年 8 月 14 日。

② 中共中央党史研究室：《中国共产党的九十年》，中共党史出版社、党建读物出版社 2016 年版，第 246 页。

③ 中央档案馆：《中共中央文件选集》（第十四册・一九四三——一九四四），中共中央党校出版社 1992 年版，第 41 页。

④ 《毛泽东文集》（第三卷），人民出版社 1999 年版，第 22 页。

中国革命的实践之统一的思想，就是中国的共产主义，中国的马克思主义。”如此表述把马列主义和中国历史文化相结合潜隐于把马列主义和中国具体实践相结合之中。不过，长期以来“一个结合”的表述，实际上也容易造成马克思主义中国化的传统文化滋养不足。

另外，正如《新民主主义论》论及“将马克思主义的普遍真理和中国革命的具体实践完全地恰当地统一起来，就是说，和民族的特点相结合，经过一定的民族形式，才有用处”,① 实际上我们的“结合”常常轻视传统文化的思想内容而侧重形式方面。

“第二个结合”，是一种理论学说与民族文化的结合，是同属精神领域中的认识成果之间融通，着眼于理论与优秀传统文化的互相成就。习近平总书记指出：“‘结合’的前提是彼此契合。马克思主义和中华优秀传统文化来源不同，但彼此存在高度的契合性。相互契合才能有机结合。”② 比如，天下为公、讲信修睦的社会追求与共产主义、社会主义的理想信念相通，民为邦本、为政以德的治理思想与人民至上的政治观念相融，革故鼎新、自强不息的担当与共产党人的革命精神相合。马克思主义从社会关系的角度把握人的本质，中华优秀传统文化也把人安放在家国天下之中，都反对把人看作孤立的个体。相互契合才能有机结合。“‘结合’的结果是互相成就，造就了一个有机统一的新的文化生命体，让马克思主义成为中国的，中华优秀传统文化成为现代的，让经由‘结合’而形成的新文化成为中国式现代化的文化形态。”③ 马克思主义可从中华优秀传统文化中获取理念补充、元典支撑，中华优秀传统文化则能够从马克思主义那里得到方法指导、发展引领。

“第二个结合”之所以是又一次的思想解放，很重要一点是给予

① 《毛泽东选集》（第二卷），人民出版社 1991 年版，第 707 页。

② 《担负起新的文化使命　努力建设中华民族现代文明》，《人民日报》2023 年 6 月 3 日。

③ 《担负起新的文化使命　努力建设中华民族现代文明》，《人民日报》2023 年 6 月 3 日。

中华优秀传统文化充分话语权，立足底蕴深厚的传统资源建构中国自主知识体系，认识到“配角”能向“主角”成功转化，改变长期以来人们认为中国传统文化在马克思主义理论创新中最多只能起辅助作用的刻板印象。就推进马克思主义中国化，我们党长期侧重结合“中国具体实际”即中国现实社会国情之“形”，中华优秀传统文化之“神”大体属于“中国具体实际”的边缘，出现传统文化话语权缺位的情况，理论生产“形神俱备”不完整问题一直没有得到很好解决。改革开放以来，中国传统文化在“中国具体实际”中的分量与地位有较大提升，不过一直不是“中国具体实际”的聚焦点。党的十八大以来，伴随着中华民族伟大复兴的逐步推进与文化自信的愈加增强，中国传统文化在“中国具体实际”中的地位，受到前所未有的重视。我们党深刻认识到中华优秀传统文化是“中国具体实际”的深层力量与核心内容，中华优秀传统文化成为“中国具体实际”的精神内蕴，进而把其从“中国具体实际”中独立出来与之并驾齐驱，促成“一个结合”发展为“两个结合”。在党的二十大报告中，习近平总书记强调：“把马克思主义思想精髓同中华优秀传统文化精华贯通起来、同人民群众日用而不觉的共同价值观念融通起来，不断赋予科学理论鲜明的中国特色，不断夯实马克思主义中国化时代化的历史基础和群众基础，让马克思主义在中国牢牢扎根。”2022年10月，习近平总书记强调，“中华优秀传统文化是我们党创新理论的‘根’”。[①] 2023年6月30日，习近平总书记在二十届中共中央政治局第六次集体学习时强调，“马克思主义中国化时代化这个重大命题本身就决定，我们决不能抛弃马克思主义这个魂脉，决不能抛弃中华优秀传统文化这个根脉。坚守好这个魂和根，是理论

---

① 龚金星、王乐文、马跃峰等：《发扬延安精神和红旗渠精神，全面推进乡村振兴——习近平总书记陕西延安和河南安阳考察重要讲话引发热烈反响》，《人民日报》2022年10月30日。

创新的基础和前提”。[1] 新时代我们党推进马克思主义中国化时代化，改变了“一个结合”所侧重于与中国具体实际结合的不足状况，把中华优秀传统文化视为中国具体实际的深层力量，让中华优秀传统文化唱主角、挑大梁，在一个前所未有的高度上达到理论的“形神俱备”新格局，开创了我们党理论创新的新格局。

“第二个结合”之所以是又一次的思想解放，关键是认识到马克思主义和中华优秀传统文化是双向赋能的，改变了长期以来人们认为中国传统文化只能是现代化的“帮扶对象”、只能被动接受马克思主义“单向改造”的刻板印象。习近平总书记深刻指出，“‘结合’不是‘拼盘’，不是简单的‘物理反应’，而是深刻的‘化学反应’”，[2] 用英国科技史学家李约瑟所言就是“文明的滴定”。“一方面，马克思主义把先进的思想理论带到中国，以真理之光激活了中华文明的基因，引领中国走进现代世界，推动了中华文明的生命更新和现代转型。”[3] 从民本到民主，从九州共贯到中华民族共同体，从万物并育到人与自然和谐共生，从富民厚生到共同富裕，中华文明别开生面，实现了从传统到现代的跨越，发展出中华文明的现代形态。“另一方面，中华优秀传统文化充实了马克思主义的文化生命，推动马克思主义不断实现中国化时代化的新飞跃，显示出日益鲜明的中国风格与中国气派，中国化马克思主义成为中华文化和中国精神的时代精华。”“‘第二个结合’让马克思主义成为中国的，中华优秀传统文化成为现代的，让经由‘结合’而形成的新文化成为中国式现代化的文化形态。”[4] “中国式现代化赋予中华文明以现代力量，中华文明赋予中国式现代化以深厚底蕴。”[5] 经由“结合”，中国

---

① 《不断深化对党的理论创新的规律性认识　在新时代新征程上取得更为丰硕的理论新成果》，《人民日报》2023 年 7 月 2 日。

② 习近平：《在文化传承发展座谈会上的讲话》，《求是》2023 年第 17 期。

③ 习近平：《在文化传承发展座谈会上的讲话》，《求是》2023 年第 17 期。

④ 习近平：《在文化传承发展座谈会上的讲话》，《求是》2023 年第 17 期。

⑤ 《担负起新的文化使命　努力建设中华民族现代文明》，《人民日报》2023 年 6 月 3 日。

式现代化从古老文明中获得了充沛的思想文化资源，古老的中华文明也因融入中国式现代化进程而获得新生，这就是双向赋能、良性互动。

创立习近平生态文明思想，体现了中华优秀传统文化中天人合一、道法自然的宇宙观同马克思主义关于人与自然关系学说的结合。提出构建人类命运共同体，体现了中华优秀传统文化中亲仁善邻、协和万邦的天下观同马克思主义共同体思想及世界历史理论的结合。提出全过程人民民主的重要思想，体现了中华优秀传统文化中民为邦本、为政以德的社会观同马克思主义人民主体思想的结合。丰富发展社会主义核心价值观的理论建构，体现了中华优秀传统文化中积善成德、厚德载物的道德观同马克思主义伦理思想的结合。在双向贯通融通中，中华优秀传统文化充实了马克思主义的文化生命，马克思主义因汲取中华优秀传统文化精华而更具中国特色、中国风格、中国气派，中华优秀传统文化因与马克思主义相结合而更好跨越时空、超越国界、展现永恒魅力。二十大报告提出的六个“必须坚持”，也是深深植根于中华优秀传统文化的沃土：人民至上汲取“民为邦本，本固邦宁”“治国有常，利民为本”的经验；自信自立体现“厚德载物”“自强不息”的精神；守正创新传承“循法守正”“革故鼎新”的理念；问题导向发扬“经世致用”“实事求是”的传统；系统观念凝结“九州共贯”“见微知著”的智慧；胸怀天下发展“协和万邦”“天下大同”的思想。以上这些都充分体现马克思主义和中华优秀传统文化双向赋能、良性互动过程中打开理论创新空间，“造就了一个有机统一的新的文化生命体”。[①] “第二个结合”冲破了中国传统文化不是陈旧落后就是用处不大的刻板印象的禁锢，让马克思主义这个输入性理论切实变成中华大地的扎根性理论，于马克思主义是最深层次的理论推进，达到文明的中“马”贯通新境界、达到了精英文化与民间文化相融通的新境界。

---

① 习近平：《在文化传承发展座谈会上的讲话》，《求是》2023年第17期。

从中国共产党探索奋斗史的维度来看，“第二个结合”把马克思主义与中华优秀传统文化之间关系的全面把握提升到新的历史高度。习近平总书记指出：“中华优秀传统文化是中华民族的精神命脉，是涵养社会主义核心价值观的重要源泉，也是我们在世界文化激荡中站稳脚跟的坚实根基。增强文化自觉和文化自信，是坚定道路自信、理论自信、制度自信的题中应有之义。”[①] 强调把马克思主义基本原理同中华优秀传统文化相结合，表明中国共产党人不是历史虚无主义者、文化虚无主义者。“第二个结合”决不抛弃马克思主义这个魂脉，也决不抛弃中华优秀传统文化这个根脉，把坚守好这个魂和根作为理论创新的基础和前提，也就进一步拓展了马克思主义中国化时代化的根本途径。

从中华文化发展史的维度来看，“第二个结合”拓展了中国特色社会主义文化发展道路。马克思主义与中华优秀传统文化来源不同，但中国共产党人深刻把握两者高度的契合性，推动两者有机结合，“用马克思主义真理的力量激活了中华民族历经几千年创造的伟大文明，使中华文明再次迸发出强大精神力量”，[②] 造就了一个有机统一的新的文化生命体，让经由“结合”而形成的新文化成为中国式现代化的文化形态。

从马克思主义发展史的维度来看，“第二个结合”实现了党的创新理论新的飞跃。习近平总书记强调：“只有植根本国、本民族历史文化沃土，马克思主义真理之树才能根深叶茂。”[③] 一部马克思主义发展史，就是不断吸收人类历史上一切优秀思想文化成果丰富自己的历史。“第二个结合”，让马克思主义的思想精髓与中华优秀传统文化中的治国之道、道德理念、思想方法，同中国人民的宇宙观、天下观、社会观、道德观相互融合、相互成就，激荡起积淀在中华民族文化基因和精神血脉中的理念、智慧、气度、神韵，让马克思

① 习近平：《论党的宣传思想工作》，中央文献出版社 2020 年版，第 114 页。
② 习近平：《习近平著作选读》（第二卷），人民出版社 2023 年版，第 418 页。
③ 习近平：《习近平著作选读》（第一卷），人民出版社 2023 年版，第 15 页。

主义具有了更宽广、更深厚的文明底蕴，在中华大地上放射出更加耀眼的真理光芒。党的十八大以来，以习近平总书记为主要代表的中国共产党人，科学回答新时代坚持和发展什么样的中国特色社会主义、怎样坚持和发展中国特色社会主义等重大时代课题，创立了习近平新时代中国特色社会主义思想。习近平新时代中国特色社会主义思想是当代中国马克思主义、二十一世纪马克思主义，是中华文化和中国精神的时代精华，是“两个结合”的光辉典范，实现了马克思主义中国化时代化新的飞跃，为丰富发展马克思主义做出了原创性贡献。

从科学社会主义发展史的维度来看，“第二个结合”拓展了中国特色社会主义道路的文化根基，赋予中国式现代化以深厚底蕴。我们党坚持把科学社会主义基本原则同本国具体实际、历史文化传统、时代要求紧密结合起来，在实践中不断探索总结，走出并不断发展符合中国国情、反映中国人民意愿的正确道路，成功推进和拓展了中国式现代化，中国特色社会主义进入新时代。

从人类文明发展史的维度来看，“第二个结合”打破了现代化等同西方化迷思，为人类文明发展做出重大贡献。“第二个结合”生动彰显了中国共产党人的文明观，为人类文明在交流互鉴中不断创新发展树立了典范。“当代中国的伟大社会变革，不是简单延续我国历史文化的母版，不是简单套用马克思主义经典作家设想的模板，不是其他国家社会主义实践的再版，也不是国外现代化发展的翻版”。[①] 中国式现代化，深深植根于中华优秀传统文化，体现科学社会主义的先进本质，借鉴吸收一切人类优秀文明成果，代表人类文明进步的发展方向，展现了不同于西方现代化模式的新图景，是一种全新的人类文明形态。中国式现代化作为人类文明新形态，与全球其他文明交流互鉴，必将极大丰富世界文明百花园。

“两个结合”体现出我们党的三重新视野：一是新历史视野，就

① 习近平：《论党的宣传思想工作》，中央文献出版社 2020 年版，第 335 页。

是立足中华五千多年文明史来理解中国特色社会主义道路的历史必然、文化内涵和独特优势，《周易》“不远之复”是“旧文化”之于中国特色社会主义新道路价值意义的最好诠释；二是新国际视野，摒弃简单化的“跟国际接轨”思维，强调对世界贡献的站位，认为“越是民族的越是世界的”，“解决好民族性问题，就有更强能力去解决世界性问题”，[①] 把握了事物由特殊性到普遍性的发展规律；三是新知识视野，新时代党的文化建设理论是马克思主义的魂脉和中华优秀传统文化的根脉彼此契合、互相成就的理论创新，以中国式现代化实践为现实要求，让马克思主义成为中国的、中华优秀传统文化成为现代的，为推进中国式现代化提供了坚实的思想基础和强大的精神力量。“两个结合”是我们党对马克思主义中国化时代化历史经验的深刻总结，是对中华文明发展的规律的深刻把握，是对拓展中国特色社会主义文化发展道路的规律的深刻把握，表明我们党对中国道路、理论、制度的认识达到了新高度，表明我们党的历史自信、文化自信达到了新高度，表明我们党在传承中华优秀传统文化中推进文化创新的自觉性达到了新高度。

第三节 推动中华优秀传统文化的“两创”

习近平总书记指出，传承和弘扬中华优秀传统文化，要“重点做好创造性转化和创新性发展”。[②] 2023 年 10 月，习近平总书记对宣传思想文化工作作出的重要指示，其中包括着力赓续中华文脉、推动中华优秀传统文化创造性转化和创新性发展。“创造性转化，就是要按照时代特点和要求，对那些至今仍有借鉴价值的内涵和陈旧的表现形式加以改造，赋予其新的时代内涵和现代表达形式，激活

① 习近平：《习近平谈治国理政》（第二卷），外文出版社 2017 年版，第 340 页。
② 习近平：《习近平谈治国理政》（第一卷），外文出版社 2018 年版，第 164 页。

其生命力。创新性发展，就是要按照时代的新进步新进展，对中华优秀传统文化的内涵加以补充、拓展、完善，增强其影响力和感召力。”① 通过创造性转化和创新性发展，使中华民族最基本的文化基因与当代文化相适应、与现代社会相协调，使中华优秀传统文化与现实文化相融相通、相得益彰。

2014 年 9 月，习近平总书记在纪念孔子诞辰 2565 周年国际学术研讨会暨国际儒学联合会第五届会员大会开幕式上指出，包括儒家思想在内的中国优秀传统文化“体现着中华民族世世代代在生产生活中形成和传承的世界观、人生观、价值观、审美观等，其中最核心的内容已经成为中华民族最基本的文化基因”，强调“在创造性转化创新性发展中延续民族文化血脉”。② 2022 年 10 月 23 日，习近平总书记在党的二十届一中全会上说：“把马克思主义思想精髓同中华优秀传统文化精华贯通起来、同人民群众日用而不觉的共同价值观念融通起来，充分吸收其中蕴含的治国理政的思想智慧、格物究理的思想方法、修身处世的道德观念，不断赋予科学的理论鲜明的中国特色，不断夯实马克思主义中国化时代化的历史基础和群众基础，让马克思主义在中国牢牢扎根。”③ 中华优秀传统文化是中华民族的根和魂，是推进理论创新的丰厚沃壤，必须坚持古为今用、推陈出新，充分发掘和运用中华优秀传统文化精华，不断赋予科学理论鲜明的中国特色和时代内涵。我们坚持从历史走向未来，应注重对中华优秀传统文化进行以下四个方面的创造性转化和创新性发展。

一、着力于理政安邦之道的“两创”

文化总是在借鉴吸收前人已有成果的基础上不断向前发展的。

① 习近平：《论党的宣传思想工作》，中央文献出版社 2020 年版，第 57 页。

② 习近平：《习近平著作选读》（第一卷），人民出版社 2023 年版，第 276 页。

③ 习近平：《为实现党的二十大确定的目标任务而团结奋斗》，《求是》2023 年第 1 期。

在五千多年文明史上，中华民族创造和积累了极为丰富的理政安邦之道，包括大道之行、天下为公的大同理想，六合同风、四海一家的大一统传统，德主刑辅、以德化人的德治主张，民贵君轻、政在养民的民本思想，等贵贱均贫富、损有余补不足的平等观念，俭约自守、力戒奢华的节俭观念，法不阿贵、绳不挠曲的正义追求，任人唯贤、选贤与能的用人标准，革故鼎新、其命维新的改革精神，以重射轻、均输平准的调控思想，洪范八政、食为政首的重农理念，安不忘危、治不忘乱的忧患意识，经世致用、匡世济民的务实理念，中和泰和、和而不同的相处之道，亲仁善邻、协和万邦的外交之道，以和为贵、好战必亡的和平理念，等等。这些思想智慧是中华优秀传统文化的重要组成部分，为我们今天坚持自信自立、增强理论创造的底气和勇气提供了坚实的文化支撑，为我们进一步丰富新时代治国理政新思想新战略提供了重要思想原料，为我们深化以中国式现代化全面推进民族复兴和强国建设的规律性认识提供了重要历史镜鉴。

值得注意的是，儒家主张以“中”为度，以“和”为贵，持中为求“和”。儒家的“中和”理论，以中庸观念为理论基础，奉行“执其两端而用其中”（《中庸》），力图调和矛盾、持“中”致“和”，然而，真理有时只处于某一端。儒家所追求的和谐实质上是强调人的群体价值，维护上下尊卑的宗法关系和封建秩序，过于追求一团和气必然忽视人的个性价值，抑制事物的竞争，因此决定了其不容易包孕民主精神。中国特色社会主义文化注重维护整体并保障个体，这个理念就是对儒家的传承和超越。

中国传统社会的理政安邦之道，有两点从政智慧可统领，那就是“不可不学”“以古为镜”。《论语》以“学而”为第一章，其次才是“为政”；《荀子》以“劝学”为首篇。《荀子·大略》说：“学者非必为仕，而仕者必为学。”在中国形成了“仕而优则学，学而优则仕”的悠久传统。三国时候的孙权见吕蒙年轻有为，劝他多读些书，吕蒙却说：“在军中常苦多务，恐不容复读书。”孙权认为事务繁忙不是放弃学习的理由，谓蒙及蒋钦："卿今并当涂掌事，不可不学！光武当兵马之务，手不释卷。孟德亦自谓老而好学。"因为接受孙权建议，加强学习，吕蒙成长为一代名将。2013 年 3 月，习近平总书记在中央党校就解决领导干部"本领恐慌"问题提出"加强学习"提到"古人所说的'学者非必为仕，而仕者必为学'"，[①] 这里就化用了《荀子·大略》典故。

《论语·为政》说："温故而知新，可以为师矣。"中国自古有重史的传统，特别重视以史为鉴，修史是国家级文化工程。《旧唐书·魏徵传》记载，唐太宗在一次君臣对话中留下一段关于借鉴历史的名言："夫以铜为镜，可以正衣冠；以古为镜，可以知兴替；以人为镜，可以明得失。"从历史的治乱兴衰中总结治国经验，吸取败亡教训，是中国历代具有政治智慧和胆识的统治者寻求治国方法的不二法门。为历代统治者推崇的"二十四史"，由《史记》到《明史》24 部史书合成，这是经历代史学家、文学家的编撰，前后长达 1800 多年逐步积累而成。司马光主持编撰的《资治通鉴》，书名由宋神宗钦赐，因为他认为该书"鉴于往事，有资于治道"。《资治通鉴》的得名，既是史家治史以资政自觉意识增强的表现，也是统治者利用史学为政治服务自觉意识增强的表现。在中央党校建校 80 周年庆祝大会暨 2013 年春季学期开学典礼上，习近平总书记强调，"各种文史知识，中国优秀传统文化，领导干部也要学习，以学益智，以学修身"，"学史可以看成败、鉴得失、知兴替"，[②] 这也就表明我们党注重从传统文化中汲取执政智慧。

当然，我们要注意到中国传统社会的理政安邦之道，其局限性往往在于：受君主专制之道束缚、受封建特权思想束缚、缺乏人民史观。

---

① 习近平：《在中央党校建校 80 周年庆祝大会暨 2013 年春季学期开学典礼上的讲话》，人民出版社 2013 年版，第 9 页。

② 习近平：《习近平谈治国理政》（第一卷），外文出版社 2018 年版，第 405、406 页。

二、着力于格物究理之道的“两创”

中国古代先贤究天人之际、通古今之变、察万物之源，得出的许多富有哲理的思想方法，具有超越时空的价值。“天行有常，不为尧存，不为桀亡”“道生一、一生二、二生三、三生万物”的幽远洞见，体现了追根溯源、穷究事物根本的探索精神。“无平不陂、无往不复”“否极泰来”“有无相生、难易相成、长短相形、高下相倾、音声相和”的辩证观点，揭示了事物发展变化的内在规律。“知者行之始，行者知之成”“知之愈明，则行之愈笃；行之愈笃，则知之益明”的深刻思想，阐明了认识与实践相互为用的知行统一观。审时度势、未雨绸缪、因机而发的智慧理念，展示了察时辨势的权变之策。我们要继承和发展这些宝贵的思想方法，拓展思维视野，丰富思维方式，不断推进理论创新。

格物究理，是中国哲学认识论和方法论中的重要概念。“格物”最早出自《礼记·大学》的“致知在格物”。“格物”的意思是对事物规律进行研究，“致知”的意思是获得知识与智慧。宋代理学家提出“理”的概念，认为“万物皆是理，至如一物一事虽小，皆是有理”。将“格物”和“理”两个概念联系在一起，就是格物究理，意为通过对客观事物的研究，把握事物发展变化的道理和规律。格物究理的实质，是把感性认识上升为理性认识。作为一种思想方法，格物究理提倡透过现象看本质，搞清楚事物发展变化背后的深层次原因，具有重要现实意义。古代格物究理的内涵，大致有三方面。一是实事求是。“实事求是”一词最早出自班固所著《汉书·河间献王传》，说作为经学家的西汉河间献王刘德在典籍收集整理过程中态度严谨、恪守古文原典——“修学好古，实事求是”。“实事求是”承载着求真务实的精神。毛泽东赋予“实事求是”新义，说“‘实事’就是客观存在着的一切事物，‘是’就是客观事物的内部联系，即规律性，‘求’就是我们去研究”。[①] 我们党继承和发扬这一传统，形成了实事求是的思想路线。习近平总书记在纪念毛泽东诞辰120周年座谈会上指出：“实事求是，是马克思主义的根本观点，是中国共产党人认识世界、改造世界的根本要求，是我们党的基本思想方法、工作方法、领导方法。”[②] 二是辩证综合。中国传统文化注重万物的普遍联系，认为万事万物相互影响、相互制约，整个世界是相互依存的整体，提倡全面地、联系地、发展地看问题。由此，中国哲学形成了一气充塞、阴阳互补、变化生生、自然天理、天人合一等许多重要思想，体现出典型的整体论、系统论。系统观念蕴含着朴素的辩证法。党的二十大报告提出“六个必须坚持”总结习近平新时代中国特色社会主义思想的世界观和方法论，其中重要一项便是“必须坚持系统观念”，可以说是对传统辩证综合论的传承发展。三是知行统合。格物究理的目的，归根到底是为了以行求知、以知促行。知行并重是中国古代思想方法的重要特点，知行关系是中国哲学的重要命题。《礼记·大学》说“物格而后知至，知至而后意诚，意诚而后心正，心正而后身修，身修而后家齐，家齐而后国治，国治而后天下平”，就是一个把思想认识内化为道德修养、外化为政治实践的过程。知行合一是马克思主义方法论的重要要求。2012年9月，作为中共中央党校校长的习近平在中央党校秋季学期开学典礼上引用朱熹“为学之实，固在践履。苟徒知而不行，诚与不学无异”，借此强调以学促行、知行合一。进入新时代以来，习近平总书记一再强调“学以致用、用以促学、学用相长”，认为“学习的目的全在于运用”[③]，也就传承发展了知行合一的传统理念。深入挖掘格物究理思想方法的丰富内涵，并将其同马克思主义的世界观和方法论有机融合，可以帮助我们拓宽思维视野，丰富思维方式，提升思维能力，不断增强工作的预见性、主动性、创造性。

---

① 《毛泽东选集》（第三卷），人民出版社1991年版，第801页。

② 习近平：《习近平著作选读》（第一卷），人民出版社2023年版，第209页。

③ 习近平：《习近平谈治国理政》（第一卷），外文出版社2018年版，第406页。

中国古代先贤推崇辩证综合和直觉体悟的思维方式去格物究理，就前者来说，强调整体把握、内部关联和动态平衡，如所谓“一阴一阳之谓道”，肯定事物作为一个统一体涵盖了肯定与否定的辩证过程，承认内在矛盾推动事物发展——由矛盾主动方面对于被动方面的作用而构成新的均衡稳定、动态和谐的统一体。

尽管《中庸》说“尊德性而道问学，致广大而尽精微”，[①] 即尊重德性而从事学问，致力于广博而又尽心于精微，也尽管《孙子算经》认为数学是天地万物最根本的东西，是“四时之终始，万物之祖宗”，但中国传统文化确实存在分析方法薄弱、量化意识淡薄，甚至以价值判断代替事实判断等问题。西方科学哲学有个传统信念，就是对于研究对象，未经定量表述，就谈不上真正把握。毕达哥拉斯学派把数即量的规定性理解为事物的本质。近代科学赓续了古希腊定量分析的传统。伽利略认为，研究自然必须研究数学关系，即研究自然物的运动在时间和空间中确定的数学关系，因为宇宙或自然是“用数学语言写成的”，他把观察实验与数学演绎方法有机结合起来，创造了近现代实验自然科学研究的数学—实验方法。笛卡尔认为，“自然图景是一种受精确的数学法则支配的完善的机器”。牛顿则用数学形式来表达经典力学体系。显然，数学方法大大促进了近代科学的发展。而中国格物究理之道被人文学者所垄断，数学家难参与，重定性轻定量，也就难以催生近代科学。

三、着力于修身处世之道的“两创”

区别于法理型的西方文化，中国传统文化是伦理型的——突出强调“善”和“德”。《道德经》（8 章）说“上善若水。水善利万物而不争”。《庄子·德充符》说“故德有所长，而形有所忘”，认为只要有过人的德行，形体上的缺陷就会被人遗忘。和道家一样，儒家

---

① 王文锦：《大学中庸译注》，中华书局 2019 年版，第 39 页。

也不遗余力推崇“善”和“德”。《论语·八佾》推崇“尽美矣，又尽善也”，《论语·季氏》说“见善如不及，见不善如探汤”，《荀子·劝学》强调“积善成德”。中华优秀传统文化强调“道德当身，故不以物惑”（《管子·戒》），蕴含着极为丰富的思想道德资源。对社会公民的道德要求有“与人人为善”“以己度人”“推己及人”“己所不欲勿施于人”、克勤克俭、孝老爱亲、恪守“良知”而“俯仰无愧”，“见贤思齐”“止于至善”、自强不息、厚德载物、重诺守信，等等。对官员士绅的道德要求有“大道之行也，天下为公”“修身齐家治国平天下”“兼善天下”“利济苍生”“先天下之忧而忧、后天下之乐而乐”，等等。当然，对官吏士绅的道德要求和对社会公民的道德要求并非泾渭分明，而是相融相通。中华优秀传统文化蕴含着的改造主观世界的理念智慧，是当代引导广大党员干部“明大德、守公德、严私德”① 的重要思想源泉，是弘扬和践行社会主义核心价值观的深厚根基。

中华优秀传统文化不仅是中华民族的思想资源，也是精神基础，蕴含着富有哲理的人生态度。一般认为，儒家、道家和佛家是中国传统文化的三大支柱。儒家主张“知其不可而为之”（《论语·宪问》），强调积极进取拼搏奋斗的精神，把建功立业视为人生价值的实现。2015 年 1 月，习近平总书记同中央党校县委书记研修班学员座谈时指出，“事业成功的原因很多，奋发有为是主要因素。……面对工作难题，要有明知山有虎、偏向虎山行的劲头”。

“三军可夺帅也，匹夫不可夺志也”，“富贵不能淫，贫贱不能移，威武不能屈”，“舍生而取义”，儒家这些言论如堂堂之鼓、正正之旗，大气磅礴，至今掷地有声，这些体现中华民族优秀品格的至理名句，成为后世有志之士的座右铭。有人认为儒家倡导的价值观立意高远，高不可攀，要圣贤君子高人勇士才能践行，其实未必。《论语·为政》就说：“孟武伯问孝。子曰：‘父母，唯其疾之忧。’”

① 习近平：《论党的宣传思想工作》，中央文献出版社 2020 年版，第 78 页。

《孟子·齐桓晋文之事》说："为长者折枝"，"老吾老，以及人之老；幼吾幼，以及人之幼"。可见儒家的魅力在于，不仅追求崇高，也强调平实。习近平总书记2014年5月在北京大学师生座谈会上指出，"修德，既要立意高远，又要立足平实"，① 这又是对儒家精神传承发展的一例。

道家追求逍遥之乐，认为"道法自然""无为而无不为"（《道德经》第25、2、37、48章）。道家主张"知其不可奈何而安之若命"（《庄子·人间世》），这是一种自我解压，以追求平和的、超脱的处世态度。佛家认为，人生受苦就因为"我"字在作怪，顽固地执着于一个"我"，将自己套在名枷利锁上，半点不得自在，主张解除系缚，就要破我、无我。儒释道三家学说在古人心目中可以兼容共处，以儒家理念激励、指导自己积极进取建功立业，而在遇到挫折、磨难和打击时，又常遁入道家或佛家以避世。道家和佛家理念对当代人缓解焦虑紧张、做好心理调适还是具有借鉴价值的。

修身处世之道关系社会治理成本。中国传统文化核心是伦理道德学说。儒家文化主张通过伦理道德规范的教化培养来形成自律意识，如《论语·里仁》说"见贤思齐"、《论语·述而》说"择善而从"，并且注重树样板，认为榜样的力量是无穷的，如孟子认为"人皆可以为尧舜"。儒家文化强调人的伦理价值，忽视人的认知价值，以道德代替认知，以修养过程代替认知过程，以伦理价值判断代替认知价值判断，先天比较缺乏"科学"精神。《孟子·离娄上》说"徒善不足以为政，徒法不能以自行"，认识到只有善德不足以处理国家的政务，只有法令不能够使之自己发生效力。《唐律疏义》说的"德礼为政教之本，刑罚为政教之用"成了中国传统社会的国家治理之道。如果一个社会完全靠法律这种刚性的秩序去维持，社会治理成本就太大了；而依靠人心中内在的道德要求、道德底线、道德律令进行自我约束，社会治理的成本就大大降低。党的十八届四中全

① 习近平：《习近平谈治国理政》（第一卷），外文出版社2018年版，第173页。

会《中共中央关于全面推进依法治国若干重大问题的决定》指出，坚持依法治国和以德治国相结合，以道德滋养法治精神，实现法律和道德相辅相成、法治和德治相得益彰，可以说是对传统“德主刑辅”治理模式的“两创”。

四、着力于质文兼具之道的“两创”

中华民族历来重视为文立言，认为文章乃经国之大业、不朽之盛事，认为“言之无文，行而不远”，推崇“文质彬彬”，把文采和质朴恰当结合，呈现内容和形式的有机统一。中华优秀传统文化就是以鲜明的中国风格、中国气派、中国韵味表达出来的。2016 年 11 月，习近平总书记就如此激赏中华优秀传统文化：“中华文化独一无二的理念、智慧、气度、神韵，增添了中国人民和中华民族内心深处的自信和自豪。”[①] 中国古代经史子集和民间文化里蕴藏的美文佳句、成语典故、妙言隽语、俗谚格言浩如烟海，是我们取之不尽、用之不竭的语言宝库。善于从这一宝库中采撷珍品，领悟精义，得其真传，借以锤炼思想观点、丰富表达方式、润色语言文字、提升传播能力，使党的理论创新成果和精神文化产品更加精湛、更加活泼、更加形象，更为人民群众所喜闻乐见。

强调“两个结合”，深刻洞察两者“结合”的前提是彼此契合，正是在这个意义上，我们才说中国共产党既是马克思主义的坚定信仰者和践行者，又是中华优秀传统文化的忠实继承者和弘扬者。这在习近平总书记对古代典籍、经典名句的运用中有着充分体现。习近平总书记在阐述新时代中国特色社会主义思想时，娴熟运用典故，或引用、或化用，都恰到好处，都赋予其新的时代内涵，展现了夺目的智慧光芒、高度的文化自信和高超的写作手腕。

可以毫不夸张地说，汉字天生是个“美人胚子”。它是以表形为

---

① 习近平：《论党的宣传思想工作》，中央文献出版社 2020 年版，第 259—260 页。

基础，表意为主导，而兼有表音因素的表意体系文字，意美特征鲜明，有丰富的会意内蕴。作为方块文字，每个汉字兼具形、音、义，匀称均齐，便于对偶，而且音节的元音多，韵腹和声调必不可少，这些特征有利于表现声音节奏美。文言文特别注重挖掘汉字特长优势，释放出音美、形美、义美的“三美”。2013 年 1 月 22 日，习近平总书记在中纪委全会上说，作风建设“要以踏石留印、抓铁有痕的劲头抓下去”，就体现了中华传统文化“三美”神韵。文言文特别简练，中国传统戏曲表达也简练，如舞台上只有一桌二椅，却能够“三五步走遍天下，六七人千军万马”，这种写意的美学品格在世界上是独树一帜的。中国传统文化的表达之所以呈现简练之美，与汉字属于表意体系文字、中文“语法机器”的零件少、成语典故多、传统思维强调整体观照长于综合概括、注重虚实相生以形写意等特点密切相关。当求美和求简产生冲突、不能两全时怎么办？高明的古人更看重“美言”。相传欧阳修把《相州昼锦堂记》的“仕宦至将相，富贵归故乡”修改为“仕宦而至将相，富贵而归故乡”，原句气急促，改句便舒畅；原句意直率，改句便抑扬顿挫。2012 年 11 月，习近平总书记在中共十八届中央政治局常委同中外记者见面时说：“我们一定要始终与人民心心相印、与人民同甘共苦、与人民团结奋斗，夙夜在公，勤勉工作，努力向历史、向人民交出一份合格的答卷。”① 这里深谙传统表达神韵，有用典，有对声音节奏美的追求，寓意深邃、朗朗上口、生动传神，令人久久不忘。

本章小结

在中国走向现代化、融入全球化进程中，中国传统文化的边缘化地位长期得不到彻底的改观，中国传统文化的现代化转型长期达

① 习近平：《习近平著作选读》（第一卷），人民出版社 2023 年版，第 61 页。

不到传承与发展有机统一的理想状态。党的十八大以来，习近平总书记全面深入实质性高度评价中华优秀传统文化，就传承发展中华优秀传统文化的重大课题，提出了一系列新思想新观点新论断，深刻把握了中华文明的发展规律，坚持创造性转化和创新性发展，赋予中华优秀传统文化崭新的时代内涵和深远的积极意义，把中华优秀传统文化精华运用于治国理政的方方面面，强调“两个结合”，创造性提出“第二个结合”，使党的创新理论深深扎根于中华优秀传统文化的沃土之中，拓展了中国特色社会主义文化发展道路。围绕一百多年来的“古今中西”之争、“洋八股”与中国化之争，聚焦于筑牢中国道路的文化根基、拓展中国文化的发展道路、打开理论和实践创新空间来谈“两个结合”特别是“第二个结合”的重大意义。坚持从历史走向未来，应注重对中华优秀传统文化进行以下四个方面的创造性转化、创新性发展：一是理政安邦之道，二是格物究理之道，三是修身处世之道，四是质文兼具之道。

思考题

1. 从近代以来的“古今中西之争”中可以得出哪些启示?
2. “两个结合”有哪些重大意义?
3. 如何推动中华优秀传统文化创造性转化和创新性发展?

主要参考文献

1. 习近平：《习近平著作选读》（第一、二卷），北京：人民出版社 2023 年版。

2. 习近平：《习近平谈治国理政》（第一卷），北京：外文出版社 2018 年版。

3. 习近平：《习近平谈治国理政》（第二卷），北京：外文出版社 2017 年版。

4. 习近平：《习近平谈治国理政》（第三卷），北京：外文出版社 2020 年版。

5. 习近平：《习近平谈治国理政》（第四卷），北京：外文出版社 2022 年版。

6. 习近平：《论党的宣传思想工作》，北京：中央文献出版社 2020 年版。

7. 习近平：《习近平外交演讲集》（第一、二卷），北京：中央文献出版社 2022 年版。

8. 习近平：《坚定文化自信秉持开放包容坚持守正创新　为全面建设社会主义现代化国家全面推进中华民族伟大复兴提供坚强思想保证强大精神力量有利文化条件》，《人民日报》2023 年 10 月 9 日。

9. 习近平：《在文化传承发展座谈会上的讲话》（2023 年 6 月 2 日），《求是》2023 年第 17 期。

10. 中共中央文献研究室：《习近平关于社会主义文化建设论述摘编》，北京：中央文献出版社 2017 年版。

11. 中共中央党史和文献研究院：《习近平关于社会主义精神文明建设论述摘编》，北京：中央文献出版社 2022 年版。

12. 中共中央党史和文献研究院：《习近平关于网络强国论述摘编》，北京：中央文献出版社 2021 年版。

13. 中共中央马克思恩格斯列宁斯大林著作编译局：《马克思恩格斯选集》（第一至四卷），北京：人民出版社 2012 年版。

14. 中共中央马克思恩格斯列宁斯大林著作编译局：《列宁选集》（第一至四卷），北京：人民出版社 2012 年版。

15. 毛泽东：《毛泽东文集》（第一至八卷），北京：人民出版社 1999 年版。

16. 毛泽东：《毛泽东选集》（第一至四卷），北京：人民出版社 1991 年版。

17. 邓小平：《邓小平文选》（第三卷），北京：人民出版社 1993 年版。

18. 《中共中央关于党的百年奋斗重大成就和历史经验的决议》，北京：人民出版社 2021 年版。

19. 《中共中央关于坚持和完善中国特色社会主义制度　推进国家治理体系和治理能力现代化若干重大问题的决定》，北京：人民出版社 2019 年版。

20. 《中共中央关于深化文化体制改革推动社会主义文化大发展大繁荣若干重大问题的决定》，北京：人民出版社 2011 年版。

21. 胡锦涛：《胡锦涛文选》，北京：人民出版社 2016 年版。

22. 江泽民：《江泽民文选》，北京：人民出版社 2006 年版。

23. 中共中央文献研究室：《十五大以来重要文献选编》（上），北京：人民出版社 2000 年版。

24. 中共中央文献研究室：《十四大以来重要文献选编》（上），北京：人民出版社 1996 年版。

25. 中共中央文献研究室：《十三大以来重要文献选编》（上、中），北京：人民出版社 1991 年版。

26. 中共中央文献研究室：《改革开放三十年重要文献选编》（上），北京：中央文献出版社 2008 年版。

27. 中共中央党史和文献研究院：《习近平关于全面从严治党论述摘编》（2021年版），北京：中央文献出版社2021年版。

28. ［法］卢梭，《社会契约论》，何兆武译，商务印书馆1980年版。

29. 梁漱溟：《中国文化要义》，北京：商务印书馆2021年版。

30. 钱穆：《文化学大义》，北京：九州出版社2017年版。

31. ［美］摩尔根：《古代社会》（上册），北京：商务印书馆1977年版。

32. ［日］福泽谕吉：《文明论概略》，北京编译社译，北京：商务印书馆1992年版。

33. ［美］马修·梅尔科：《文明的本质》，陈静译，北京：中国社会科学出版社2017年版。

34. 叶志坚：《文化学发展轨迹研究》，北京：人民出版社2004年版。

35. 胡惠林：《文化政策学》，北京：清华大学出版社2015年版。

36. 景跃进等：《当代中国政府与政治》，北京：中国人民大学出版社2016年版。

37. 祁述裕：《文化建设专题研究集》，北京：清华大学出版社2016年版。

38. 陈力丹：《舆论学：舆论导向研究》，上海：上海交通大学出版社2012年版。

39. 叶志坚：《文化建设与文化体制改革》，北京：中共中央党校出版社2015年版。

40. 本书编写组：《闽山闽水物华新：习近平福建足迹》，福州：福建人民出版社；北京：人民出版社，2022年版。

后 记

理论创新每前进一步，理论武装就要跟进一步。习近平文化思想于2023年10月全国宣传思想文化工作会议上首次提出，这在党的宣传思想文化事业发展史上具有里程碑意义。习近平文化思想是新时代党的文化建设理论的标志性成果，标志着我们党对中国特色社会主义文化建设规律的认识达到了新高度，为我们做好新时代新征程宣传思想文化工作、担负起新的文化使命提供了强大思想武器和科学行动指南。

为帮助广大干部学习领会习近平文化思想，学习掌握党的二十大报告关于“推进文化自信自强，铸就社会主义文化新辉煌”的新论述、新部署，学习掌握党的二十届三中全会“聚焦建设社会主义文化强国”相关内容，助力加快建设福建文化强省，中共福建省委党校（福建行政学院）社会与文化学教研部负责编写了本书。

本书是集体攻关、团结协作的成果。具体写作分工如下：前言、导论、第一章、第六章、第八章、后记由肖剑南教授负责撰写；第二章由李永杰教授负责撰写；第三章由陈祖英副教授负责撰写；第四章由林星教授负责撰写；第五章由罗彬彬副教授负责撰写；第七章由曾大林副处长负责撰写。全书由肖剑南提出总体框架结构，拟定一级二级标题，并负责协调、统稿和参考文献整理。中共福建省委宣传部部务会议成员、省委讲师团团长吕宏波和福建日报社全媒体时政新闻部主任戴艳梅为本书提供了重要素材；福建人民出版社编辑为本书的编辑、出版工作付出了很多心血，谨此一并致谢。

光阴流转，时序更替，从接受撰写任务至今已有一年多，但感觉不过倏忽之间。在钟表的嘀嗒催促声中，尽管有的章节数易其稿，虽然我们也心无旁骛，但受限于水平与能力，书中不妥之处在所难免，敬请广大读者多提宝贵意见，帮助我们补阙挂漏。我们一直期待着！

肖剑南

2024 年 9 月 5 日